21世纪美学译丛

丛书主编　陈望衡

美学再思考

——激进的美学与艺术学论文

Re-thinking Aesthetics

[美] 阿诺德·柏林特　著

肖双荣　译

陈望衡　校

WUHAN UNIVERSITY PRESS

武汉大学出版社

图书在版编目(CIP)数据

美学再思考:激进的美学与艺术学论文/(美)阿诺德·柏林特著;肖双荣译;陈望衡校.—武汉:武汉大学出版社,2010.11
21世纪美学译丛/陈望衡主编
ISBN 978-7-307-07990-8

Ⅰ.美… Ⅱ.①柏… ②肖… ③陈… Ⅲ.美学—研究 Ⅳ.B83

中国版本图书馆 CIP 数据核字(2010)第 135364 号

责任编辑:黄绍君   陶佳珞   责任校对:黄添生   版式设计:马 佳

出版发行:武汉大学出版社   (430072   武昌   珞珈山)
        (电子邮件:cbs22@whu.edu.cn   网址:www.wdp.com.cn)
印刷:武汉中远印务有限公司
开本:720×1000   1/16   印张:17   字数:241 千字   插页:1
版次:2010 年 11 月第 1 版   2010 年 11 月第 1 次印刷
ISBN 978-7-307-07990-8/B·272   定价:36.00 元

总　序

陈望衡

　　在人文学科中，美学还算是一门比较年轻的学科，它的诞生一般追溯到 18 世纪德国启蒙思想家鲍姆嘉通 1750 年出版的《一切美的科学的基本原理》，而其实，有关审美的研究几与文明开始同时。中国的先秦、欧洲古希腊均有大量的关于审美的言论，其中不少言论今天仍活在我们的审美生活中，如孔子说的"知者乐水，仁者乐山"。如果要说审美意识，它的开始还要早。距今 8000 年前的红山文化出土的玉玦极为精美，据考古专家研究，那是耳环，是装饰品，尽管它也许还具有某种神秘的宗教或礼仪的色彩，但至少潜存着审美的意识。

　　美是生活的精灵。它是人们创造生活的动力，也是人们创造生活的成果。"美"其实可以作为"文明"的代名词。难道不是这样？人类的一切创造——直接或间接的，物质的或精神的，均不同情况地具有审美的色彩。也许，某些创造物的功利价值随着时间流逝或淡化或消失，然而，它的审美价值总是存在着，而且，某些物品其审美价值还会随着时间的流逝日益凸现，那些在博物馆里收藏的文物不就这样成为无价之宝？

　　对于当今的世界如何体认，不同的学者有不同的看法。就美学的维度来看，我们发现，虽然美一直是生活的精灵，但是，从来的时代在审美的深度与广度上均无法与现在相比。举凡发型、服饰等生活小事，社会和谐、环境保护、生态平衡等人类大事，均与审美相联系，而且审美在其中所占的比重或起的作用似是越来越大。美学本属于哲学，形而上的意味较浓。虽然现在它仍然保留着这一品

1

格，但是，它却比过去任何时期更关注着生活，这是不争之事实。正如当代著名的美学家阿诺德·柏林特所说："很多学者从纯粹的理论问题转向了对个人和社会生活中的人类实践的研究。他们正在考察与研究美学的观点如何影响环境设计、广告、产品设计、室内装潢、服装时尚、园艺、烹调、流行文化甚至是社会关系的，并且他们试图指导这些概念的实际应用。应用美学的潜在作用可能在于让人们认识到美学对人类活动的社会领域——诸如城市规划和经济发展项目中所产生的影响。"①

我们在编辑这套《21 世纪美学译丛》时，不能不注意到这一情况。也许，我们中的许多人不能成为经济学家或电脑工程师，但我们所有的人均有可能成为美学家——理论的或应用的，专业的或非专业的。生活、一切工作均有美学。我们编这套书的目的，不只是为专业的美学家们提供研究的参考，还为各行各业的人们提供工作和生活的参考。

时代在进步，一切均在更新之中、创造之中。所有的更新和创造均非天外飞来，更非无源之水，它总是不同情况地体现出人类文明发展的脉络，体现出文明的某种积累与传承。我们手中所拥有的一切其实均已成为历史，然而，我们创造未来的资本全在这里。简洁地说，我们是凭着历史在创造着未来。没有历史就没有未来。正是因为这样，我们极为重视人类所创造的一切文明成果，这其中就有人类关于美学的研究成果。

衷心希望我们的这套书在当前的生活中发生重大的作用，期盼读者的回应，期盼生活的回应！

是为序。

2010 年 10 月 22 日于武汉大学珞珈山天籁书屋

---

① ［美］阿诺德·柏林特：《环境美学译丛·环境美学·总序一》，湖南科技出版社 2006 年版，第 1 页。

目 录

前　言

康德给西方哲学留下的烙印是不可磨灭的。通过把精神置于知识的构成中心，使知识成为最基本的过程，康德为人类世界建立了一个结构，并且从此主宰西方哲学。就像笛卡儿关于世界包括意识和身体的二分法一样，这个结构秩序井然，对先前被流俗和神学所束缚的领域提出了无所顾忌的质疑。然而，如果我们不遵从神学或者其他的信条，而把世界整理成为斯宾诺莎的样式，情况将会怎样？如果我们把那些毫无疑问不证自明的前提束之高阁，情况将会怎样？如果我们不仅像康德一样经验知识的内容，而且转而经验知识的条件及其顺序的引导，情况又将怎样？

不过，这不是一个简单或者有序的过程。尽管詹姆斯的观察非常著名，经验却从来都不是纯粹的。经验既不是一团乱麻，也不是简单的感觉，或者纯粹的感知。由于经验负载着文化预设与预期，受到教育以及其他社会化过程的条件限制，也受到习惯以及我们称为共同感觉的风俗信仰的引导，它透过我们的认知结构，或多或少地表现出修正的形态与形式。但是，如果经验就是我们所拥有的全部，就是我们所能够拥有的全部，那么，我们必须尽力探索经验的复杂性与非纯粹性，也就是说，尽我们所能，究其所有。不过，一旦我们放弃对确定性与完整性的虚幻期望，尽力而为就可以达到尽善尽美。对认知的这些期望确实是虚幻的，这是20世纪最大的教训之一，不过，这一认识也解放了我们，让我们去探索一种新的理解。在被我们武断地称为千年之交的时候，在新的理性范围内去作这一探索适逢其时。

康德赠与我们的人类世界是分裂的。他把人类世界分为知识（理论的）、道德（实践的）与判断（审美与目的论的）三个独特

1

的王国，引发了更加广泛而肆无忌惮的质疑。这些研究已经进行了两个世纪之久，这是与自然科学以及全球工业化的霸权互相唱和的两个世纪。若说是康德的哲学使这一切成为可能，那就言过其实了；但是，我们也要看到，如同以往的哲学一样，康德的哲学也有所作为——通过显现事物的秩序，来证明**事务**的秩序。长期以来，这样的辩护都属于道德哲学实践，不过，这种实践也同样盛行于社会秩序与理性秩序中。通过把现实、道德与审美分裂为仅仅具有最微妙联系的孤立领域，康德论证了三者各自独立的详尽细节，更为重要的是，加强了经济、政治与司法形式的制度实践。于是，在我们现在所生活的世界里，科学、技术与经济行为无需接受道德的仲裁，倒是属于道德的政治与宗教制度反过来要听从它们的吆喝。

这就是最近半个世纪以来许多最深刻而且最具破坏性的思想运动所反思的图景。用杜威的话来说，哲学需要自我复苏，自我重构，这一点正变得越来越紧迫。从海德格尔的存在主义哲学，萨特与梅洛—庞蒂的存在主义现象学，到更近来的解释学、解构主义、后现代主义以及女性主义哲学，我们这个时代的许多运动正在以不同的方式探讨如何实现哲学的复苏。

我希望本书对这一重建的进程能够有所贡献。本书的中心主题是，审美价值是弥漫性的，并且自始至终出场。这挑战了康德的公理，他把审美价值排除在自然王国和道德王国之外，使之享有分离领地的独立仲裁权。无论这种理性秩序多么整饬，也无论把科学与工业从任何审美约束中解放出来能够带来多少方便，其经验都是虚幻的，而于实践则是有害的。在《美学再思考》中，我试图表明，康德受到了非审美思维的引导，他对艺术与自然的审美欣赏采取非功利的态度，而这并不能用来成功地解释传统艺术，至于对当代艺术，则更不用说了。取而代之的是，我们需要一种参与的美学，一种在审美场中实现了感知的完全综合的美学。在本书中，我追求审美价值在不同层次与不同方向的弥漫性出场。就像画家从来不在画完图形之前提笔一样，本书各章循着一条单一的线索漫游，在理论、事实、实践、创作与艺术中迂回行进，编织出复杂而完整的形态，即审美参与的形态。

当艺术在当代文化中的能见度显著提高，而艺术理论却仍然拘泥于18世纪的假设与教条时，审美价值无处不在的公案需要适时地加以裁决。无论在批判性方面，还是在建设性方面，美学都必须加以拓展，提供关于艺术的社会重要性的新见解。本书中的论文提出了超越传统理论束缚的多种途径。首先，这些论文坚持把身体及其全部感觉统摄于审美经验的领域内。第二，这些论文认识到了把艺术和社会基座联系在一起的各种道德契约。第三，这些论文把审美拓展到曾经被认为属于边缘的、不适于审美的活动与实践范围内。最后，这些论文承认审美的意义及其重要的社会角色。这些论文深信，无论就价值的形式来说，还是就价值的语境来说，各种价值都同时既属于伦理价值和社会价值，又属于审美价值。尤其是审美价值弥漫在一切价值之中。尽管审美价值在我们与艺术以及所谓"自然"世界的遭遇中可能取得支配性的地位，但是，审美价值并非特立独行的特别秩序，而是与伦理价值、社会价值和宗教价值等其他各种价值具有密切联系的。

本书所收录的论文陆续写作于四十年间。这些论文全都表现出一种冲动，即驳斥现代美学中那些被普遍接受的常识：艺术要求一种与众不同的经验模式，这种经验模式仅仅适用于审美情境，审美的身份在于保持它区分于人的其他经验，例如道德经验、实践经验和社会经验。这些论文表明，与现代美学恰恰相反，通过认识艺术与审美的社会与人性角色，它们的价值、洞察力与感染力都得到了提高与放大，而这一认识既有助于艺术重要性的加强，也有助于艺术对我们自鸣得意地称为文明的东西产生人性化的影响。我坚持认为，这种加强与放大是可能的，并不会牺牲审美的身份，也不会消弭审美的价值。本书各种思想织锦中共同的主线是，审美理论必须与经验的直接性和可靠性保持连续的联系，与其真相保持联系，如其所是。随后的论文阐述并且论证了这一原则。

《美学再思考》以标题所涉内容开篇，继之以传统美学信条的哲学渊源与意义的历史性研究。接下来的篇什置传统美学的怀疑于不顾，把身体、直觉、无对象艺术和看不见的艺术等，这些所谓的非审美感觉、接触性感觉以及传统美学觉得陌生的其他东西凸显出来。本书的最后一部分探讨的是文学、雕塑和音乐等专门艺术理论的重建。

本书的大多数篇章曾经公开发表，现在全部重新修订。在修订时，我仅仅作风格方面的调整。尽管有些论文写作于遥远的四十年前，然而，从很多方面来看，其中的有些思想在今天仍然如当初一样中肯，这真是很有趣的发现。在某些情况下，争论变得更加热烈了，例如最早的一篇论文《美学中的美感与色感》所讨论的问题。我想，历史上的辩论将使目前的争论变得更有意思。

也许有些人会觉得奇怪，这些讨论中何以缺乏对当代偶像崇拜的批判性评论，这本来是哲学论争的普遍陪衬。我则这样认为，对将要弃之而去的观点的泛泛而论式的批判一笔带过，更多地专注于建设积极的观点，这会更有成效。因此，这些论文不太注重分析当代的运动和人物，而更加注重直面问题本身，并且力求作出实实在在的回答。对于一种大美学的无限可能性来说，这些论文的主题仅仅是开端性的探索。在确立这样一个目标的同时，这些论文也树立了范例，并且在其中提出了一些需要进一步探讨的观点。我希望，我所作的美学再思考仅仅是一个新方向的起点。

我无法逐一细数以这样那样的方式有助于这部著作的每一个人。尽管已经在书中多次提及，在这里，我还是要感谢我的妻子丽娃·柏林特—席勒，感谢她将近半个世纪的智慧启迪，感谢她为了使我的表达更加清晰所做的许多工作。我也要感谢玛丽·娄·戴萃诗近来的辛勤劳动，有她为我整理全部书稿，本书才得以面世。

阿诺德·柏林特

于缅因，卡斯坦

导论　艺术与美学的未来①

对美学发问，使得那些弥合各种艺术之间的裂缝却又在整个人类文化中弥漫开来的价值产生了新的意义和作用。在我们这个正在发展的、工业化的、日新月异的世界，认识并且理解审美价值，是使这一进程人性化的重要因素。为了弄清楚我们正在为自己建设一种怎样的生活，关注这些价值变得十分重要。审美价值究竟是什么？在文化演变的进程中，审美价值究竟扮演着什么样的角色？

普遍艺术与专门艺术

尽管正如我们稍后即将看到的那样，审美追问通常与普遍艺术相关，一开始就把美学限定在专门艺术的范围内没有必要，但是，在回答这个问题时，我还是要从专门艺术开始。在这里，明确一些基本概念将大有裨益。尽管我们已经对这些概念感到非常熟悉，然而，在讨论中，它们往往模糊不清，结果导致混乱加剧，而一些本来可以避免的争执也就发生了。

人们普遍赞同，美学与对艺术的理解有关。不过，认识到对专门艺术的理解和对普遍艺术的理解的差异是很重要的，前者如绘画、音乐、电影或者景观设计，后者是整个"艺术"殿堂。各种专门艺术要求我们采取不同的理解方式，这些差异能不能通过所有艺术所共享的基本与普遍的特征而调和，这是审美追问永恒的话题。

对专门艺术和普遍艺术之间的差异进行观察，这是十分重要的。原因之一是，没有哪一种专门艺术能够代表所有的艺术。绘画美学不同于雕塑美学或者建筑美学，尽管造型艺术也采用许多相同

1

的感知维度，例如空间、质感与合成等。文学理解也不能自动地让音乐理解清晰起来，尽管经常有人运用语言轻易地进行比附，我认为，这种比附反而会误导音乐理解，基本上是错误的。[②]审美理论所面临的挑战在于，它试图把样式、材料、风格、技巧和形式各不相同的大量艺术活动调和起来，纳入一个一致而又灵活的认知框架。

为什么不能把所有的艺术杂糅在一起，还有第二个原因。为了从混乱的经验中理出头绪，哲学家们力求从特殊性中抽象与发展出更加具有普遍性的原理和综合性的理论，于是，审美追问容易流于泛泛而谈。然而，艺术不是完全自发地形成的，而是实践的产物，而实践则各有自己的环境与历史。各种艺术的材料互不相同，它们在实践方面也互不相同；各种艺术的出场互不相同，它们的感知特征也互不相同。我们必须准备接受这些差异，而不能用自己的审美概念和普遍原理淹没了这些差异。各种艺术和艺术家个人实践的特殊性十分重要，因为，它们不断强迫我们回到艺术与审美经验的世界。

美学是什么

这把我带到了下一个问题，即美学的含义。无论从历史的角度来看，还是从理论的角度来看，美学学科都受到这个经验世界的约束。美学这个名称已经有意体现了美学学科与感官感知的联系（希腊语中的 aisthētikos，就是感官感知的意思），不过，过去两个半世纪以来，随着美学发展成为一门独特的哲学学科，美学与感觉的这种联系往往被忽略了。美学往往把自己的范围局限于普遍艺术，把自己所关心的问题理性化，专注于概念问题以及诸如艺术的本质和审美判断的标准之类普遍性问题。尽管其中的许多问题确实有趣，甚至也很重要，但是，由于失去了与审美理论的经验基础的联系，这些问题显得空泛无物，已经蜕化成为一张张空洞的逻辑蛛网。

这就是专门艺术的特殊性之所以如此重要的原因。这种特殊性把我们带回到唯在此际、流动不居、稍纵即逝的经验。我相信,艺术实践与审美感知不仅是对哲学普遍性的必要平衡,也是哲学思想固有的源头。对于美学来说,无论艺术的历史,还是其最近的发展,都同样重要。艺术是从文化的母体上生长出来的,这一事实也很重要。在现代美学于西方出现之前,在人类历史的大部分时期里,这一事实是得到了默认的。然而,当哲学在 17 世纪和 18 世纪发展到康德这一顶峰,现代美学接受了康德盖棺定论的公式时,其成就便表现出两面性。一方面,美学学科给艺术自身提供了身份和独立的文化地位,但是,与此同时,美学学科也使艺术远离了在整个人类文化生活母体中的地盘。

这一地盘远较纯粹艺术宽广。它拥有我们所称的实践艺术。这些艺术包括手工艺以及其他所有与人类创造活动有关的生产性制作之类实践,例如节日、庆典和仪式。今天,我们仍然给许多事物冠以"艺术"之名,例如设计艺术、烹调艺术、园林艺术、插花艺术、社交艺术与生活艺术。在广义的艺术活动中隐含着一种心照不宣的理解,即审美感知比排外性的纯粹艺术扮演着更大的角色,在被允许的情况下,审美的敏感性能够鼓舞与唤起广泛的文化生活。在一定程度上说,我们在一些当代文化中仍然可以看到这一现象,例如在日本文化、巴厘文化以及美洲印第安人的霍皮文化中。

此外,我们这个时代的环境危机也使得我们再度发现了那些居于环境中并且依赖于环境的价值。尽管奠基者康德从自然世界中获得了大部分灵感,但是,随着现代美学的发展,对自然的审美欣赏往往被弃于一旁。不过,扩大了的审美意识允许我们把审美欣赏拓展到自然世界,并且进一步拓展到自然世界之外的所有环境,包括城市环境和工业环境。环境的审美价值甚至引导我们超越对美的追寻,而认识到否定性审美价值和特定环境审美批评的重要性。正如有些人所认为的那样,自然可能永远是美的,可是,人类再造的自然则并非如此。人们甚至越来越意识到,审美价值是我们与自然世界的关系的关键部分。我将很快回到这一话题,不过,让我首先对传统美学与纯粹艺术之间的关系作一番审视。

传统美学与纯粹艺术

过去两个世纪的传统继续统治着美学家们之间的讨论。他们的大部分注意力仍然聚焦于纯粹艺术，仅仅勉强拓展到近来出现的摄影艺术与电影艺术。传统美学已经使我们对所谓纯粹艺术的理解形成了定势，而纯粹艺术也似乎证实了传统理论的主张。传统美学的核心观念是，艺术是一种特立独行的文化制度，它自足自治，要求一种特殊的注意模式，即非功利的静观，为了能够被适当地欣赏，艺术对象必须被孤立于文化语境之外，同任何实践的目的分离开来。这些主张似乎非常适合纯粹艺术，俨然揭示了我们走近绘画、雕塑、音乐、戏剧、舞蹈和文学的方式。展览馆、影剧院、音乐厅和图书馆提供了享受艺术的特别场所，在这些地方，我们走出了日常经验的循环圈，采取一种为艺术而艺术的注意态度。于是，审美理论与艺术似乎互相补充：审美理论指导我们的艺术欣赏，而纯粹艺术则成了验证美学原理的范例。

不过，事情并没有到此为止。哲学还颁布了有关艺术品质的秩序，这种秩序把艺术世界分裂开来，并且画出强制性的边界，例如纯粹艺术与实践艺术或者手工艺之分，高雅艺术、民间艺术与流行艺术之分。传统美学则负责监督这一秩序的执行。这甚至不只是艺术的秩序，不只是一种把稍显混乱的丰富性带向某种一致性的分类法，它更是一种等级秩序、一种权力秩序、一种统治秩序。绘画优于设计，建筑优于建房，文学优于报刊，纯粹艺术优于实践艺术，高雅艺术优于民间艺术与流行艺术。

然而，如果我们把美学置于更大的文化母体内，我们将被带向一个对许多不同的艺术活动而言更加具有包容性与更加能够接受的立场。也许，这将有助于我们建立起艺术人类学，有助于我们详细地阐述那种反映不同艺术形式之间的差异的描述性秩序，有助于我们考察不同社会里的艺术活动，考察这些艺术活动极其丰富的表现形态：艺术活动如何反映社会，在社会进程中服务于什么目的，体现什么样的价值，人类需要艺术有什么样的作为。

我这样做，并非意味着要把各种艺术活动模式杂糅成为单一的、没有差别的、灰不溜秋的文化大杂烩。差异性并不一定意味着招致反感的歧视。这种做法会向我们提出挑战，看我们有没有能力走出传统美学的理论参数，看我们能不能建立起非等级制的艺术品质标准，因为，根据等级制来给艺术分类，也是在审美目的之外发掘差异性的方式之一。艺术等级制度加强了社会霸权和文化霸权。然而，如果我们撇开促使艺术发展的社会历史，回到艺术活动本身的话，我们也许能够发明另一套辨别和判断标准，这套标准基于感知的丰富程度，而不是基于先前已经成为定规的高下之分，这套标准也将鼓励在深刻性、复杂性和意义的丰富性等方面对艺术进行区别对待。因此，我们需要从一种描述性的美学出发，而不是从颂歌式的美学出发。

艺术家们自己也在把我们领往这一方向。早在20世纪初期，他们就开始挑战艺术成规，使用非常用的材料和技巧，打破传统的作品、对象和观众模式。他们大大地拓展了艺术的范围，扩张了审美的边界，表现了因袭成规的艺术法典之外大量的事物。有时候，他们的作品有意地融入社会批判、环境运动和政治运动之中，事实上，是融入构成人类文化的活动和兴趣的方方面面。艺术家们已经拓展了艺术的范围，把艺术融入到非同寻常的复合体中，他们发明了新的形式和媒介，例如表演艺术和影像艺术。艺术家们也要求新的欣赏模式，要求观众与艺术互动，在艺术过程中运动、走进、激活艺术，与艺术共同创造。

（传统）美学的终结

如果美学就是对艺术的规范经验及其特征所进行的研究的话，那么，对于正在变化与扩张的艺术，对于扩大了的审美欣赏范围，我们就需要一种新的美学，以便帮助我们理解这些变化，并且解释这些变化。现在，已经出现了一些挑战各种艺术成规的声音。我们即将认识到，许多东西被踢到艺术的大门之外，不是由于艺术价值的问题，而是由于社会和政治的忽视或者偏见。社会权力结构影响了艺术，就像它们影响了其他文化制度一样。近年来，女性主义运动已经成为一种评价与提高一些曾经被忽视的女性画家、小说家和作曲家作品地位的重要力量。我们这个时代的民族运动与宗教运动已经使我们开始认真地关注任何社会中的非主流文化群体对艺术与思想所作出的贡献，例如土著人、少数民族和被压迫阶级的贡献。为了挑战高级文化的排外性，我们这个时代的艺术也标志着传统美学的终结。

这种扩张丝毫也没有贬低原有艺术的价值和重要性，原有艺术的成就早已经得到人们的公认。过去的大家并没有沦落，倒是另一种非排外性标准的价值秩序的建立，使得大家的范围更广了。在这里，我有必要重申，艺术的民主化并非意味着所有的艺术都具有相同的价值，而是意味着各种艺术模式各有自己的价值，至于说到具体的价值，则既可能是否定性的，也可能是肯定性的。艺术批评和审美批评十分重要，这不仅因为在判断艺术活动的结果时需要这些批评，也因为在评价艺术在更大的文化母体中的地位时需要这些批评。曾经的"纯粹"艺术继续保持它们已经达到的审美力度与审美深度。但是，艺术的边界已经开放，艺术已经对曾经被忽视、蔑视与禁止的作品类型打开了大门。现在，美学家已经开始对一些流行艺术给予认真的关注，例如对爵士乐和电影艺术就是这样。不过，还有更多的艺术作品需要被拥入审美理论的怀抱，例如民间艺术与其他流行艺术。各种类型的艺术都需要获得自己的身份，它们独特的个性都需要得到承认。所有艺术都应当因为自身的价值而获得成功，而不是因为它们的出身。这些价值能够像过去一样被真正地批评与判断，只不过，现在它们必须由相应的审美标准来判断，而不是由历史标准、社会标准和教条主义的标准来判断。

审美追问还必须在另一个方向扩大范围。在面对艺术的特殊性时，哲学美学曾经倾向于把自己基本局限于西欧的艺术作品或者源于这一传统的其他艺术作品范围之内。这反映了一种不幸的文化霸权。同时存在的其他传统之所以值得研究，不仅因为它们自身具有这种权利，而且也因为它们能够给一些长期以来令人头痛的理论探讨提供有益的观点与洞见。不仅其他文化传统的影响能够启发西方美学，而且，这些文化传统中的审美欣赏模式也将引导我们重估自己的模式。比较美学仍然处于初级阶段，但是，它将大有作为。我推测，比较美学的出现频率与影响力将进一步提升。

需要一种新的审美

所有这些都表明，传统美学理论是有局限性的，是不充分的。现在，我们所处的情形也许和物理学中的爱因斯坦革命具有可比性。爱因斯坦并没有抛弃牛顿的理论，而是把牛顿的理论纳入一个更大、更具包容性、更少绝对性的框架之中。我们能不能建立起这样一种新的审美：它既保留传统理论的洞见，又极大地拓展审美理论的领域，以开放性与灵活性取代过去的排外性与教条主义？在我已经提到的所有问题中，有三个方面尤其重要。

第一，这种新的审美必须能够提供多样性——艺术的多样性，艺术制度的多样性，出场模式和欣赏模式的多样性。我们所面临的挑战在于，如何建立起一套合适而有用的方法，使我们可以发现这些不同的景观各自的特性，这些特性并没有倾向性，却有助于阐明每种艺术特有的个性，在承认各种艺术的独立性的同时，也承认它们之间将不断产生大量重叠之处。例如，每种类型的音乐都有自己特别的个性，听众对摇滚乐的狄俄尼索斯式的反应不同于对爵士乐的更加轻松惬意的享受，也不同于对传统古典音乐的紧张而富有思想的欣赏。这些欣赏有什么共同性？它们是一种基本相似经验的不同变种吗？对于其他艺术来说，也存在着同样的问题。

第二，标准的问题尤其重要，有人可能会问及我们用于判断艺术的标准的可比性问题。我们必须允许有对所有艺术和某种特别的艺术类型来说都合适的规范判断。每种艺术都有自己的历史，不仅有自己的艺术史，也有自己的社会史，这些东西都会影响我们的评价，因为，艺术的历史影响了我们的感知与反应。艺术形式、艺术类型、艺术史与我们对每种类型的艺术的不同风格的接触混合在一起，增强了我们对艺术产生反应的敏感性与深刻性，为我们可能作出的某种类型和某种程度的规范判断提供了基础。判断 20 世纪的

7

爵士乐不同于判断 19 世纪的交响乐。尽管判断的模式与风格都不相同，但是，在追求更加具有普遍性的理解时，我们发现自己在再次追问，是否存在放之四海而皆准的共同标准。难道我们不钦佩处理音乐材料的技巧之高超，无论它所构成的是古典音乐中主题的变奏或者发展，还是爵士乐中的过渡（一些即兴演奏）？一部赋格曲或者一组经过巧妙处理的大型乐章的繁复丰富会吸引我们的注意，同样地，一首民歌的朴实无华也将如此。

第三，事实上，反对性的批评意见并不会取消作品的艺术资格，而只是判断作品是不是属于不成功的艺术，或者糟糕的艺术。并不是所有的肖像都一样好，也并不是所有的建筑都一样好，任何判断尺度都必须既有肯定的一面，也有否定的一面。于是，在比较艺术模式时，我们面临着更加令人头疼的问题，尤其是当我们不再依赖惯常的艺术等级秩序时，我们会陷入困窘之中。从摇滚乐到爵士乐，从现代舞到古典芭蕾，是否任何艺术门类都具有平等的审美价值？区别的标准是什么？复杂性是否无限可能？艺术材料如何发展？独创性是否受到语汇的限制？

此外，批评性判断不能采取伟大的艺术与彻底的失败这样简单的二维尺度。二维的尺度远远不够方便，尺度应当是多维的。因为，尽管感知因素处于审美经验的核心，艺术却仍然只是许多线索中的一缕，其他还包括社会线索、认知线索与道德线索，这些线索共同编织出文化的肌理。我们不能孤立地对待其中的任何部分。尤其是，忽略道德与艺术的关系不仅是愚蠢的，也是虚假的。当艺术以有益或者有害的方式影响我们的经验时，艺术也感性地对我们进行相应的道德灌输。这会把它们的相互影响扩大到普遍承认的范围之外，因为，艺术是有影响力的，它要求道德立场。然而，我们必须尊重个体的差异性与选择性，要承认在简单的赞美或者谴责之外，艺术具有更大的影响力。我们要承认艺术的社会角色。

扩张了的审美王国

许多时候，我是把艺术当作具有清晰边界的东西来谈论的：展览馆里的艺术对象,剧场里一场一场的表演。然而,艺术不单单是对象,不是可以被孤立与确认的东西。尽管艺术从来就是这样,不过,今天的艺术却让我们更加清楚地看到了这一点。"艺术"一词的词源告诉我们,艺术起源于制作器物的活动(拉丁语 ars、artis,源于前缀 ar-,表示连接或者安装到一起的意思),艺术这个词也向我们证明,离开了创作者,艺术作品便不可能存在。实际上,"作品"是一个动名词,是混合着活动等意思在内的动词的名词形式。因此,艺术作品就是艺术家制作与生产一个对象,这个对象就是他或者她的作品。然而,艺术的制作并非到此为止。在艺术欣赏活动中,源于对艺术家所指引的方向的经验,对艺术产生反应,这是艺术自身的再创造,也属于艺术创作。有一位爵士乐手曾经这样唱道:"如果你听到真正上乘的即兴演唱,它就像带你去旅行"。③我们这个时代的哲学家如约翰·杜威和马丁·海德格尔曾经对这类现象作过评论,建立一种反映这些洞见的美学十分重要。

这样的作品把我们引领到拓展与放宽了的艺术对象范围里,引领到那些不能被轻易地划界与分类的事物与情境中。影像艺术和电子媒介的使用已经制造了一个艺术介入其中并且在其中发挥作用的虚拟现实王国。有些环境艺术家修理与重塑了地球表面的某些部分。我们已经走出了多面体宝石似的艺术对象,走进了周围的环境中,并且发现了环境的审美特性。这样的发展引领我们超越独特与分离的艺术对象,进入到欣赏者和艺术家共同创造的情境中,有时候,连欣赏者也变成了艺术家,他们共同构成审美语境,各自成为其中的一个组成部分。

让我回到前面关于物理学史的类比,因为,这个类比在这里尤其富有启发性。传统美学建立在17至18世纪在西欧发展起来的科学世界观的基础之上。它所面对的是一个由离散的对象所组成的王国,人类主体则以各种方式置身局外;这是一个规则的、可重复的、处于恒定状态的世界,事件之间存在着合乎规律的因果关系,遵守绝对的空间和时间秩序。在这个世界里,我们可以获得有关客观对象的知识,而这些知识的效力则永远不会过时。在这些观念被当作艺术欣赏的模范时,我们看到了一幅相似的图景——具有审美属性的对象，欣赏对象时的主体反应，有机整体与有意味的形式之类抽象原理，悲剧与小说之类范畴概念，表现与再现之类解释性概念。为了欣赏这个世界的艺术，我们必须把实践的功利搁置一旁，把艺术对象从周围环境中孤立出来，一头扎进艺术对象独特的个性特征中。我们还被鼓励拉开与对象的距离，采取一种非功利的静观态度。

和牛顿的物理学一样，这幅图景描述了美学文献中常见的一种艺术欣赏。尽管这些美学成规让人觉得轻松自在，然而，就如牛顿的观点对于科学世界一样，它们并没有很好地反映艺术世界。现在，艺术不再拥有自己特别的聚集地点，也不再是具有离散形式的对象，艺术已经钻进了建筑物墙壁、地铁车站和城市街道中。此外，我们的艺术欣赏也打破了惯常的模式与感知形态。我们积极地参与到许多艺术活动中。有时候，我们走进了艺术空间，例如在环境雕塑与环境艺术中。有时候，我们对艺术的过程作出贡献，例如在互动式戏剧中。总之，我们把艺术带进工作环境中，把艺术和审美活动带进正在进行的社会生活中。反映这种审美现象的环境美学出现了，并且成了审美研究中一个新的重要领域，就像相对论物理学的空间一样，审美的环境也包括欣赏者本人。审美的王国也在朝着另外的方向扩张，它模糊了虚拟与真实的界限。报告与自传加入了虚构的成分。通过感知设备与电子器材，我们可以操纵虚拟现实，让时空倒转。

非个人性的客观性原理不能轻易地解释和说明我们这个时代的艺术，它们也不能最好地阐释过去的艺术。那么，美学应怎样回应？我们能不能建立这样一种审美，它反映了知识的嵌入与不确定性，而其经验则扩张至积极的参与？

审美参与

首先，认识到艺术审美过程中各种因素的相互依赖性非常重要。艺术对象负载着创作的踪迹与历史，这些东西有时候被明确地标记出来，不过，它们往往作为创作过程的高潮部分，规定了我们对对象的经验顺序。如前所述，艺术是为了被经验而设计的，这一事实暗示了观众的存在，因为，欣赏是一种再创作，是艺术家所塑造的原初经验顺序的再度生成。此外，作品中存在着表演的元素，因为，无论是通过一位事实上的表演者，还是至少通过一位积极参与的观众，所有的艺术都要被表演出来，然后才能被经验。我使用审美场这个概念来反映这种语境特征。审美场是审美经验的语境，其中的四个主要因素——创作因素、对象因素、欣赏因素和表演因素——在规范经验的整体中互相影响与引导。④

艺术创作与审美欣赏之间的连续性，观众在审美过程中对艺术对象的介入，在审美情境中对审美欣赏的沉浸，这些都暗示了取代传统的非功利性解释的必要性。因此，我提出审美参与这个概念。参与意味着一系列欣赏的介入，包括我们对古典艺术相对压抑却仍然强烈的分享式注意，对浪漫艺术无法遏止的移情，许多民间艺术和流行艺术所唤起的主动表演。这些充满活力的参与，其程度因为艺术、历史与文化的实践而不同，尤其是，因为特别的艺术对象、欣赏者个人和特殊的场合而不同。与非功利性审美相比，审美参与能够更好地抓住感知、认知以及对富有感染力的艺术的刺激—反应式欣赏中的身体介入。审美参与这个概念比其他任何概念都更好地反映了在我们称为人类文化的过程中所发生的艺术与欣赏事实上的结合。

通过分离和孤立来限制艺术，那是消弭艺术，消弭艺术的价值，降低艺术的重要性。最重要的是，限制艺术就是否定艺术对丰富和深化人类生活所作出的巨大贡献。审美经验和审美价值对于道德目标来说也是十分重要的，在对这种经验和价值何所涉及有了更加清楚的辨别之后，我们可以为实现道德目标作出自己的贡献。

以后的章节将继续向这里所提出的许多方向进行探索。每一章各有自己特别的中心，通过逐步的生长而非系统的阐发，形成一个综合性的观点，这样的过程更加符合由丰富的主题和因素所构成的审美理论王国。通过对传统美学发问，我期待本书能够给正在进行的美学阐释与重建工程添砖加瓦。⑤

注　释

① 原为 1997 年 9 月 14 日于 Rio de Janeiro 召开的 Second Latin American Congress of Aesthetics 的主题发言稿。

② 例如，参看 Vladimir Jankélévitch, *Music and the Ineffable*, Carolyn Abbate 译（Princeton：Princeton University Press, 2003）。

③ 爵士乐吉他手 Eugene Pow 1997 年 9 月 2 日于 National Public Radio。

④ Arnold Berleant, *The Aesthetic Field：A Phenomenology of Aesthetic Experience*（Springfield, IL：C. C. Thomas, 1970）。

⑤ 本章与我在其他著作中所提出的一些观点一脉相承。参看 *The Aesthetic Field*, *Art and Engagement*（Philadelphia：Temple University Press, 1991）, *The Aesthetics of Environment*（Philadelphia：Temple University Press, 1992）, 以及 *Living in the Landscape*, *Toward an Aesthetics of Environment*（Lawrence：University Press of Kansas, 1997）。

第一部分

美学的焦点

第一部分

美学的热点

第一章　美学再思考^①

美学基础再思考

美学经常被看作哲学的分支，实际上，往往被看作广阔的哲学思想领域中不那么重要的次级分支。这是颇为奇怪的事情，因为，被公认为现代哲学奠基人的康德，曾经把审美置于认识论的基础之上，建立了一套连接知识系统和道德系统的审美理论。然而，鉴于康德在历史上突出的重要性，要对他带给美学学科的支配性影响进行再思考，也就难上加难。不过，那正是我在这里所要倡导的。我这样做，与其说是对美学学科的基础进行再思考，还不如说是为了保持哲学思想的批判传统，保持审美感知的开放性。

因此，我想要在本章提议，对现代美学的基础进行彻底的重新审视。这种探索同时也是一种深刻的哲学行动，因为，哲学的前提也建立在现代美学的基础之上。探索这些前提，实际上是挑战这些前提，能够引导我们走向新的美学基础，这种美学发端于向自我发问的审美，而不是那种完全独立于审美王国之外的哲学传统的后续之思。相应地，美学再思考也将提出哲学研究的新思路。

彻底的美学批判

近年来，美学显现出复兴的迹象，正在从哲学的阴影中慢慢浮现出来。同时，美学已经成为严肃认真的批判和根本性再思考的主题。在这里，让我提及两个很不相同的例证。

在《审美意识形态》中，特里·伊格尔顿建立了一种政治—

社会的美学批判，他把审美置于"中产阶级政治霸权斗争的核心"。②伊格尔顿认为，尽管审美确实具有自治的主张，但是，作为历史的混合物，审美仍然是文化和政治演变的窗口。从这个角度来看，审美的自治要求体现了资产阶级个人主义的巨大政治野心，那就是资产阶级的阶级自治要求。因此，审美具有两面性。一方面，审美代表了中产阶级自决的政治抱负，为他们的感觉力与想像力提供一个悠然自在之所。然而，审美同时也是社会影响力的内在化，以变相的主观化形式反映社会影响力，以更加具有压迫性的方式反映社会影响力。③因此，在更高的意义上说，审美的自治似是而非，因为，审美根本不是自治的，而是服务于更大的政治目的。也许，这就是所谓无目的性的目的——此乃对康德的不敬，是一场怀有功利目的的自治假面舞会。

与伊格尔顿把美学包含在历史和政治的碎片中不同，沃尔夫冈·威尔什把批判集中在审美本身。他发现，审美不仅弥漫在整个现代生活中，也存在于哲学思想的核心。审美不仅关系到艺术，而且关系到作为整体的人类文化，它扩散开去，与意义、真理和现实交织在一起。因此，审美化过程不但覆盖在我们这个世界的表面，而且深入下去，塑造着社会形态和物质现实，影响个人生存方式、社会交往方式以及文化形态本身。④威尔什更具挑衅性的观点是认识论的审美化，即"真理、知识和现实正越来越呈现出审美的轮廓"。⑤这一切把他带向一种"美学之外的美学"。这种美学的主张主要包括三个方向：把审美感知扩张到整个**感性**领域；把艺术的范围扩大到既包括艺术内部的各个方面，也包括艺术弥漫于整个文化的各种方式；最后，把美学拓展至艺术以外的社会和生活世界。⑥

我发现，这些美学批判既很重要，也令人信服。这些批判预告了哲学发展中一个新阶段的到来，这个阶段认识到了美学的基础方面，既包括美学建设，也包括对当代文化的美学批判，还包括对我们的现实理解所作的美学批判。不过，我相信，由于论述得过于宽泛，所以，这些批判还不够深入。伊格尔顿把美学限定在政治和历史语境的藩篱之内，而威尔什却把审美扩张成一种强大的文化影响力。两者都没有把批判集中在审美本身。（上文说"沃尔夫冈·威尔什把批判集中在审美本身"，这里又说"两者都没有把批判集中在审美自身"，似乎互相矛盾。作者的原意应该是，虽然沃尔夫冈·威尔什没有像伊格尔顿那样把美学包括在政治与历史的碎片之中，但是，他却把审美扩张成为一种强大的文化影响力，仍然过于宽泛。——译者）

伊格尔顿和威尔什所建立的审美理论仍然落在他们所质疑的哲学传统的窠臼之内。在我看来，在传统的缺陷被暴露和取代之前，任何美学批判都只是隔靴搔痒，于事无补。美学的王国甚至需要特洛伊木马侵入，需要来自理论内部的批判。因此，本着后现代主义的多元化精神，我相信，我们还可以继续进行讨论，不是从文化或者历史的角度来讨论，而是从审美自身的角度来讨论。美学批判具有艺术基础，也具有哲学基础，不过，首要的是经验基础。所有这些无一能够独立于历史和文化的影响力之外，但同时，它们也不能够被降格为这类影响力。美学批判应该在多个层次进行，以多种形式进行。

传统美学的困境

西方美学主要是在两大影响下形成的，首先是古希腊思想，其次是启蒙思想，康德所建立的西方美学尤其如此。当然，它们是密切相关的。然而，18世纪以来，一些新思想提出了孕育审美理论的极为不同的新方法。假如我可以把主流传统美学概括成康德主义的话，那么，我们需要探索的，就是看看能不能建立一种非康德美学，或者更好的话，一种后康德美学，思考一下这种极为不同的美学可能展现出来的特征。我乐意对这些可能性作些探讨，并且提出新美学可能遵循的不同的新方针。

走出康德运动的开端可以追溯到19世纪中叶。尼采以敏锐的洞察力和直率的表达，道出了传统美学根本性的困境："在关于美的论述中，当康德突出那些奉承理性的东西，如非个人性和普遍性时，他认为他正在向艺术致敬……像所有哲学家一样，康德不是从艺术家的角度看待审美问题，而仅仅从'旁观者'的角度设想艺术与美，他因此不知不觉地使'旁观者'潜入美的观念中……我们就从这些哲学家那里获得关于美的定义，这些破烂不堪的定义完全缺乏审美的敏感性，例如康德那个著名的定义：'那给予我们非功利的快感的，就是美的'。"⑦

非功利性不仅不适合艺术家，而且，也不适合欣赏者。如果欣赏者放弃学者或者评论家们客观化的分析态度，而参与到艺术之中去，那么，他或者她对艺术的个人分享就比尼采非常轻蔑的那些"美的哲学家"更加接近于艺术家。我喜欢把这种积极的欣赏式的参加称作"审美参与"，因为，在我们最完整的审美经验中，存在着强烈的个人介入特征，而"审美参与"最恰当地把这种特征概括出来了。关于为什么要放弃非功利性这个概念，我还有其他的理由。非功利性所采取的态度使我们远离了艺术对象，给艺术对象划定了明确的边界，使艺术对象与人类世界的其余部分分离开来了。在18世纪，当纯粹艺术从其他艺术中脱颖而出，获得自己的身份和特别的地位时，一种把这一过程制度化并且赋予这些艺术以特别突出的地位的美学是有其价值的。而现在，当艺术的身份和重要性已经被人们广泛地接受时，这种需要便不再存在了。把一个其意义已经成为历史的概念永恒化，既抬高了它的历史地位，又妨碍了审美追问，也误导和阻断了审美欣赏经验。⑧

康德美学中大可质疑的问题不只是非功利性。18世纪美学在很大程度上是时代思想的产物，其观点完全建立在信奉官能心理学的基础之上，建立在启蒙运动的本质化与普遍化哲学基础之上。此外，18世纪的美学把科学模式强加给审美欣赏，那是一种通过对象化、解剖和分析而进行的模式。于是，我们从康德那里继承了一套概念结构，这套概念结构从自身著名的独特性开始，确定了一系列独特而孤立的感知和概念样式。把审美感知和概念分离开来，这带来了美学家们长期互相攻讦的一个问题，即知识在艺术的感知经验中究竟具有什么样的地位。18世纪的美学中还存在着其他一些有问题的成对概念，例如感觉与理性，功利与非功利，幻像或者想象与现实。在启蒙运动的理性主义语境下，这样的区分是富有启发性与解放性的。在今天，它们则提供虚假的明晰与不可置信的秩序，既迷惑了理解，也迷惑了经验。是否能够谈论互不包含的理性或者感觉？对此，我们能够提出一些严肃认真的问题，这些问题受到了心理学研究的支持，也受到了后来的哲学发展的支持。与此相似，非功利性的纯粹性也很难捍卫，尤其是当艺术的动机和消费都被吸收进文化商品之中的时候。⑨现在，洛克关于物质与本质的本体论，已经以审美对象与审美本质这种形式，先入为主地占据了许多学者的头脑。存在主义现象学、解释学、解构主义、后现代主义和实用主义哲学，这些理论已经挖掉了客观主义的墙脚，动摇了从复杂的整体中分析出简单的要素这样一种科学客观主义的霸权。

　　我们需要不同的理论工具来捕捉审美欣赏的特别个性，审美欣赏固然特别，但是，它也不需要被当作唯一的、与人类文化其他领域无关的东西。另外，我们这个时代的智能和技术已经发展到了令人吃惊的程度，现实这个概念的外延已经被扩大化与多元化了。解释学和解构主义已经提供了多种解释共同存在的基础，这样就产生了多元的真理。实用主义哲学及其相关研究，例如布希勒的本体对称原理，从不同的角度奠定了多维现实的形而上学理论基石。⑩我们认识到了社会、文化和历史的根本影响，这种认识动摇了历史和科学的极端客观性，在社会科学中，这是一个心照不宣的秘密。最后，当代工业社会居住于电影、电视、网络等虚拟世界里，也就是威尔什所谓的"媒介现实"里。⑪作为一个让我们梦游于其中的梦寐，我们所创造的这种现实奇怪地类似于非洲布须曼人对创造的信仰。⑫

　　后现代主义的一个教训——这个教训并不是后现代主义发明的——是文化传统和社会影响彻底地修正了我们的感知经验，以至于根本就不存在什么纯粹的感知，而去讨论它，哪怕只作为理论的范畴，也是极大的误导。但是，康德美学建立在18世纪心理学的概念结构基础之上，把理性、感觉、想象和情感都看作精神的官能。为了把知识加以理性化与普遍化，它们大大地简化了人类经验复杂的语境特征。为了把它们当作不同的功能区别对待，当作彼此独立的能力区别对待，康德美学制造了许多裂痕。今天，当我们面对这些裂缝的时候，不得不去重新弥合它们。想一想，为了守护理性的想象，为了把独特的审美属性孤立出来，为了调和表达与形式，我们付出了多少精力。

所有这些都把我们带向一个结论，无论中听不中听，也无论我们乐意不乐意，这个结论都是不可回避的。理性世界的概念，客观的概念，系统秩序的概念，这些东西都必须赶到历史概念展览馆的展台上去。哲学建构了两种需要调和的相反力量，人为的修修补补很少能够获得成功。我们需要对这些概念进行再思考，不是强化它们的差异以便使它们清晰化，而是恰恰相反，通过显示它们的渗透性、连续性，有时候，甚至是它们的混沌性，也许只有这样才有望达到一种斯宾诺莎式的整体性，即把它们看作一个普通事物的各个方面。

美学的新方向

如果我们远离康德传统，美学还剩下些什么？一种新美学，一种后康德美学，会是什么样子？如果我们放弃官能心理学的范畴——感觉、想象、情感、记忆、理性、趣味，如果我们超越古典哲学所强加的普遍化，消除情感、表现、再现等等概念所带来的困惑，消除把艺术世界碎片化为观众、艺术家和艺术品所带来的困惑，美学还剩下些什么？如果我们实实在在地对美学进行再思考，会出现一种什么样的理性创造？会诞生一种什么样的创造物？

在这里，让我提出一种不同的思想纲领，我相信，这一纲领必定引导我们在新的不同方向对美学发问：

1. 放弃我们从 18 世纪的心理学那里继承来的名词性范畴，代之以这些现象的形容词形式和副词形式。"感觉"变成"感觉的"，"感知"变成"感知的"，"认知"变成"认知的"。这就要求我们回到经验的流动状态，回到感觉的特性、想象性的推断和解释、记忆的朦胧回响以及呈现出无数差异的感觉气氛等等所形成的流光溢彩之中，我们曾经笨拙地把这种种状态看作情绪中的某些人格化与实体化的东西。

20

2. 把普遍性的解释替换为多元化的解释，并且探索在不同的艺术和审美文化中出现的现象在什么程度上具有共同性。我们可以凭此决定，何种程度的普遍性是能够被辨认出来的，普遍性是不是有益的，是不是令人信服的，或者相反，它是不是模糊了那些要求被认识到的重要差异。

3. 与此相应，给予不同文化中的美学传统以重要地位，给予它们所反映的正在发展中的思想和经验的历史以重要地位。不仅不同的艺术各有自己的历史，而且，它们也以不同的方式内在地相关于不同的文化传统。这些方面的探讨不仅鼓励学者和欣赏者都保持一定程度的谦逊，同时，也将丰富我们的审美感知能力，扩大审美的范围与内涵。

4. 反对本质主义者企图通过诸如情绪、表现或者意味等等某种单一的影响力和因素来阐明审美过程的思考倾向，取而代之的是，通过复杂性、影响特征群、相互关系、各不相同的语境等等来阐明审美过程。

5. 不把美学看成完全区别于道德、实践、社会和政治等等其他价值的特殊领域，而积极地寻求弥漫于人类王国的各个方面并且与此王国不可分离的审美价值对规范的复杂性所能作出的独特贡献。审美价值可以与众不同，却并不与众分离；可以是独特的价值，却不是单一的；可以是重要的价值，却不是纯粹的；可以在人类文化中占有关键的地位，却不是孤立的。

6. 建立不仅属于艺术而且也属于文化和知识的审美批评基础，因为，文化和知识这二者也具有审美维度。这样的批评不仅针对审美自身的内容，更为重要的是，也针对审美的先决条件。

不过，任何领域都比审美理论本身更需要批评。对审美理论的哲学影响不是来自于对审美感觉力的研究，而在很大程度上来自于以本体论和认识论为基本框架的西方哲学传统，这一传统源于古典时代，经过启蒙运动思想家的承传，一直延续到现在；这一传统鼓吹静观的理性，悬置活力、身体行为和人的全部感觉力。因此，我们所面临的一系列问题与其说源自审美，还不如说源自哲学。在这些问题中，我们能够找到一对对分裂的两极，例如外观（在审美属性中）与质地、形式与内容、幻像与真实、观众与艺术作品（即主体与对象）、美与实用（即内在价值与器具价值）。这些问题以本体论的姿态把对审美的追问碎片化，把对审美的追问误导至相反的方向。所有这些问题都源自哲学传统尤其是哲学的认知模式对审美理论所产生的不适当的影响。

审美参与：一种语境性与连续性美学

相反，一种多元化的审美则完全能够包容人类所有的艺术以及形形色色的文化现象中的创造性行为。我们不必太在意权威与令人厌恶的等级，而更加注重研究艺术如何在社会与经验中发挥自己的作用——它们需要实现什么，服务于什么目的，提供什么样的满足，怎样拓展人类的感知能力和理解能力。而且，这样的审美超越了艺术，进入到我们的生活世界中，进入到自然环境、人工环境、社会群体和人际关系中。直到最近，这些方面仍然为人们所忽略，它们恳求学术与科学的关注，以求不仅进入我们的知识范围，而且也使那些常常被人们遗忘与隐蔽的经验领域能够清晰化与扩大化。

这样的审美感觉力认识到了它与人类文化生活的相互结合，属于一种情境性与连续性的美学。审美经验的领域并非堂皇却孤立地置身一旁，而融入了我们参与其中的各种活动，从日常琐事到流行文化等。这种美学也承认所谓纯粹艺术的重要性，给那些热衷于提炼审美经验中最紧张与最重要瞬间的艺术以应有的地位。但是，这些艺术也一定影响并且走进了人类经验的广泛领域。我们必须放弃纯粹性与排外性的神话。

我把这种观点称作"审美参与"，因为，这种观点不仅认识到了我们与审美经验的联系，拓展了我们与审美经验的联系，而且呼唤我们作为一个积极的参与者全身心地介入审美活动之中。审美参与理论是一种描述性的理论，而不是规定性的理论。这种理论反映艺术家的活动，反映表演者的活动，也反映欣赏者的活动，这些活动在审美经验中统一起来了。审美参与理论所反映的,是我们身在其中的世界,而不是虚假的哲学幻像。⑬

在随后的两章中,我将继续对传统的非功利性美学进行批评,同时也肯定这种美学所作出的积极贡献。在本书的后面几章中,我将运用审美参与的思想,对一些理论问题进行分析,也对一些特殊的艺术门类进行分析。

注 释

① 原为 1998 年 9 月 1 日在 Slovenia 的 Ljubljana 召开的 XIV International Congress of Aesthetics 所作的 Presidential Address of the International Association for Aesthetics。改编自 *Filozofski vestnik*, XX, No. 2/1999, pp. 25-33,并且获准重印。

② Terry Eagleton, *The Ideology of the Aesthetic* (Oxford: Blackwell, 1990), p. 3。

③ 同上,pp. 23, 28。

④ Wolfgang Welsch, *Undoing Aesthetics* (London: Sage, 1997), pp. 5-7。

⑤ 同上,p. 23。

⑥ 同上,pp. 95-99。

⑦ Friedrich Nietzsche, *The Genealogy of Morals*, 第三篇,载 *The Birth of Tragedy & on the Genealogy of Morals*, F. Golffing 译 (Garden City, NY: Doubleday, 1956), p. 238。

⑧ 第三章《非功利性之后》对非功利性进行了详细的建设性批评。

⑨ 第二章《美学的历史》对康德美学进行了批评。

⑩ 特别参看 William James, *Essays in Radical Empiricism* (Lincoln and London: University of Nebraska Press, 1996); William James, *A Pluralistic Universe* (Lincoln and London: University of Nebraska Press, 1996) 以及 Justus Buchler, *Metaphysics of Natural Complexes* (New York: Columbia University Press, 1966, 第二版: State University of New York Press, 1990)。我曾经在 *Art and*

    Engagement（Philadelphia：Temple University Press，1991）中阐
    述过相似的审美理论。

⑪ 同 4，p. 86。

⑫ Lawrence van der Post, *The Lost World of the Kalahari*（New York：
    Harcourt Brace，1977）。

⑬ 我曾经在许多地方就此作过多方面的批评，其中包括：*Living in*
    the Landscape：*Toward an Aesthetics of Environment*（Lawrence：
    University Press of Kansas，1997）；*The Aesthetic Field*：*A*
    Phenomenology of Aesthetic Experience）（Springfield，IL：C. C.
    Thomas，1970）。我的著作 *Art and Engagement*（Philadelphia：
    Temple University Press，1991）以及本书的许多章节对此有更加
    深入的论述。

第二章　美学的历史①

审美理论的历史源头

艺术活动一直是人类社会的重要组成部分，可是，艺术理论自从发端于古希腊以来，却一直不反映艺术活动，也不轻易地对构成艺术王国的对象和功能的改变作出回应。理论本该来源于事实，可是，美学的历史②却常常表现出不合时宜的傲慢，理论家企图给艺术家立法，规定什么是可以接受的艺术形式、艺术风格以及艺术材料，也给欣赏者规定正确的经验方式。因此，美学经常落在活生生的艺术活动和艺术经验之后，望尘莫及，却总爱以八股式的腔调发发议论。

目前，围绕艺术而进行的活动十分活跃，从中可以看出，艺术与美学之间的不协调已经达到了令人惊讶的程度。我们已经在所有艺术中进行了一个世纪非同寻常的革新与经验化，从方法与材料，到对象的种类与经验的场合，在各个方面都拓展了艺术的范围与维度。这场革新与流行于审美理论家——他们往往也是批评家——之间的判断形成了鲜明的对立，也与一些典型的判断形成了鲜明的对立，这些判断反映了源自 18 世纪的观念。在艺术从先前教廷和国家的束缚下获得解放的历史中，18 世纪的观念是非常重要的。因为，通过艺术的分离与独立，通过使艺术对象从令人窒息的社会压力与宗教目的中解脱出来，通过一种不受实践关切所妨碍的直接注视，通过自由地与审美静观的开放性和明晰性共舞的审美欣赏，18 世纪是一个能够宣称实现了艺术自由的时期。

然而，我仍然要表明，在过去的两个世纪里，艺术和政治领域里都响彻了战斗口号，在现在听来，这些口号已经成了令人生厌的说教。这些口号都是空喊，是对开创性的误导，与从事创作的艺术家无关。对美学的历史进程作一番思考是富有启发性的，因为，也许在理解其方向的同时，我们就已经开始认识到，它对今天的要求是不合理的。

许多问题接踵而来。在过去的讨论中，出现了哪些主要的理论概念？这些概念如何有效地解释先前的艺术？今天，指引我们前进的艺术航标又在哪里？这些航标以何种维度和要求指引我们？尤为重要的是，我们怎样才能建立一种理论，既能反映和支持今天鲜活的艺术活动，也能对其他时期的艺术作出合理的解释？对于我们来说，充分地回答这些问题是一种广泛的挑战，但是，我们也许可以从一个范例开始，即在历史的流程中，追踪与鉴别一个核心的和具有代表性的问题。③

作为一门得到公认的学科，美学发端于18世纪中叶鲍姆嘉通所出版的《感性学》(Aesthetik)，但是，美学的根须则深入到古希腊。在崭露头角的数个世纪中，美学都是一幅哲学打扮，反映了宇宙论、形而上学、宗教、道德和认识论的主题，直到启蒙运动时期，才更多地以自己的真实身份出现。这段历史显然富有启发性，充满了关于艺术、艺术的多种实用性以及艺术与其他文化制度之间的关系的洞见。它证明了艺术冲动的力量和持久性，证明了揣摩艺术的性质、领悟艺术的实用性与评价艺术的意义等的必要性。当美学宣布自治时，对于艺术这种长期以来存在于社会活动中的重要力量，我们似乎最终达到了理性的认识。从此以后，美学津津乐道自己是一门独立的学科，似乎由艺术的独特性和审美经验的重要性把学科资格赐给了自己。

对于某些人来说，这一切似乎发生过。阿里森、夏夫兹博里、阿迪森、哈奇生以及其他英国学者的著作建立了非功利性这个概念，用它来表示对一个对象"由于其自身的缘故"的感知。这个核心概念成了一种新的独特经验模式也就是我们所说的审美经验的标志，这种经验模式区别于工具经验、认知经验、道德经验和宗教经验之类的模式，大家公认，那些模式是可以互相交叉的。④在18

世纪早期的著作中，上述英国学者们把各种各样的纯粹艺术整合成为一个个被普遍接受的艺术门类，用来与以同样的原理组织起来的艺术门类进行相互比较。最后，在 18 世纪下半叶，尤其是在德国，关于纯粹艺术的普遍理论获得了独立的学科地位，在康德的著作中，则于其哲学体系内占据了作为一个组成部分的独特地位。⑤

18 世纪的主题

在近来的美学文献中，我们可以看到一套连贯的美学教条，它以多种方式源于 18 世纪形成的一些公式。在这段现代思想的孕育期，一套一致的艺术信条出现了，并且在随后的两个世纪里几经改头换面，却很少有人怀疑其理论基础。这些观念如此深深地扎根于哲学文献，以至于获得了教条的地位，往往拥有不言而喻的话语权利，作为一套顽固而强有力的说辞，统治着今天的审美理论与审美批评。对这个时期的著作进行简要的回顾，尤其是对首先阐述其中大多数观念的夏夫兹博里的著作进行回顾，无疑有助于说明这些特有的主题。

在 18 世纪，英国理论家们的著作不仅涉及艺术的总体特征，也涉及美的类型、美之所在以及对美的领悟方式。对于他们来说，问题在于决定何种对象中可以找到美，而要对这种对象产生愉悦的反应，又需要具有何种想象的特性。美是对象的属性，这一点毫无疑问，我们的任务在于确定这种属性。于是，在 1711 年，夏夫兹博里这样写道一位画家："他的作品如果是美的，而且也意味着真，那么，作品必须自成一个完整而独立的整体，此外，他必须尽其所能地使作品表现得伟大与复杂。"这样的美并不是在形成艺术的材料中发现的，而仅仅当材料要求某些东西去美化时才得以发现。是艺术美化了事物，而由于在物理对象中不存在美的原理，所以，意义、规律和秩序这类原理都必须由精神来提供。⑥我们需要有一种特别的注意，才能领悟这样的美，一个人必须因为对象自身的缘故来思量它，而不怀有别的意图。大量的文献证明了这种非功利性观念是如何被提出来的，证明了它如何摆脱具有因果关系的道德思考，如何被确立为审美态度的核心特征。⑦

与此相应的要求是，艺术对象必须和周围环境划清界限，自我设定为一件独立而完整的作品，而不是混杂在"教堂或者宫殿的墙壁、天花板、楼梯、圆顶以及其他显眼的地方"，就像夏夫兹博里所说的那样。而且，"无论什么作品，如果事实上自成一体，被用整一观点理解，根据整一才智、意义和设计创造，构成一个真正的整体，就像天然的个体一样，各个部分之间存在着必要的相互关系，就像天然身体的各个部位一样，我们就可以把它称作图画（Tablature）"。⑧哈奇生和瑞德对这种描述作出了进一步的发展，而世纪末的康德著作则仍然忠诚于把艺术看作一种制造活动的古典观念，通过把审美与实践关切和功利目的分离开来，康德使审美感知与其他感知区别开来了。在康德的经典公式中："美感中的趣味仅仅是一种非功利和自由的愉悦，因为，既没有感觉的功利也没有理性的功利强迫我们赞同……**趣味是根据完全非功利的**愉悦或者不愉悦对某个对象或者再现某个对象的方式作出判断的能力。这种愉悦的对象就称作美的。"⑨

在现代美学史的这段形成时期出现了一种观点，即认为艺术对象是与周围环境互相分离、互相区别的，只有采取一种特别的态度才能适当地加以欣赏。后来的理论家继承了这一传统，例如穆恩斯特伯格的孤立观念，布洛的心理距离，奥特嘉的非人化。⑩斯托尔尼兹对这一持续了两个世纪之久的讨论作了总结，他把审美态度定义为"对仅仅因为其自身的缘故而意识到的任何对象的非功利与移情的注意和静观"。⑪

18 世纪思想的顽固性

在 20 世纪，包括艺术在内的各个文化领域都发生了剧变，美学却基本上处在这一文化演变的进程之外，从历史学的角度来看，这种现象令人咋舌。当艺术家把无法遏止的创造力注入到新的活动模式与经验模式之中，而更敏锐的批评家也向人们展示如何追踪他们的时候，艺术哲学家却往往自满于炒冷饭，和他们的启蒙运动先驱一样，用相同的理性机械把极其难以进入的作品切割成为浅薄的碎片。在这里，还有两个相关的问题需要讨论。第一，18世纪的观念在当代美学中的顽固性。第二，这些观念在解释我们这个时代的艺术时的不充分性。⑫这些观念在美学文献中仍然处于核心地位，尽管它们的基本原理很少得到人们的认可，却被假定为不证自明的（那些有倾向性的术语），因而被确立为教条主义信仰的标准载体。

然而，我相信，这些原理已经过时，因为它显然不能令人满意地解释过去一个世纪的大多数艺术。实际上，即使把它们应用于更早时期的艺术，也会误导人们。在近来的著作中，我们可以找到三条原理，并且解释它们的弥漫性影响。在本章的随后节次中，我将继续这一批评，并且提出一些新的理论选项。

1. 艺术主要由对象构成

无论是对普遍理论所作的说明，还是对艺术定义的发问，以及对艺术所采用的那些不符成规的、具有革新意义的、有时甚至是冒犯性形式的批评，近来的讨论都普遍地试图把艺术界定与描述为一个整体。这似乎是一种合理的尝试，但是，它也是别有用心的企图，几乎总是从这样一种假定出发的，即经过思量的艺术表示一批对象，而作者的任务则属于某种程度的鉴别、解释和评价。不管词源学角度的艺术所指的是什么，"艺术"这个术语总是意味着一类**对象**，而不是创作艺术品的活动，就像大多数人所认为的那样，艺术作品与经济价值相联系，拥有艺术对象则是社会地位的象征。在某种非严格的意义上来说，艺术意味着一首诗、一幅画、一具雕塑、一篇小说、一曲音乐或者一部电影。

尽管要准确地找出艺术对象居于何处困难重重，⑬但是，对于大多数人来说几无疑问的是，艺术是某些**事物**，人们在欣赏它时给予特别的注意，有时候，这种注意被称作审美态度。在艺术批评中，人们普遍把艺术看作制成品，对它进行细致的理性分析，这种分析中充满了有关过去和现在实践的丰富知识。从历史的角度考量，人们把艺术看作不同的经典艺术对象的集合，认为艺术有助于手工艺的进化，并且会对后来的艺术产生影响。这种把注意力集中于对象的倾向一直十分明显，在当代美学中被特别地宣称和强调，

29

表现在支配当代艺术理论家的有关定义、理论和批评等一系列问题中。让我们来看看几个具有代表性的实例。

在 20 世纪下半叶,英国和美国的许多艺术哲学家都沉迷于艺术的定义,他们特别爱把定义当作对艺术作品性质的追问。他们把艺术作品看作审美对象,把艺术作品称作"艺术品",或者,直接说成"艺术",据他们说,"艺术品"的性质使得它们可以被归类为艺术对象。[14]近来,许多具有英美传统的哲学家又对认识论和概念问题发生了兴趣。因此,他们把再现、本体和定义等普遍理论问题当作有关艺术对象理解的事情来对待,而不是当作有关艺术创作与艺术经验的事情来对待。古德曼的分析就反映了这种态度,他把艺术看作一套因袭的符号系统。[15]他几乎把注意力完全集中于思考各种各样的途径,通过这些途径,各种艺术可以被看作具有不同形态的艺术对象的集合,并且可以获得与作为符号系统的语言一样的理解。丹托的著作也以不同的方式反映了艺术的对象化。他认为,阐释者的主要贡献在于,借助艺术史和艺术理论的知识,把现实世界中与其他事物没有差异的艺术对象剥离出来,并且把它们看作"艺术世界"的一部分,而这个"艺术世界"则由阐释过的对象所组成。实际上,他认为,立于我们面前的艺术作品是艺术家意识的外在化,就像它是艺术家所看到的东西的具体化一样。[16]当我们如此推测性地描述艺术经验时,指向对象的仅仅是阐释者的意识而已。

其次,人们普遍认为,艺术批评的作用是阐明艺术对象。这包括辨别艺术对象的特征,揭示艺术对象对媒介的匠心独运,找到艺术对象与过去和现在的其他艺术对象的风格特征的联系,判断创作出作品的艺术家的技巧和效果。批评哲学存在于对批评的哲学基础的评判中,包括它的种类、地位和适用性以及允许采用的证据的类型和范围。坚持这一点,也就是像批评实践自身一样,把批评哲学的功能置于几乎同样的假设基础上。不仅新批评和其他形式主义理论,就连有关批评的概论性著作都采用相同的理论假设,即批评总是与某种对象相关。无论在定义、本体论还是批评中,同样的倾向都十分盛行。

2. 艺术对象具有特殊的身份

艺术是由独立而可以认出的对象构成的，很少有艺术观念像这种信念一样不受怀疑。艺术对象的独立性是大量相关教条赖以建立的基础。既然艺术是通过对象来确认的，要为这些对象指派特殊的身份也就不足为奇了。这反过来又加剧了对象的独立性。也许，有人会说，那不过是从显然的对象转变为独特的对象罢了。

评论家们的任务在于，确定究竟是什么原因使得这些对象成为独特的，而美学家们则提出了一系列令人印象深刻的特征，想当然地把艺术对象从其他事物中分离出来。现代美学的读者迅速遭遇了有意味的形式，这种观念在罗格·弗莱和克莱夫·贝尔的著作中占有突出的地位。有意味的形式指的是线条、色彩、质感、空间、光影的关系与结合，在艺术中，这些因素的合成具有直接或者间接的情感唤起功能。有意味的形式被认为是"所有视觉艺术作品的共同本质"，是"把艺术作品与它种对象区分开来的本质"。[17] 在更近的时期里，在关于批评作为反对道德家的角色的讨论中，汉普什尔坚持认为，批评的目的在于引导人们把艺术作品看作唯一的对象，看作不可重复的个体，而不是某类对象的代表。[18] 在另外的例子中，西布雷开始寻觅一套审美概念和术语，我们必须具有趣味或者洞察力，才能把它们加以应用。尽管他因为我们不能为其应用确立足够的条件而深感失望，然而，他仍然认为，在艺术描述和艺术批评的语言中，这些都是独特的，因为，审美的实质在于这些特征的独一无二的结合。[19] 马格里斯则受到本体论意义上的艺术作品的独特性的启发。[20] 在有关艺术作品的唯一性这个概念的有趣探索中，鲁拜·米格尔探讨了对艺术作品进行普适化评价的可能性问题，但是，他的结论却老调重弹，仍然认为，艺术作品的独特性在于，必须根据艺术作品自身而不是作品可能的有用性来进行评价。[21]

这些讨论反映了艺术对象具有特殊的身份这种流行的观点。如果有什么争论，往往是围绕这一信条来进行，而不是针对这一信条来进行。这样的观点并非仅仅局限于学者的圈子，也得到了西方社会的物理学解释，只有那些藏身于博物馆、文化中心以及其他神圣殿堂里的东西，才是艺术对象。无论从实践方面来说，还是从理论方面来说,艺术都应当遗世独立。

3. 必须以独特的方式看待艺术对象

艺术由对象构成,与这种观念密切相关的,还有另外的普遍原理。在确认了艺术对象并且把艺术对象孤立出来以后,接下来所提出的观点就是,这些对象必须以属于它们自己的独特方式来看待。为了正确地欣赏这些对象,一个人必须以独特的艺术沉思态度来走近对象。这种所谓的审美态度,是属于感知者而不是艺术对象的特性,是通过确定的特点与其他态度区别开来的。于是,经过一番乔装打扮之后,18 世纪的非功利性观念又在这里粉墨登场了。

在现代美学中,审美态度受到了特别的关注,以至于发展到今天,在某种意义上说,是审美态度而不是艺术对象成了艺术设计的唯一基础。[22]然而,近年来,艺术要求与众不同的态度这种观念再度变得争论不休了,而在近来更为引人入胜的争论中,一些评论家转而反对这种观念。

最近一段时期以来,许多人企图把审美感知与众不同的特性加以形式化,其中尤以布洛的心理距离说最广为人知,也最具影响力。[23]距离这个比喻被用来代表分离的感觉,我们与对象之间究竟是实践关系,还是审美关系,其中的差别就在这里。这种心理上的疏远感觉就称作"心理距离"。心理距离使我们免于实践的利害关系,自由地进入所谓审美这样一种特别的经验。如出一辙的是,奥特嘉认为,正是那种非人化的现实而不是人类视点的实际现实,才允许审美情感自由泛滥。[24]在更近的时期里,C. I. 列维斯走上了大家熟悉的老一套路子,他采用了明显属于康德模式的审美态度,在这种态度中,我们仅仅感知到对象的表象性质,而在道德的态度中,我们怀着行动的准备,至于认识的态度,则相关于预言与知识。[25]

注意的审美模式与众不同,这种观念继续统治着许多艺术思维,表现为对诸如非功利性、距离之类概念的普遍而不加怀疑的使用,以及与众不同的审美态度之类单调乏味的声称。在我们所找到的这些公理中,第三条至关重要,因此,请允许我暂且不对审美态度这个现代概念的全部范围和影响进行通盘考虑,而仅仅思考一下这个概念更为完整的细节，以显示出我在此要鉴别的这个信条的影响是如何之普遍。

斯托尔尼兹追随这一传统，把非功利性称作意愿的成就，而意愿仍然屈从于对象的特性。艺术自身并没有委身于非功利的注意，尤其是前卫艺术，它以反对这种态度为纲领，放弃了非功利性注意的尊贵，拒绝作自我纵情的理解。由于"对艺术独特价值的欣赏有赖于对非功利性感知能力的培养"，这种能力本来是为了鼓励非功利性注意的，结果却成了艺术的限定条件：无论什么东西，只要不同意这一点，就会被拒之于艺术的大门之外。此外，斯托尔尼兹还认为，我们的社会如果否定非功利性，就会造成一个不良后果，即古典艺术传统欣赏能力的丧失。[26]

维吉尔·阿尔德里希也保守审美注意具有特别的模式这一教条，他运用维特根斯坦关于模糊图景的讨论来类推我们必须转换观看方式的能力。就像我们能够感知一幅鸭-兔画一样，我们以非此即彼的方式观看，要么看到鸭头，要么看到兔头，而不能同时既看到鸭头又看到兔头，艺术也是如此。我们能够对物理对象采用非审美的感知模式，阿尔德里希称之为"观察"，而对审美对象则采用审美的感知模式，阿尔德里希称之为"理解"。他把这种现象命名为"范畴变相"，即范畴外相的改变，首先在某种外相下观看，然后再在另种外相下观看。[27]

比尔兹利也站在相似的立场，他主张，"（广义的）艺术作品是有意地从审美的视角来对待的任何感知或者注意的对象"。当我们对对象的审美价值感兴趣时，就是采用这样的角度，它要求这些价值有能力给予我们审美的愉悦。对象的审美属性仅仅在这时候出场，因为，愉悦感来自于留意其形式的整体或局部的性质。[28]值得提及的是，因为这些性质都是感知或者注意的对象的属性，它们仍然取决于欣赏者的意识行为，这使得比尔兹利又回到了审美的角度。

在更近来的研究中，理查德·W·林德提出了一个有赖于感知注意的审美对象概念，这个概念非常之精密："一个'审美对象'……似乎是……结构和纹理以特定的数据排列方式在具有足够的活力以引起或者满足实践兴趣的自发性辨别注意的清晰过程中连续地构成的任何现象整体。"对象不是注意过程的产物,那样的对象不过是过程的结果;"它就是过程,因为它凝进了它自身消融性的过去"。因此,是注意决定了——实际上是**制造了**——审美对象,任何这类决定性注意的对象都可能是审美的。[29]

这样的心理学理论竟然如此顽固地继续统治着美学,真的令人称奇。尽管有些人偶然远离了独特的审美态度这种虚构出来的概念,[30]另外一些人声称已经抛弃了这种要求,却只不过是挂羊头卖狗肉罢了。乔治·迪基引起广泛讨论的艺术制度理论[31]就声称基于对这种态度的远离。为了取代决定审美对象的特殊注意模式,迪基使用"艺术世界"这个术语来指称既定实践的广泛社会制度。在这个"艺术世界"里,艺术作品找到了它们的位置。这包括把艺术作品的身份赋予某件人工制品的资格,也包括决定何种对象适于作为审美欣赏候选对象的资格。实际上,就某些东西来说,欣赏是一件艺术作品的本质:"如果某些东西没有什么值得欣赏的,那它就不可能是艺术作品。"[32]于是,艺术是赋予的身份,是"艺术置身其间的制度结构而非不同种类的欣赏造成了艺术欣赏和非艺术欣赏之间的差异"。[33]

通过为艺术和欣赏建构这样的社会学阐释,迪基似乎挣脱了那张心理学蛛网,这张蛛网曾经俘获了把艺术欣赏解释为采取独特态度的大量徒劳。然而,即使社会成规在确定艺术和审美的可接受边界时确实非常重要,这类事件也只是**反映**了人们对于社会成规的感知,而没有告诉我们,究竟是什么东西决定或者建立了社会成规。人们确实可以谈论艺术世界,这个世界由艺术家、批评家和艺术品贩子的活动所构成,而艺术馆馆长则是一位比确定艺术边界的理论定义声音更加洪亮的导游,但是,这不过是把审美态度理论家的心理学偷换成了他自己的社会心理学而已。艺术制度理论不把欣赏置于个人所采取的态度这一基础之上,却把艺术的确定及其欣赏置于集体的态度以及由此而产生的行为态度这一基础之上。这种理论不负责解释,究竟是什么东西在引导艺术家个人向新的方向前进,又是什么东西在强迫艺术世界接受这种变化。杜尚的自行车车轮因为获得了艺术世界的承认而成为艺术，但是，他对车轮的观念、选择、安置和展出本身并不构成艺术，这意味着艺术是被带向存在而存在的，这样就搞乱了公众对艺术的接受度。我们用艺术社会学或曰艺术社会心理学代替了艺术心理学；我们用社会接受的条件代替了艺术观看的个人心理状态或者方式。艺术对象的要求以及艺术对象在其中发挥作用的创作情境与展览情境的要求则被忽略了。因此，艺术制度理论极大地继承了艺术是被（艺术世界）以独特的方式看作艺术而成其所是的传统。

除了我在上面已经提到的，近来的美学当然还受到了另外一些历史影响。有些影响源自为了与古典时期的唯理性保持高度一致，宣称艺术具有认知特征，与之相应而产生的静观的观念。另一些影响则源自把艺术纳入一个有序的哲学体系的综合性需要，其要求可能是认识论的（现代科学哲学），形而上学与道德的（柏拉图），形式与认识论的（康德），先验的（叔本华，克罗齐），历史与辩证的（黑格尔），或者社会-政治的（马克思主义）。所有这些理论都把不适当的外来标准强加给艺术理论，因而损害了艺术理论。

现代艺术的挑战

历史上的大量描述都在证明一种艺术理解模式，这种模式源于18 世纪，却在近来的许多美学文献中大行其道。它甚至不只是一种模式，而被巩固为一套坚不可摧的公理，要求得到不容置疑与不容亵渎的教条身份：艺术主要由对象构成，艺术对象具有特殊的身份，这些对象必须被以某种独特的方式看待。确证这些原理并且展示这些原理的普遍流行，似乎不过是重申显而易见的事实而已。由于 18 世纪对当代美学的影响如此之大，这三大互相关联的原理不是通过争论，而是通过被吸收进西方文化的观念意识中，成了一种审美意识形态。有些人甚至可能感到惊讶，难道为给经过精心打造而显得无可辩驳的传统提供佐证还会有什么价值吗？

从思想上提出质疑十分困难，因此，这些教条所遭遇到的令人不安的反抗更多地来自艺术实践自身，而不是来自理论和批评，也就不足为奇了。从 1870 年代举行的印象主义展览至今，一个多世纪过去了，我们的审美注意远离了对象，远离了经过概念化与感伤化因而受到上流社会欢迎的对象，转向了感知的意识和对意识产生影响的环境。毫无疑问，这些展览并不是感觉力的首次亮相——特讷和惠斯勒就在早先的绘画中表达过，实际上，至少从文艺复兴时期以来，音乐就开始这样做了。不过，自从 1870 年代以来，感觉意识的转变渗透进每一种艺术，变成了主要的力量。㉞一个新的时期就这样开始了，这一时期进行了广泛的艺术和审美探索，并且持续到今天，对此，我们将在第四章进行更加全面的考察。

这样的艺术活动要求我们作出解释。当艺术实践者对自己的行为看得十分清楚而且满怀自信的时候，艺术理论家们往往对他们进行混乱不清的批评与指责。㉟一旦我们认识到，18 世纪的教条面对过去一个世纪的艺术是多么的苍白无力，我们就会开始思考，对于本讨论之初所提出的一些问题，究竟何种主题能够把我们带向一种更加具有包容性和更加令人满意的回答。由于审美理论必须澄清和解释我们对艺术的参与，所以，所有的理论主张最终都必须具有进行澄清和解释的能力。当过去的艺术似乎能够证实那些习以为常的解释时，对传统艺术的欣赏已经被歪曲审美活动的教条给阻断和误导了。然而，当我们站在今天的角度来思考艺术的历史时，这些教条就表现出十分惊人而不可否认的不适用性。㊱

现在，让我们把历史批评进行下去，揭示出 18 世纪的那些原理对于当前艺术的无能为力。我们的批评也将产生积极的影响，因为，我们在进行批评的同时，也将提出几种观念，以便我们更好地理解艺术所促成的那些改变，这些改变不仅发生在对象中，也发生在感知中。极为不同的是，这些观念一定不会仅仅提供一个解决临时性问题的权宜之计，因为，一种令人满意的艺术理论必须对过去和现在的作品具有同等的解释力。我希望表明，有些新的建议能够兼顾两面。在现代社会，感知已经处于精神气质的核心，我的新建议能够反映出感知的变化。审美感知发生了变化，美学也必须发生同样的变化。

常常有人说，20 世纪的艺术演变是实验性的，争论不休的，甚至乱七八糟的。在艺术史上，这些形容词的出现几乎还属首次，不过，若说今天比先前任何时期存在着更大量多样、彼此独立、相互冲突和互不相容的运动和发展线索，可能是很公允的。有些评论家为这些运动的个性和新鲜感叫好，另外的评论家却指责它们破坏偶像，指责它们走的是感性主义和机会主义的路线。但是，对于新颖感知的艺术冲动不可遏止，随着时间的流逝，历史往往进行自我调整，迁就于丰富性与发展性，向它们敞开怀抱，例如，不久以前的"野兽"派现在已经被接受为大师。

近来的艺术所展示的，不只是对风格、材料和技巧的拓展。技巧的革新并不是孤立的，它们不仅塑造了艺术的形式，也塑造了我们参与和欣赏它们的方式。正是在这里，在我们与艺术的关系中，发生了最深刻的变化，因为，艺术家已经在很大程度上影响了我们确定艺术是什么的能力，也影响了我们经验艺术的能力。对于美学来说，这些发展具有至关重要的意义。通过修改已经为我们所接受的艺术的性质，通过重组我们经验艺术的条件和特性，这些变化已经同时暗暗地破坏了我们通常所赖以接受、理解、欣赏和评价艺术的审美。艺术理论本应受益于这些方面的发展，可是，艺术理论却总是自以为是，企图为艺术实践立法，谴责艺术创新。其实，情况完全相反：正是理论才必须改变自己，以便对这样的发展作出解释。于是，美学又被迫进行思考，怎样才能应付传统艺术领地的扩张和变更。

让我把三大公理式的原理逐一置于近来艺术史上最富有代表性的主要运动中，以显现其不适用性。在这些运动中，有很多运动已经被广泛地接受，并且被吸收进艺术史的主线，而这些运动在艺术史中的出现，却正好否定了那些已经被接受的原理。如果这些公理在任何重要的案例中都是不适用的，那么，它们就是普遍不适用的。此外，我们不能仅仅因为这些艺术变革例外于规则，就利用规则把它们打发掉，因为，人们普遍主张，例外就是矛盾。尽管以下的讨论将逐一思考这些原理，但是，需要特别强调的是，我将要提及的许多案例都是反驳全部原理的。因为，这些原理实际上都不是独立的公理，而都有赖于某个陈腐的哲学体系的支持。

37

艺术主要由对象构成，这个假设已经受到了各种各样的挑战和破坏，其中既有明白无误的，也有隐晦微妙的。在过去的一个世纪里，艺术对象在审美情境中变成了越来越不重要的因素，有时候甚至完全消失了。在视觉艺术中，对象的消失首先表现为绘画中的再现性对象的逐步消解，随之发生的则是重要性向感知经验的转移。这些改变发生在一连串的运动中，例如印象主义、立体主义、未来主义、达达派、表现主义、抽象表现主义和光效艺术等。人们还记得布拉奎的主张："我不画对象，我画的是对象之间的关系"，玛蒂塞也发表过类似的声明，他也不画对象，他画的是对象之间的差异。

不过，对象的这种消失只是发生在更大物体的不朽边界之内，因此，有人会争论道，无论一幅画中的对象怎么消解，那幅画作为艺术对象总还是存在的吧。然而，也有许多这样的实例，即其中的整件艺术作品退化到毫无意义，变成了仅仅激发意识条件的场合。达达派就经常通过琐碎而晦涩的对象来表达他们的主张，例如杜尚的《新娘被一群单身汉脱光了》和《艾坦特·朵尼斯》。在前一幅作品中，欣赏的中心不再在于对象本身，而在于性无聊这一意义，它把一幅封闭的肖像画与对象联系起来，想象性地表现出两台性爱机器的动作。[57] 在第二幅作品中，观众被迫通过位于黑暗角落里的一对很小的窥视孔观看一具色情雕塑，其位置不可避免地把观众转变为一个窥淫狂。达达派不仅对艺术的卫道态度进行拙劣的模仿，它的名字本身就意味着：进入意义王国的是已经耗尽的艺术对象的变形。

在观念艺术中，达达派所主张的由艺术对象到其意义的转变达到了顶峰。在这里，意义对于审美意识如此具有支配性，以至于对象经常蜕化成为一些琐碎的手势，例如，在索尔·列维特的《六千二百五十五条线》中，只有一个由徒手画成的三十三排短短的平行直线所组成的面；而维托·阿肯奇的《脚步》则记录了一场持续一个月之久的表演，他每天以均匀的速度踏上一条凳子，然后下来，如此循环往复。实际上，对象可能完全消失，例如，在理查德·弗雷什内的观念雕塑《定位作品》中，一些令人惊奇的自然和人造图形照片被放置在不同的位置，要求观众按照自己的想象把它们重新布置好。[38]

关于独立对象的消解，偶发艺术是近段时期里的另一个例证。这种艺术有点儿类似于戏剧，却没有戏剧意义上的观众，只有参与者，他们按照情节的要求扮演各种即兴的角色。目前，表演艺术也走上了相同的道路，它们提供一些表演和参与的场合，其中的对象则被活动取代了。为了抗议艺术的商业化，抗议对艺术对象所进行的开发和利用，艺术家们故意把表演作品弄得很短暂。此外，它们通过混合媒介的表演，别出心裁地越过传统艺术的固有边界，以至于即使存在一个对象，也无法加以确认。就像牛顿在 17 世纪所证明的一样，颜色不是物体的属性，而是光线与物体相互影响的结果，本世纪的艺术家们似乎也在向我们表明，艺术不是对象的属性，而来自于与对象或者事件互动的人的感知。

戏剧为反对第二条公理提供了清楚的解释，这条公理把某种特别的身份与艺术对象对应起来。在 20 世纪，有些剧作家对事物的寻常性发生了兴趣，对那些使事物变得不可辨别的特征发生了兴趣，这些特征的意义不在于它们呈现了什么，而在于如其所是的裂缝中究竟发生了什么。原来的悲剧英雄变成了无可名状、失意落败的推销员，戏剧冲突的地点在审判记录中就可以看到，而语言的诗性则成了日常语言的庸俗无趣的牺牲品。《等待戈多》也许是废黜对象的最广为人知的典型，在这里，语词的修饰和体态姿势都出奇地缺乏，真正的活动也不存在，情境的力量来自一些显得毫无针对性的陈腐语言的不断重复所产生的暗示，并且，这种力量可能更多地来自沉默，而不是来自嘟嘟囔囔。

杜尚的现成物则故意否定第二条原理。自行车车轮和小便池拙劣地模仿我们对于有意味的形式和审美本质感知的追寻。就唯一性来说，一件现成物无疑是一个标准的对象，而当现成物被放置到基座上的时候，它的寻常性则在观众面前凸显出来。在近来的艺术实践中，我们可以发现更多的实例，它们否定艺术是与众不同的对象这种主张。其中有"装配物"，是由从雕塑作品周围和画面以外的日常环境中所找到的再普通不过的对象装配起来的；有"具体的音乐"，是通过把形成我们工业文明听觉氛围的声音进行随机安排而创作出来的；有"波普艺术"，它们匠心独运，再现了遍布于大众文化中的朴素形式和画面；有"找来的诗歌"，是由从普通读物中拿来的词语随意拼凑而成的；有"捡来的对象"，是用我们工业社会的碎屑做成的雕塑。此外，过去和现在的技术导致了平版印刷、木刻、照相、电影和音乐录音的产生，这些东西都没有什么原创性，只不过是拷贝而已，这样就消解了艺术对象唯一和稀有的神圣光环。寻常性取代了唯一性，普通性取代了奇异性。

然而，最有趣的还是许多艺术家所表现出来的机智与灵活，他们以此反对艺术必须以一种独特的态度来对待这条戒律。实际上，只要读一读目前的艺术史，我们就可以感觉到，它们差不多在有意否定非功利性的教条，因为，艺术家们通过一切可能的手段来创作作品，为了达到审美的目的，欣赏者必须积极地参与其中。

欣赏式的参与具有多种形式，是各种各样的明显活动。最清楚不过的例子是，在某些艺术作品中，作品如果要发挥作用，欣赏者就必须完成某些行动。艺术家们制作了这样一些画，你必须走得很近，使它们发出声音来，或者，当你一边漫步一边观看的时候，它们会改变画面。有些雕塑作品则制作成这样，如果你要欣赏这些作品，你就必须进进出出，爬上爬下，或者把它们搬来搬去。在有些音乐作品中，听众必须唱点儿什么，或者敲敲打打，弄出点儿声响来。侦探小说在计算机上阅读，也通过计算机揭开谜底。剧院也进行了革新，戏剧性地打破了应该保持距离的成规，过去的剧院现在变成了向四周敞开的普通场所，例如格罗特乌斯基的仪式剧和他最近的超戏剧，这些戏剧完全取消了演员和观众之间的隔离。互动式戏剧展示了把观众卷入和纳入表演之中的大量技巧。

需要一种具有包容性的理论

对于过去一个世纪的艺术现象来说，这些原理所表现出来的不适用性已经达到了令人吃惊的程度。然而，放弃这些原理仅仅是权宜之计，并不能解决当前的问题。我们需要一种拓宽了的理论，能同样地包容当代艺术和传统艺术，这和科学界所发生的理论拓展几乎属于同样的情形。相对论物理学放弃了牛顿一些概念的绝对性，而把这些概念包容进更大的、相对的和把观察者作为部分因素包含于其中的整体性理论之中，也许，美学的发展也应当如此。

有些艺术较多地使用传统的形式和技巧，然而，它们也在走着与当代艺术相似的道路，即要求感知者的积极参与。[39] 大多数对象性雕塑都鼓励感知者绕来绕去，以激活不断变换的表面、平面和体积之间的内在关系的审美潜质。这使我回忆起芭芭拉·赫普沃斯的坦言："我喜欢弄成一个大家伙，这样就使得观看者的整个身体都牵涉进来了。"这样主动的感知观察和参与也是所有绘画的要求，无论传统的风景画与肖像画，还是近来的彩色原野画和极简主义艺术，都是如此。在欣赏这些绘画时，欣赏者带着一双主动的眼睛，其距离和方向赋予画面以力量，使画面动起来。在剧院，观众往往能够意识到这一点，结果，他自觉地成为了"合唱团"的一员，扮演着不同的角色，一会儿是沉默的旁观者，一会儿却成了评论者，经常被演员提问，被要求作出解释，或者进行辩驳。建筑和城市设计不提供静观的对象，而要求人的活动从感知方面也从功能方面去完成它们。小说别出心裁地把读者拉到叙述者所在的事发现场。[40] 即使人们普遍认为属于接受性欣赏艺术的音乐，也能被处理成为不断要求听众积极参加的形式，就像斯特拉文斯基曾经说过的那样："听众有了反应，成了创作者的游戏伙伴"。[41]

因此，无论对于传统艺术来说，还是对于最近的艺术来说，参与都是普遍的，只不过有时候比较微妙，有时候却比较明显罢了。这些参与往往是感知的要求，而不一定是实实在在的身体动作，但是，无论哪种形式，都将使我们远离原先所谓欣赏享受的心理模式，那种模式源于一种假设，即需要一种表现为心理距离的态度。无论传统艺术，还是当代艺术，都要求某种欣赏性的参与。

那么，我们怎样理解现代美学所继承的一系列假设？这些假设已经主宰了我们过去两个世纪里的艺术思考。我们能够不把艺术的发展仅仅看作是例外吗？能够不把这些发展看作也许是艺术史偶尔的偏离常规吗？莫非这些革新并不是为了轻松地吸引公众自我纵容和孩子气的兴趣?㊷也不是为了迎合公众喜好无常的趣味? 那些找感觉的公众是被艺术家和主办人冷嘲热讽惯了的。

毫无疑问,用过去的流俗标准来判断新的不同艺术是行不通的,这一点极易证明。不过,这种"证明"的结果来自论据选择的倾向性。理论必须对艺术所为以及为艺术所为作出回应,因为艺术和我们的感知能力都随着文化的演变而发生变化,对它们的解释也应当有同样的变化。我们可以借助历史的理解来对十八世纪的美学作一番透视。这是一套为所谓审美确定了独特的经验模式的理论,审美经验因而首次得到了特别的重视,并且获得了自己的身份。不过,正如亚里士多德在很久以前就已经看到的那样,独特性并不是孤立性。给予审美注意以身份,并不能保证审美注意具有存在论意义上的离散性。因此,坚持审美注意的非功利性既没有道理,也没有必要。

把审美经验看成是对具有独特审美属性的对象所作的非功利的静观,这种理论远离了经验的事实。这种理论是在一些传统的影响下产生的,是从一些特别的前提中抽象出来的。比较妥当的做法是,仅仅把这种理论理解为美学史的一个阶段。此外,现代审美理论发源于西方的认识论传统,这使对于独立分离的对象的非参与性静观得以荣膺最著名的态度。然后,现代审美理论又把认知模式移植到艺术欣赏中,干扰了对艺术的直接经验,这种直接经验本来在大多数文化和大部分艺术史中都时有出现。因此,非功利的静观是学术界的时代性错误。这使人想起克里斯泰勒关于纯粹艺术发展的结论,他的观点和美学史针锋相对:

> "对各种艺术的不同技巧的强烈意识已经引起了艺术家对
> 批评家的不满,批评家们所持的审美理论成规基于不再存在的
> 条件,基于一种徒劳地隐瞒事实的美学,支持这种美学的纯粹
> 艺术理论差不多是一个假设,其中的大多数理论都是从特别的
> 艺术中抽象出来的……对于其他艺术来说,或多或少是无用
> 的……无论如何,当代的这些变化将有助于我们睁开双眼,去
> 搞懂纯粹艺术理论的历史源头和局限性。相应地,历史上的理

解也将有助于我们从一些惯常的前提中解放出来，以便阐明我们关于艺术和美学的目前状态和未来前景的思想"。[43]

现在的问题是，何种可供选择的解释能够更有成效地说明艺术现象，最直接和最具包容性地反映艺术实践和审美经验？本书中的论文欲详细阐释这样一种观点，即我所称的审美参与。[44] 从大体上来说，这种观点首先认识到的是，艺术不是由对象构成的，而是由**情境**构成的。只有在情境中，经验才得以发生，情境经常然而却并非一成不变地包含可以确定的对象。这种情境是由感知者、对象或事件、创作动机、表演或者某种激发活动等等交互影响的因素所构成的统一场。欣赏因素、焦点因素（意思是对象因素，因为对象是审美经验的焦点。——译者）、创作因素、表演因素，这四个要素构成了整体性的统一经验的组成部分。若将其中的任何一个要素独立成为艺术之所在，那都是错误地用审美场的部分代替了审美场这个整体。[45] 艺术对象不一定存在此种对象与彼种对象的差异。它们都因为自身的性质、强度和内在关系而具有一定的特征，这使得这些对象在审美情境中产生某种特别的效果。因此，艺术对象与审美情境之中那些具有日常功能的普通对象之间是连续的，就像我们可以确认艺术和其他活动的区别，但却不能把它们隔绝开来一样。艺术活动和其他活动之间的普遍差异不在于艺术对象，而在于我们称之为审美的那种情境。因此，审美经验是一种与实践经验、社会经验和宗教经验等等其他经验有联系的经验模式，不过，它综合了一些独特而可以确定的形式特征。

因此，大体说来，一种广义而足够包罗所有相关因素的审美，与 18 世纪的思想传统是很不相同的。至于如何建构这种理论框架的具体细节，我认为，主要的原理有两条：连续性和参与性。连续性不把艺术看作独立于人类其他追求之外的经验，而把它看作全部个人经验和文化经验的一部分，但仍不失其作为经验模式之一种的身份。连续性的主要线索必须在艺术对象和人类制造的其他对象之间进行探索，在艺术家和影响艺术种类与使用的社会、历史和文化因素之间进行探索，在审美经验和人类经验的广阔领域之间进行探索，在感知意识和深入审美感知中的意义、联想、记忆和想象之间进行探索，在审美情境中的逗留和个人以及社会对艺术的更广泛使用之间进行探索。

另一条原理是**参与性**，这条原理强调审美经验的主动性，强调审美经验的本质属性是参加。这样的介入发生在诸如感知活动、意识活动、身体活动和社会活动等等许多不同的活动过程中。本书第三部分将通过对专门艺术和某些案例的研究来探讨和阐释审美参与。㊻实际上，站在最反对传统审美的立场上的，可能就是参与这个因素，而它事实上却在艺术活动中始终如一地发生着，因而必须被确立为新的替代理论的核心。

我已经说过，20 世纪的审美调整自己，以适应艺术方式和方法的变化，并非意味着它必须对过去的艺术进行批判。实际上，这样的理论可以复兴过去的艺术，也可以对过去的艺术进行新的解释，通过使过去的艺术变成现代的感觉力可以理解的东西，把它们带入生活的现实之中。艺术欣赏史是独立于有关欣赏的理论史之外的，而前者鲜有人论及，认识到这一点非常重要。华莱士·斯蒂文斯曾经提醒我们，在亨利·亚当斯有关维科的著作中有过这样的评论："人类的真正历史是其精神状况前进的历史"。㊼某个时代的艺术可能比那些原本用来解释这些艺术的理论活得更久，通过一种更加具有包容性的审美，这些艺术可以更加自由也更加强烈地进入我们的经验。一种能够担当此任的理论可以帮助我们重建与过去的艺术的联系，使之不仅免作猎奇的对象，而倒成为富有活力的影响，成为现实中被历史共鸣放大了的一种积极力量。

事实上，本章建议选择的理论也建基于传统，并且是比审美非功利性理论还要古老与强大得多的传统。那种传统曾经以不同的面貌出现在模仿㊽这个原初概念中，出现在亚里士多德的宣泄论中，也出现在席勒和尼采、杜威和德里达等人的著作中。实际上，我在这里所勾勒的方针几乎反映了整个艺术史，因为，它们对于前文献时代和非西方社会也具有解释力。采用这种解释也就意味着，我们已经认识到，在不牺牲艺术的独特性的前提下，艺术及其经验没有被限制与隐匿，而比我们所想象的要更加自由，进入了正在进行的丰富的人类文化活动中。一旦我们承认这一点,我们就开始懂得,对于那些使得人类文化让人着迷却又不可预知的力量,艺术是如何自由地既施以影响,又对之作出反应的。也许,作为文化的一部分,艺术和文化之间的这种创造性交流永远都不可能被完全地预言和解释。这不是贫乏,因为,美学的终结就是哲学令人惊讶的开端。

注　释

① 改编自 *The Historicity of Aesthetics* Ⅰ, 载 *The British Journal of Aesthetics*, Vol. 26, No. 2 (Spring 1986), pp. 101-111; *The Historicity of Aesthetics* Ⅱ, 载 *The British Journal of Aesthetics*, Vol. 26, No. 3 (Summer 1986), pp. 195-203, 并且获准重印。

② 有关这一争论的更加详细的介绍见 *The Eighteenth Century Assumptions of Analytic Aesthetics*, 载 V. Tejera 和 T. Lavine 所编的 *History and Anti-history in Philosophy* (Dodrecht: Kluwer, 1989), pp. 256-274。我要感谢 Berel Lang 教授为我重作这项研究所给予的极有价值的指导。这篇评论是对近来用英语写作的美学著作的批评。我所定义的历史影响在欧陆美学中不甚连贯和持久,在某些现象学美学中,这种影响则大部分消失了。在英语美学著作中,也有一些重要的例外情况,它们拒绝接受这些教条,主要出现在诸如 Dewey、Prall、Gotshalk 和 Buchler 等人具有实用主义传统的著作中。在近来的运动中,女性主义引人注目地挑战了许多现代审美理论假设的霸权。

③ 区分可以在艺术理论、艺术哲学和美学之间作出。我无意在此给出精确的界说,但是,我可以说,我所关注的首先是被认为适合特殊艺术的观念和实践;第二是从总体上解释艺术的普遍原理;第三是既包括艺术也包括自然的理论说明,后者被认为在某种方式或者观念下类似于艺术。这些术语可能相互交错,有时候被当作同义词使用。在这里,它们的差别并不重要,本文有意以最具包容性的语感使用它们。

④ 参看 Jerome Stolnitz, *On the Origin of "Aesthetic Disinterestedness"*, 载 *Journal of Aesthetics and Art Criticism*, XX, 2（Winter 1961）, pp. 131-143。

⑤ Paul Oskar Kristeller, *The Modern System of the Arts*, 载 *Renaissance Thought II*（New York：Harper & Row, 1965）, pp. 207, 215, 222-223, 225。

⑥ Anthony, Shaftesbury 伯爵, *Characteristics of Men, Manners, Opinion, Times*（1711）（London：G. Richards, 1900）, Vol. I, p. 94; Vol. II, pp. 136-137, 130-131。

⑦ 同④。

⑧ *A Notion of the Historical Draught or Tablature of the Judgment of Hercules*（1712）, 引用于 Michael Fried, *Absorption and Theatricality*（Berkeley：University of California Press, 1980）, p. 89。

⑨ Immanuel Kant, *Critique of Judgment*（1790）, J. H. Bernard 译（New York：Huffner, 1951）, sect. 5, 同时参看 sects. 43 以及 45。

⑩ Hugo Muensterberg, *The Principles of Art Education*（New York, Boston：Prang, 1905）。重印于 M. Rader, *A Modern Book of Esthetics*, 第三版（New York：Holt, Rinehart and Winston, 1960）, pp. 434-446; Bullough 和 Ortega 的资料见下文。

⑪ Jerome Stolnitz, *Aesthetics and Philosophy of Art Criticism*（Boston：Houghton, Mifflin, 1960）, p. 35。

⑫ 这是我在这里主要关心的第一个问题。随后的讨论我已经在其他地方提及，并将在本文的第二部分再作探讨。同时参看以下第四章《美学与当代艺术》，第九章《看不见的艺术》；以及我的 *The Expansion of Art and the Integration of Culture*, 载 *Proceedings of the IX International Congress of Aesthetics*（Beograd, 1980）, Vol. I, pp. 77-80。
还有另一个任务，理论阐释的发展应该对上个世纪出现的创作、活动和经验的形态变化作出反应。参看我的 *The Aesthetic Field*

(Springfield, IL: C. C. Thomas, 1970) 和 *Art and Engagement* (Philadelphia: Temple University Press, 1991)。

⑬ 参看 Richard Wollheim, *Art and Its Objects*, 第二版 (Cambridge: Cambridge University Press, 1980)。

⑭ Monroe C. Beardsley, *The Definition of the Arts*, 载 *Journal of Aesthetics and Art Criticism*, XX, 2 (Winter 1961), pp. 175, 177。同时参看 Beardsley, *Aesthetics: Problems in the Philosophy of Criticism* (New York: Harcourt, Brace and World, 1958), pp. 63-64; 以及 Morris Weitz, *The Role of Theory in Aesthetics*, 载 *Journal of Aesthetics and Art Criticism*, XV (1956), p. 27 ff。

⑮ Nelson Goodman, *Languages of Art* (Indianapolis and New York: Bobbs Merrill, 1968), 尤其是 pp. 210, 217, 221, 245, 252-255。

⑯ Arthur Danto, 见 *The Transfiguration of the commonplace, A Philosophy of Art* (Cambridge, MA: Harvard University Press, 1981), pp. 164, 204, 207。

⑰ Clive Bell, *Art* (1913) (New York: Capricorn, 1958), pp. 18, 17。

⑱ Stuart Hampshire, *Logic and Appreciation*, 载 William Elton 编, *Aesthetics and Language* (Oxford: Blackwell, 1954), p. 165。

⑲ Frank Sibley, *Aesthetic Concept*, 载 J. Margolis 编, *Philosophy Looks at the Arts*, 修订版 (Philadelphia: Temple University Press, 1978), pp. 64, 65, 70, 74。

⑳ Joseph Margolis, *The Ontological Peculiarity of Works of Art*, 同上, pp. 213-220。

㉑ Ruby Meager, *The Uniqueness of a Work of Art*, 载 M. Levich, *Aesthetics and the Philosophy of Criticism* (New York: Random House, 1963), pp. 520-540。

㉒ "Anything which, when attended to in the proper way ... can be an aesthetic object", Robert L. Zimmerman 语, *Can Anything Be An Aesthetic Object?*, 载 *Journal of Aesthetics and Art Criticism*, XXV, 2 (Winter 1966), p. 186。

㉓ Edward Bullough, *"Psychical Distance" as a Factor in Art and an*

Esthetic Principle，载 *British Journal of Psychology*，V（1913）；多次重印，包括 Melvin Rader 编，*A Modern Book of Esthetics*，第三版（New York：Holt，Rinehart & Winston，1960），pp. 394-411。

㉔ José Ortega y Gasset，*The Dehumanization of Art*（Garden City：Doubleday，1956），p. 16。

㉕ C. I. Lewis，*An Analysis of Knowledge and Valuation*（La Salle，IL：Open Court，1946），pp. 437，444。

㉖ Jerome Stolnitz，*The Artistic and the Aesthetic "In Interesting Times"*，载 *Journal of Aesthetics and Art Criticism*，XXXVII，4（Summer 1979），pp. 411，412。

㉗ Virgil C. Aldrich，*Philosophy of Art*（Englewood Cliffs，NJ：Prentice-Hall，1963），pp. 19-24。

㉘ Monroe C. Beardsley，*The Aesthetic Point of View*，载 *Contemporary Philosophic Thought*，Vol. 3，H. E. Kiefer 和 M. K. Munitz 编（Albany：State University of New York Press，1970），pp. 219-237。重印于 Margolis，同前，参考 pp. 9，11，12。

㉙ Richard W. Lind，*Attention and the Aesthetic Object*，载 *Journal of Aesthetics and Art Criticism* XXIX，2（Winter，1980），pp. 140，141，142。

㉚ 例如，参看 I. A. Richard 对它的攻击如 *The Phantom Aesthetic State*，载 *Principles of Literary Criticism*（1924）（New York：Harcourt，Brace & World，n. d.），第二章以及各处；同时参看 George Dickie，*The Myth of the Aesthetic Attitude*，载 *American Philosophical Quarterly*，I，1（January 1968），pp. 56-65。

㉛ George Dickie，*Art and the Aesthetic*（Ithaca and London：Cornell University Press，1974）。

㉜ 引用于 Danto，同前 p. 91。

㉝ Dickie，*Art and the Aesthetic*，p. 41。

㉞ 有趣的是，Eadweard Muybridge 也开始把一些有影响的马匹照片以及后来的人像照片用于 1870 年代的运动中。

㉟ 参看 Stolnitz，*The Artistic and the Aesthetic "In Interesting Times"*。

已经有人在新的方向上迈出了重要的步骤，著名的如 Merleau-Ponty, Gadamer 以及其他人。参看 Maurice Merleau-Ponty, *Eye and Mind*, 载 *The Primacy of Perception* (Evanston, IL: Northwestern University Press, 1964); Hans-Georg Gadamer, *Truth and Method* (New York: Crossroad, 1975) 和 *Die Aktualitaet des Schoenen* (Stuttgart: Reclam, 1977)。

㊱ 第四章《美学与当代艺术》对此处简略勾勒的思想有进一步的阐述。

㊲ William S. Rubin, *Dada, Surrealism and Their Heritage* (New York: Museum of Modern Art, 1968), pp. 19-21。比较 Katherine S. Drier 和 Matta Echaurren, *Duchamp's Glass: An Analytical Reflection* (New York, 1944); Arturo Schwarz, *The Large Glass and Related Works* (Milan, 1967)。

㊳ 参看以下第九章《看不见的艺术》。

㊴ 传统艺术也是如此，这一点很重要。不过，若在这里进行这样的论证，那就过于宽泛了。在 *Art and Engagement* (Philadelphia: Temple University Press, 1991) 中，我运用审美参与的思想，综合系统地分析了传统艺术。同时参看以下第十二章《言语的出场：文学表演美学》，以及第八章《无对象艺术》。

㊵ 这种介入发源于现代派小说，读者与作者共同合作，虚构故事情节，由叙述者提供的一连串事件所组成的清晰有序的线索不再存在。原来的故事或多或少由文字说明构成，现在则由读者来决定，他必须把小说中那些不连贯的情境、事件和感知组织起来。电影用视觉形式制造了一种相似的戏剧性出场。电影抓住观众的注意力，使观众的眼睛随着摄像机移动，追踪事件的进程，于是，观众就在这种活动中迷失了自我，作为参加者进入情境中。参看 *Art and Engagement*, 第八章与第九章, *Film and Other Realities of Art*。

㊶ Igor Stravinsky, *Poetics of Music* (New York: Vintage, 1956), pp. 137, 140。在这里提及传统艺术中的参与性经验只是为了说明这种经验的广泛性，而并不是证明这种经验无论在什么地方

都会发生。参看以上注释第 39。

㊷ Stolnitz 这样描述，见 *The Artistic and the Aesthetic* "*In Interesting Times*", pp. 411, 412。

㊸ Kristeller，同前 p. 227。

㊹ *Art and Engagement* 作过这样的探讨。

㊺ 我所作的情境分析见著作 *The Aesthetic Field*，第二版，新增前言(2000) (http://cybereditions. com/spis/runisa/dll? SV:cyTheBooksTmp)。

㊻ 在 *Art and Engagement* 中，我探讨了绘画、建筑、舞蹈、文学、音乐和电影中的审美参与。

㊼ Wallace Stevens, *The Necessary Angel* (New York: Vintage, 1951), p. 6。

㊽ ' [M] *imeisthai* (the word group from which *mime* derives) was not used in the technical sense "to perform a mime" but got, from the very beginning when it was coined, a wider and looser usage; it may have meant, originally, "to behave like a mime actor" or "to behave as people do in the mimes" '. Göran Sörbom, *Mimesis and Art, Studies in the Origin and Early Development of an Aesthetic Vocabulary* (Bonniers: Svenska Bokförlaget, 1966), p. 38。同时参看 pp. 12-13，以及本书第七章《艺术直觉或者皮格马利翁再世》。

第三章 非功利性之后[①]

传统美学价值何在

我们已经看到，18世纪如何给现代美学留下一个理论框架，深刻地影响了过去两百多年的艺术理解和欣赏。[②]自从浪漫主义时代以来，其核心概念不断得到补充，一直在为学者和外行们解释艺术现象提供术语。把审美欣赏看作一种独特的注意，看成静观与非功利的，这是再自然不过的事情了。审美欣赏指向艺术作品，远离任何其他的动机，尤其是实用的动机，这种动机会冲淡我们由于作品的内在价值所感到的愉悦。我们都还记得，康德为这种理论给出怎样的定义公式："趣味是根据完全非功利的愉悦或者不愉悦对某个对象或者再现这个对象的方法作出判断的能力。这种愉悦的对象就称作美的。"[③]

在某种意义上说，康德提出了一种绝无例外的美的理论，表达了我们对于感性美习以为常的感觉，它与我们关于科学和道德的传统信仰和谐共处。实际上，科学、道德和艺术这三个方面构成了康德哲学的主要范围，美学也被纳入其中具有哲学认知目的的分支中。这种审美的核心是非功利性观念，早在18世纪，当美学学科刚刚获得现代身份之时，这种观念就已经居于其中了。

在对美学的基础进行批判性的重新思索时，让我们继续重新评价传统理论的基本假设，即审美的非功利性观念。最近，哲学反思中的某些进展表明，相对于传统的限制性来说，开放性与当下性是更受欢迎的选择。"后现代"也是备选的术语之一，当然，我并不是要把所有批评的重担都放到"后现代"的肩上去，这个概念已经引起了成堆的麻烦；我也不打算接受那些以"后现代"的名义而进行的夸夸其谈，那已经使得斯蒂芬·莫劳斯基等人把后现代主义看作毫无希望的破坏性的死胡同。④那些歪曲的声明会使大家轻易地对打破旧习的明显理性进步产生怀疑。在最近的阐释与批评讨论中，灵活性与多元性是最有益的特征，对此，我持欢迎的态度，不过，我并不因此就与往往随之而来的虚无主义者为伍。

同时，尽管提出替换性立场不是本章的目标，我还是会在本书后面的讨论中有所涉及。在这里，我定下的目标比较低，当然，对于美学的重建来说，这个目标还是管用的。我的目标是要看看，在那些使人误入歧途的假设和宣言被弃于一旁之后，传统的路子中究竟还有什么有价值的东西存在。在这里，我们有可能发现真正的洞见，这些洞见在历史的重压下变得模糊不清，而历史则竭尽全力地包容那些在熟悉的秩序下所产生的新的多样性。我们能不能把这些洞见从传统理论中提取出来，让这些洞见在新的语境中派上用场？

任何理论都应当对事实作出满意的说明，当我们根据这个要求来衡量传统的理论时，我们就发现了它的欠缺。因为，传统理论要求采取的非功利态度很难应用于许多艺术经验。19世纪已经被非功利性的束缚弄得十分恼火，而20世纪则竭尽全力想要逃之夭夭。即使对于传统理论原本似乎适应的那些传统艺术，审美的非功利性也不见得能很好地加以说明。事实上，启蒙运动以来的理论发展已经把非功利性理论压迫得支离破碎。审美经验的充满情感和富于表现所导致的罗曼蒂克式吸引，经过艺术交流所获得的经验分享，这些东西已经把个人的贡献融合进艺术及其接受的过程。在本世纪，明显的欣赏式参加行为已经越来越成为艺术过程的主要特征。而且，在20世纪晚期，解释学和解构主义等思想运动已经颠覆了非功利性占有一席之地的认知结构，把客观判断与普遍判断之类观念斥为永不可能的神话。

鉴于这些发展，抛弃虚假和具有时代局限性的非功利性观念是一个诱惑，也许，在历史上它是重要的，但是，现在它已经明显地妨碍了审美理解。彻底地否定非功利性并非没有道理，这样就表明了理论继续顽强地掌握着学识。艺术家们早已弃之不顾，审美欣赏者经常发现它并不相干，而理论家们也越来越多地攻击它。⑤

不过，我们太容易把先辈们斥为蛊惑人心的，这是最简单的解决办法，在艺术和政治中，这样的解决办法再普遍不过了。在这里，我倒是愿意更加慎重地对待这个问题。因为，传统理论也在努力地想要有所作为：确定艺术的独特性是什么，艺术如何区分于其他事物。不加批判地、批发贱售式地抛弃传统美学，这也许是不必要的轻率之举，当我们被解放的热情烧昏了头脑的时候，我们也就处于抛弃那些对于审美来说确实具有意义的东西的危险之中了。于是，真正摆在我们面前的问题是，什么是审美欣赏的标志，我们如何确定这种标志？如果非功利性不再能够作为审美的区别特征，那么，什么堪当此任？

审美欣赏的标志是什么？

在前面的章节中，我们已经表明，在 18 世纪下半叶，英法两国的理论家们的目的首先在于确定道德经验，然后再确定审美经验，他们的著作中出现了大堆大堆的概念，而非功利性这个概念就处于被簇拥的中心。这些著作家断定，对于道德和审美两者来说，相同的都是功利的缺席，也就是说，与自我有关的利害关系的缺席。作为这种观点的主要建设者之一，夏夫兹博里同哈奇生以及阿里森一道提出：服侍上帝的更普遍的动机是"仅以（服侍）为功利"，与"对上帝非功利的爱"即一种缘于自身的爱相对应。因此，对上帝的非功利之爱完全是内在的。⑥与此相似，在这一时期以阿迪森为代表的英国著作家那里，非功利性观念也作为一个审美概念得到发展，逐步成为一个十分活跃的概念，⑦而我们也已经看到，到康德那里时，这个概念已经十分显豁，成了他的审美理论中的关键术语。⑧

当初，谁若在伦理学之外对实践、目的与结果之类表现出兴趣，谁就会显得古怪而乖僻。大多数讨论都步康德的后尘，在目的的内在意义和行为的结果之间维持着笨拙而不安的平衡。不过，就艺术来说，对内在价值的排外性注意也许显得非常合适，因为，在人类经验的范围内，我们很难在其他方面仅仅因为自身的缘故而专注地思量一个对象，完全凭内在的性质而欣赏一个对象。事实上，这就是夏夫兹博里的主张。而且，对于他来说，只有根据一个人对对象——那对象或者是上帝，或者是艺术作品——的不同理解，我们才能把一个道德楷模同一个艺术爱好者区别开来。实际上，我们可以把夏夫兹博里对道德经验的说明描述成一种特殊的审美。

然而，在这里，我的目的不是对这段历史作重新审视。⑨我的目的是对非功利性这个概念作一些探讨，在这个概念的传统意义显得不合时宜和误入歧途的情况下，看看当美学理论已经发展了的时候，其中是否仍然存在着一些值得保留的洞见。⑩此外，非功利性不是一个孤零零的概念，它结交了一大群伙伴。普遍性、艺术对象、静观、距离、孤立以及价值等，这些概念簇拥在非功利性的周围，很难分离开来。因此，在重估这个概念的时候，我们必须考虑到它与这些概念的关系。这不仅仅是一项概念分析训练，而是试图弄清楚非功利性这个概念的真实意图，以便决定，当刚刚过去的现代主义被多元主义和非确定论取代之时，这个概念中是否保留着某些有价值的东西，可以在理性的历史中，在一定的时期内，为美学理论提供某种稳定性。我的回答是有，不过，那都是已经被严重削弱的残渣，只有在把非功利性概念的传统甩在身后，使这个概念得到重塑和复兴之后，这个概念的价值才能被更好地认识。那么，在当前条件下，非功利性以及其他相关术语意味着什么，能够给予我们什么样的启发？

静观

"静观的"是对于艺术欣赏态度最为普遍的描述。早在1725年，哈奇生就已经把美与静观的愉悦联系在一起了，这是再平常不过的了。⑪半个多世纪以后，康德写道，趣味判断是静观的，与愉悦一样，与欲望的冲动或者刺激无关，这与善不相同，善与对象的实际存在有关。康德想要割断美与任何物质的东西之间的联系，使美成为完全自由的愉悦。

康德没有把趣味判断看作认知判断，因为，趣味判断既不基于概念，也不指向概念。不过，静观源于认知和道德语境中的古典思想。⑫例如，毕达哥拉斯就在静观中发现了人类理性的完善，而柏拉图则认为，纯粹的静观是人类理解的理想。亚里士多德把积极的理性称作静观（theoria），把哲学知识、理智的快意和道德发展的完善都归入纯粹的静观。普洛丁和柏拉图一样，从美的静观中找到帮助，实现了从感观之美到精神之美的过渡。⑬在非参与的、静观的理性中寻求人类发展的完善，这一悠久的传统就这样开始了。

静观与理性主义经验传统很容易被当作对于我们意欲拔高的任何东西的赞誉，也很适于作为审美欣赏的模式。华兹华斯著名的"静静回忆中的情感"通常被用来表达适用于诗歌的静观理想，而黑格尔则推测，"在静观的特征中，到处保留了人们沉迷于艺术创造对象的方式。"⑭把静观作为审美欣赏的特征，斯托尔尼兹那个广为人知的定义最典型地表达了这种主张，他说，审美态度是"对仅仅因为其自身的缘故而意识到的任何对象的非功利与移情的注意和静观。"⑮

不过，如果我们从自己的欣赏经验出发，而不是从哲学传统出发的话，静观就比我们所能够想象到的任何审美特征都更加缺乏说服力。古典传统同样十分清楚地知道，在创作时，艺术涉及典型的实践活动，在欣赏时，它也经常要求某种实践活动。显而易见的例证多得很，例如，在一具雕塑周围绕来绕去，采取不同的姿势和不同的距离观看一幅画，走近并且走进一座建筑。实际上，所有艺术都要求进行某种活动，例如，追随一部赋格曲的对位技巧，组织一部小说的叙述，想象性地认出诗歌中的形象，下意识地随着舞蹈表演而扭动身体等。不仅如此，近来的艺术还要把这些参与变得更加明显，不仅要求观众在一具雕塑的周围走来走去，在互动式的戏剧、录像、绘画和雕塑中，艺术家还使用越来越多的互动设计，使欣赏者或者观众能够影响作品的进展，实际上，是协助艺术家完成作品。

这时候，与静观联系在一起的分离隔绝的被动注意几乎没有什么地位。毫无疑问，一个人确实可以安静和反应式地注意一个艺术对象，但是，那样的注意并没有表现出通常与哲学反思的认知模式联系在一起的非人格性与客观性。事实上，那种模式差不多与审美经验无关。⑯在传统理论中，静观是一个被压抑的假设，这种理论不是艺术实践和欣赏的结果，而是理性主义传统的产物，而理性主义传统则把哲学地位当作自己的基础，假定一个人可以无视艺术家和欣赏者实际的所作所为而侈谈艺术。

当然，一种理论如此低眉顺眼地遵循自己的传统，也有它的好处。一直以来，西方哲学都对阿波罗神庙顶礼膜拜，不喜欢以实践和技术的态度看待它，从不提及狄俄尼索式的狂欢。美学从头到脚都与固有的社会和哲学教条迎合得天衣无缝。近来，有些人开始对艺术和支持艺术的政府进行攻击，他们打着道德的旗号，非常方便地引用艺术及其欣赏的静观传统，斥责某些作品打破了有教养的判断力这个障碍，干起了优秀艺术一直在干的事情，以并非总是令人舒坦的方式穿透和唤醒我们的意识。于是，传统美学被权术政治和一致的道德规范玩弄于股掌之间。它使艺术得以远离了任何分离性的社会角色，偏安一隅，反对艺术借改变我们的观念而推动社会变革，以便维持社会现状。

但是，在静观这个概念中，还有什么值得保留的东西吗？如果我们切断与审美实践以外的所有东西的联系，剩下来的就是所谓完全接受性的直接和聚焦式的注意。这样的注意对于审美欣赏来说肯定是十分重要的，不过，它们会因为静观的严重含蓄化而变得模糊不清。实际上，欣赏确实要求我们直接注意当前情境中的任何东西，不过，那些东西不一定就是通常意义下的艺术对象。那些东西可能是在感觉方面对环境性质的感知，也可能是联想的形象和回忆。静观也强调在欣赏中要有开放的接受心态，要没有先入之见地接受声音、色彩、材料、形象和形式，哪怕这些东西与我们对于艺术的惯常经验极不相符。直接的注意和开放式接受是审美欣赏的重要条件，不过，只有当我们不再处于静观这样一种精神涣散的状态之中的时候，我们才能更好地获得审美欣赏。

距离

经常与非功利性这个概念联系在一起的是距离。自从 18 世纪以来，距离这个概念习惯上被用来确定与实际功利的分离，被确定为审美欣赏的特征。使用布洛这个有名的术语，首先指的不是物理距离，而是心理距离，它所表示的是跟实际事务以及原因和结果无关的那种感觉，被认为是确定和证明艺术对象的独立性所必需的。这里所关注的，似乎与避免实际关切侵入所造成的分裂有关。对于埃德蒙·博克来说，当我们对危险或者暴力痛苦的东西感到恐惧的时候，我们是不可能获得审美愉悦的。[17]布洛争论说，距离不仅必须大到足够的程度，以免涉及欣赏对象的伦理说教、伦理习俗和生理影响，可是，在另一方面，距离又不能太大，否则，艺术对象就会显得虚假、不可能、空洞或者荒谬。[18]

艺术老早就雇用了几个帮手，它们似乎天生为了帮助观众，以便增加艺术脱离实践环境而进入自己特有的自治空间的机会。基座和舞台把雕塑和戏剧提升到日常生活的平面之上，框子和幕布把绘画和表演与周围环境分离开来，专供视觉艺术和音乐表演的大厅提供了类似于教堂为宗教膜拜所提供的东西，那是一个与世俗生活无关的朝圣之地。

在美学中，艺术对象的孤立是与欣赏的距离有关的。科学所处理的是事物之间的关系，例如普遍的知识和实践，而艺术却背道而驰，一定要把它们孤立开来。因此，穆恩斯特伯格这样概括审美的特征："从心理方面把对象孤立开来，意味着使它成为美的，因为它不带任何其他概念地充满了人的心灵……对于我们来说，对对象的印象最终止于对象本身，这种完全的宁静是对于美的真正经验的唯一可能的内容。"[19]

但是，对于审美欣赏来说，这种割裂的感觉是否必要？博克、布洛以及其他人引用了一些情境，其中的个人安全如此危险，以至于自我保护意识占据了全部注意。显然，当意识的层次和氛围受到压倒性的急迫感先入为主的压抑之后，发生审美经验的可能性就会大大降低。不过，内在的意识并不要求排除实际功利，而只保持对本质的理解。事实上，博克所说的情况发生在与崇高有关的时候，这时候，对于情境的部分恐惧其实正好内在于情境的威胁之中。穿行于狂风暴雨之中，伫立在波涛汹涌的水边，仰望流星划过夜晚的天空，这些都会唤起强烈的审美。

审美也不需要排斥目的。外科医生能够审美地进行外科手术吗？在目标支配着注意时，人们出于眼前的情境之外，审美的因素明显隐退。但是，在大多数实际的情境中，形势并非必得这样，我们当下的感知会对这些场合产生实质性的影响，确定它们的基调和独特性。这时候，艺术家的目的可能作为原型，在艺术对象中得到了体现。艺术家的创作目的是创造出某种经验，他的目的不是外在于而是深入到切实的创作行为中。没有必要把艺术创作与其他对象、其他行为和其他情境分离开来。我们无需在外在和内在的思考之间进行选择。审美往往发生在内外交融的时候。

比静观这个概念更加明显的是，近来的艺术有意断绝了和距离这个概念的联系。其中，戏剧对距离的放弃是最令人惊讶的。在现代舞台上，把观众牵涉进来的设施越来越多。在互动式戏剧中，戏剧已经走下了习惯上被抬高的舞台，戏剧的演出也需要通过观众的积极合作来完成。有时候，观众通过选择备选结局来参与戏剧的构思。例如，格罗特乌斯基的超戏剧就试图通过把戏剧改造为一场实在的事件来消解演员和观众之间的鸿沟。即使是布莱希特运用"陌生化效果"时，也不能放弃戏剧情境的强迫性特征。他的意思是，戏剧不能使我们抓住情境的历史原因，却能够激活戏剧性的参与，提高我们意识到的意义水平。

和戏剧一样，其他艺术也准备抛弃距离这一传统的成规。当人们走进一座建筑时，他们很难保持审美的距离，而当他们走过卡尔德尔的固定雕塑时，爬上苏韦洛的骑乘雕塑时，也是这样。环境音乐把听众和音乐家或者扬声器包围在一块儿，动摇了距离这种错误的观念，更加强调了音乐经验的语境性质。

在距离这个概念中还保留着有价值的东西吗？我想，很少很少，比要求我们去注意对象和场景的内在本质这样的命令中所保留的还少。对于审美欣赏来说，保持距离的感知注意固然非常重要，然而，它并不要求把艺术对象隔离开来，孤立开来，也不要求把我们的意图和目的排除在外，因为，它们早已同时深入对现场的感知之中。

普遍性

传统理论为什么要对审美加以理性化的影响呢？主要的愿望是为了实现普遍性。普遍性是 18 世纪科学几何学模式的一部分，在审美的情形中，普遍性很难说是可靠的，这时候，观察者的贡献是一个非常大的构成因素。对于康德来说，审美判断的非功利性意味着，这种愉悦延伸到每一个人。他认为，如果把美和概念联系在一起，我们就不能保护这种普遍性，因为，美不是对象的特性，只有当它被再现于主体面前时，才与对象相关。因此，唯一可能的普遍性是主体性的。康德还相信，通过把趣味判断置于一般认知的想象和理解的适当关系这个基础上，趣味判断是能够达到主体的普遍性的，即对每个人都是有效的。[20]

自康德以来，无论是在科学、道德还是审美中，普遍性似乎都同样是必要的，而且是可能的，实际上人们却已经与对这三者的理解失之交臂。审美的主体性、伦理的相对性以及科学的或然性与不确定性，已经使得普遍判断在每个方面都问题成堆。有些学者发生了很大的转变，不再认为普遍性是可能的，实际上，也不再认为普遍性是必要的。既然我们已经认识到，把科学的普遍性应用于美学并不合适，因而自始至终就是一个错误目标，那么，我们就可以心安理得地放弃这个要求了。[21]

美学中的判断并不听命于认识论的主张，而源于经验。我们必须从对艺术和自然的欣赏开始，这才是阐释和批评判断的源头。我们对经验的说明不必再接受认知要求的指导，审美判断自身必须由经验和实践来指导。经验优先已经带来了更大的开放性，即不怀偏见地向不同种族的艺术传统开放，向不断创新的艺术形式开放，向不同类型的艺术活动开放，它们曾经被不公平地贴上各种标签，诸如高雅艺术与低级艺术、纯粹艺术与装饰艺术、严肃艺术与流行艺术等等。现在，大多数艺术形式或者审美判断都成了语境的结果，并且在很大程度上是有效和强制性的，无需得到普遍性的认可。

非功利性

普遍性、距离和静观环绕着非功利性这个概念。当这些概念为经验的审美提供一些重要元素的时候，它们的贡献却被与审美领域无关的哲学和认识论传统给盗用了。我们能不能发现，在非功利性这个概念中仍然残存着一些能够重塑入不同模式的类似洞见？把其中对于排外性的努力剔除掉之后，把其中为了远离功利、目的和自我关切所作的努力剔除掉之后，把其中仅仅为了专注于内在的本质和价值所作的努力剔除掉之后，对于审美欣赏而言，非功利性这个概念还有什么可取之处吗？

非功利性这个概念所主张的东西既太多，又太少。它专注于内在价值，专注于直接性，专注于感知。虽然这些东西都很重要，但是，它们也都需要加以拓展，以便适应审美欣赏得以发生的条件范围。我们已经看到，内在价值经常与器具的使用价值共存。如果一座建筑物功能完备，这并不会妨碍它带给人们审美的愉悦。实际上，建筑物的功能倒是能够加强它的审美力量，并且成为审美力量的一部分。事实是，如果一座建筑物不能如人所愿地实现它的功能，它倒很可能失去审美的吸引力，它的设计特征就会显得华丽而庸俗。审判庭的庄严气氛，议会大厅所体现的公共职能，这些方面与建筑设计的联系十分紧密，不亚于歌曲与歌手、声音与诗歌、运动和舞蹈之间的联系。我认为，任何艺术场合都有功能和结果的因素在发挥着重要的作用，这些因素把艺术和文化环境中的生活维系在一起。当审美经验用焦点（即审美对象。——译者）的直接性和统治着目前情境的出场直接性欺骗我们之时，作为所有场合的背景的意义、联系和记忆所形成的气氛已经环绕在我们的周围。与在其他领地一样，在艺术的领地中，间接的东西连接着直接的东西，暗示的东西连接着直观的再现。审美感知的独特性不过是更为密切地注意直接呈现的东西而已。

非功利性的部分问题在于审美情境的复式结构。一方面，它设定了一种精神状态，即一种把审美接受主体化的心理状态。在欣赏的心理化之外，非功利性又把审美感知的对象看作分离与独立的。

然而，感知者和对象都很重要，却又都不是自我完善的。不是审美场中两个分离元素中的任何一个，而是这两个元素共同组成互相创造和互相依赖的方式，没有审美对象，就没有审美感知者；没有在经验中把审美对象激活的审美感知者，也不会有审美对象。审美经验不只是主体性的，也不只是精神性的。审美经验不仅调动了整个范围内的感觉接受器，也调动了作为全部经验的一部分的身体介入。[22]

在非功利性的复式结构中，还隐含着另外一些令人遗憾的教条。审美注意的狭窄化要求探索对象的审美特性，在确定和寻找这些特性时，又冒出了一系列悬而未决的难题。此外，追问审美属性的含义，是在本体论意义下孤立审美的另一种标志，对于这种本质主义，我们也需要加以克服。最终，非功利性只不过是一个前提条件，其目的是为了获得康德的主体普遍性，而我们现在已经明白，这个目的不可能实现，它会把我们引入歧途。把距离、普遍性和非功利性这些概念打发掉以后，尼采关于审美与哲学无关的指责就很明确了，因为"我们已经远离了那些美的哲学家，他们给美所下的定义……由于完全缺乏审美的敏感性，显得美中不足"。[23]

这些概念还有什么价值

在问题成堆的同时，非功利性这个概念中仍然包含着什么有价值的东西吗？在确证独特的审美这种理论努力中，还有什么值得保留的东西吗？让我首先追问几个相关的概念，然后再迂回到这个问题上来。

一旦把认知的语境剔除掉，静观就在直接的意识和开放式接受的欣赏中获得了重要的地位。如果反思的本质就是欣赏经验的特征，那么，反思就作为意义出现了，这种意义不是认识到的，而是直接经验到的，而且是与联想和记忆共鸣的经验。[24]从距离这个概念中，我们获得了对对象和情境的特性的强调，获得了对内在感知的专注，不过，这种专注经常连接着意图和目的。此外，为了这样做，艺术对象不必孤立与分离开来，因为，艺术对象不是独立于观看者的，实际上，它甚至可能无法被辨别出来。[25]我们不再关注追求普遍性的认知判断，而可以开始确定分享式经验的形式和条件。我相信，从根本上说，艺术是社会性的，即使在最私密地参与的时候也是如此；因为，艺术欣赏的核心是把我们带向与艺术家的合作，亲密地分享艺术家的经验。在某些艺术中，例如在舞蹈和戏剧中，社会的维度变得非常清晰，因为它们创造了把聚集的观众牵涉进来的社会情境。合唱音乐可能变成一个表现特别的集体经验的场合。即使是在批评或者规范判断这个层次，我们也可以轻易地放弃普遍性，它热衷于在各种团体中追求共同的意义和评价。[26]

最终，在非功利性这个概念中还剩下什么？非功利性这个概念所赠予我们的，不是心理学态度，也不是对用途和目的的排斥，而是直接而紧张的专注，直接的呈现，以及对那些内在于审美场的特性的评价。它遗留下来的不是独有的态度，不是特别的态度，而是感知，是对审美场合的感知，是在性质方面比日常经验更加紧张而在数量方面则更加多样和复杂的感知。

从根本上说，就跟静观、距离和普遍性等相关概念一样，非功利性有赖于经验的分裂。它把审美感知者与欣赏对象分离开来，然后，再寻找一些方法，通过把审美改头换面成为外在的认识论和哲学形态，把它们与一些放弃了审美的突出优先性的牵强关系联系起来。当这些外在的东西被清除之后，在一种体现了欣赏经验的**连续性**的语境中，这些概念究竟留下了什么，也就很容易看出来了。

因此，为了取代非功利性理论，我们必须重建一套积极而更少先入之见的审美欣赏概念。在分享的经验中，这套概念能够认识到审美欣赏中那些经常被忽略的重要性质：感知的接受性，出场的直接性，意识的即时性，身体的参加，对感知和意义的内在特性的专注，作为欣赏活动之一部分的艺术家与表演者之间的合作，以及各种联想和回忆所产生的共鸣，正是通过这种共鸣，审美场合才得以扩张到生活的其他方面。

客观性的瓦解，普遍性的失落，仅仅是对现代主义这个上帝的背叛。我们需要一种替代理论，这就是欣赏的美学，这种美学认识到了不同语境中的多元主义的合法性，积极地响应艺术的变化，接受这种变化所留下的差异，并且对最终的非决定性感到满意。这似乎是一个过于谦逊的结论，不过，它更像济慈的否定能力："当一个人能够处于半信半疑、神秘、怀疑之中，一点儿也不急于弄清楚事实和理由的时候"，他就成了伟大的诗人，对于他来说，"美感战胜了任何其他的思索，或者不如说，淹没了所有的思索。"[27]毕竟，这是一个审美（感性）的结论，与利奥塔的观点颇为相似，他从包容崇高的不可能性之中发现了现代主义，它超越所有的限制，出现在艺术之中，这些艺术表达了"不登大雅之堂的东西确实存在这一事实"。而"让那些不登大雅之堂的东西登台亮相"的，则是后现代主义。[28]

　　这里有一种健康的谦卑，它是在艺术中所发现的一个教训，无论对于美学，还是对于更加具有普遍性的哲学来说，它都是一个教训。因为，在许多否定性的细微差异中，存在着一系列选择，它们并非全部都是破坏性的。在对艺术形态和艺术标准的多元主义的认可中，在感知对于认知的优先性中，在对一元认识论的反对声中，存在着对于差异的多样性的再度发现，这种多样性是历史地形成的，从本体论的意义来说是不可恢复的。[29]于是，我们便开始专注于感知，借助紧张而直接的意识，加入到丰富的开放式感知中，专注于不会导致排外性结果的直接性。我们不再追求普遍性，而对基于语境的一般性感到满意。而且，我们也必须把其他东西包括进来，例如身体的介入，这是注意的态度中不可分离的一部分，也要把审美场中的所有组成因素之间基本的相互影响包括进来。在全面的欣赏中，记忆和认识因素也是一个很重要的方面。这是审美理论和艺术所共同拥有的创造性条件，它在真与美之间维持着充满活力的平衡。

　　于是，经过这样一番彻底的再思考之后，余下的不仅是一套可选的理论，也是一个前进的方向，以及一项截然不同的提议的开端。需要说的太多了，在这里，我只能进行简单的勾勒。[30]然而，在美学的重构进程中，我们在这几章中对审美教条所作的苛刻的重新评价，是一个十分重要的阶段。放弃非功利性及其同盟概念，并非意味着放弃审美，而是重新发现审美的广阔范围和巨大容量。我们所获得的，是通向那具有巨大影响力的文化力量的途径。尽管受到传统理论的约束，艺术却已经踏上了那条路途。现在，我们需要认识那种力量，鼓励它，重新理解它。

注　释

① 改编自 *Beyond Disinterestedness*，载 *The British Journal of Aesthetics*，34/3（July 1994），并且获准重印。本文的更早版本题为 *Prolegomenon to a Postmodern Aesthetics*，载 *Primum Philosophari*，该书是为纪念 Stefan Morawski 而由 Jolanta Brach-Czaina 所编的文集（Warsaw：Oficyna Naukowa, 1993）。

② 第二章对这段历史作了详细的考察，并且对其理论假设进行了批评。本文有不同的目的，那就是评价一下非功利性这个概念中哪些东西是有价值的，哪些东西是无价值的，并且提出一种保留传统理论有益的贡献却不受其限制的重构建议。

③ Immanuel Kant，*Critique of Judgment*（1790），J. H. Bernard 译（New York：Huffner, 1951），Sect. 5。也参看 Sects. 43 和 45。

④ Stefan Morawski，*On the Subject of and in Post-Modernism*，载 *British Journal of Aesthetics*，32/1（January 1992），pp. 50-58。

⑤ 是否存在着与众不同的审美态度，有关的争议十分广泛。早期的反对意见包括 I. A. Richards，*Principles of Literary Criticism*（1924）（New York：Harcourt, Brace & World），第二章；George Dickie，*The Myth of the Aesthetic Attitude*，载 *American Philosophical Quarterly*，I，1，pp. 56-66。我本人很久以来都想质问那种观点。参看 *Art and Engagement*，尤其是第一章和第二章；以及本书第二章《美学的历史》。

⑥ Anthony, Earl of Shaftesbury，*Characteristics*，J. M. Robertson 编（London：G. Richards, 1900），II，p. 55，56。关于这段历史的权威论述是 Jerome Stolnitz 的 *On The origins of "Aesthetic Disinterestedness"*，载 *The Journal of Aesthetics and Art Criticism*，XX，2（Winter 1961），pp. 131-143。非功利性这个概念的历史一

直是争论的话题。参看我的 *Art and Engagement*，第一章，尤其是其中第三节，pp. 215-216。

⑦ 这是 Stolnitz 的主张。

⑧ Townsend 对此持有争议。参看 Dabney Townsend, *Aesthetic Objects and Works of Art*（Wolfeboro, NH：Longwood Academic 1989），p. 50。

⑨ 参看第二章。与这个论题有关的重要著作包括 Jerome Stolnitz, *On The origin of "Aesthetic Disinterestedness"*；Rémy Saisselin, *A Second Note on Eighteenth Century "Aesthetic Disinterestedness"*，载 *Journal of Aesthetics and Art Criticism*, XXI, 2（1962），p. 209；George Dickie, *Stolnitz Attitude：Taste and Perception*，载 *Journal of Aesthetics and Art Criticism*, 43/2（1984），pp. 105-203；Jerome Stolnitz, *The Aesthetic Attitude in the Rise of Modern Aesthetics-Again*，载 *Journal of Aesthetics and Art Criticism*, 43, 2（1984），pp. 205-208；Dabney Townsend, *Aesthetic Objects and Works of Art*；*From Shaftesbury to Kant*，载 *Journal of the History of Ideas*, 48, 2；以及 *Dabney Townsend Archibald Alison：Aesthetic Experience and Emotion*，载 *British Journal of Aesthetics*, 28/2（1988），pp. 132-144。

⑩ 我在很多地方就此作过论述。参看 *Art and Engagement* 和本书第二章《美学的历史》，以及第四章《美学与当代艺术》。

⑪ 例如，参看 Francis Hutcheson, *An Inquiry into the Original of Our Ideas of Beauty and Virtue*，（1925）1725（Gregg, 1969），Sect. VIII。

⑫ Immanuel Kant, *Critique of Judgment*, First Book, Sect. 5。

⑬ 参看 Werner Jaeger, *Aristotle*，第二版（Oxford：Oxford University Press, 1962），pp. 73, 75, 78。比较古希腊的 theoria > a looking at, contemplation。静观由经院哲学家和神秘主义者 Augustine 继承，他发现，静观源于对欲望的摆脱。参看 Wilhelm Windelband, *A History of Philosophy*, Vol. I（1900），James H. Tufts 译（New York：Harper & Row, 1958），pp. 250, 286, 333。

⑭ 然而，Wordsworth 的整个句子表示的是，在某种意义上通过净化情感而更加完整地体现出来："I have said that poetry is the spontaneous overflow of powerful feelings; it takes its origin from emotion recollected in tranquillity: the emotion is contemplated till, by a species of reaction, the tranquillity gradually disappears, and an emotion, kindred to that which was before the subject of contemplation, is gradually produced, and does itself actually exist in the mind." William Wordsworth 为 *Lyrical Ballads* 所作的序言。

G. W. F. Hegel, *The Philosophy of Right*, F. p. B. Osmaston 译，载 *Philosophies of Art and Beauty*, A. Hofstadter and R. Kuhns 编 (New York: Random House, 1964), p. 420。也参看 p. 418。

⑮ Jerome Stolnitz, *Aesthetics and Philosophy of Art Criticism* (Boston: Houghton, Mifflin, 1960), p. 35。

⑯ 或者由于实践的知道。Dewey 证明了静观在哲学传统中的卓越地位，把静观同工匠和科学家的知道作了对照。参看 John Dewey, *Reconstruction in Philosophy*, 增补版 (Boston: Beacon, 1957), pp. 109-112。

⑰ Stolnitz, *On The origins of "Aesthetic Disinterestedness"*, p. 136。

⑱ Edward Bullough, *"Psychical Distance" as a Factor in Art and an Esthetic Principle*, 载 *British Journal of Psychology*, V, 1913, 经过多次重印。

⑲ Hugo Muensterberg, *The Principles of Art Education* (New York and Boston: Prang, 1905), 重印于 M. Rader, *A Modern Book of Esthetics*, 第三版 (Holt, Rinehart and Winston, 1960), pp. 437-438。

⑳ Kant, *Critique of Judgment*, Second Moment, Sects. 6-9。

㉑ 'Science plays its own game; it is incapable of legitimating the other language games'. J. -F. Lyotard, *La Condition postmoderne: rapport sur le savoir* (Paris: Les Editions de Minuit, 1979); G. Bennington and B. Massumi 英译, *The Postmodern Condition: A Report on Knowledge* (Minneapolis: University of Minnesota Press, 1984),

p. 40。

㉒ 参看 *Art and Engagement*, pp. 45-50。

㉓ Nietzsche 关于 Kant 和 Schopenhauer 的评论是尖酸而清晰的，值得在此长篇引用：'Kant had thought he was doing an honor to art when, among the predicates of beauty, he gave prominence to those which flatter the intellect, i. e. impersonality and universality, ... Kant, like all philosophers, instead of viewing the esthetic issue from the side of the artist, envisaged art and beauty solely from the "spectator's" point of view, and so ... smuggled the "spectator" into the concept of beauty. This would not have mattered too much had that "spectator" been sufficiently familiar to the philosophers of beauty, as a strong personal experience, a wealth of powerful impressions, aspirations, surprises, and transports in the esthetic realm. But I am afraid the opposite has always been the case, and so we have got from these philosophers of beauty definitions which, like Kant's famous definition of beauty, are marred by a complete lack of esthetic sensibility. "That is beautiful," Kant proclaims, "which gives us disinterested pleasure." Disinterested! Compare with this definition that other one, framed by a real spectator and artist, Stendhal, who speaks of beauty as "a promise of happiness." ... For him it is precisely the excitement of the will, of "interest", through beauty that matters。Friedrich Nietzsche, *The Genealogy of Morals*, Francis Golffing 译 (Garden City: Doubleday 1956), Third Essay, VI. 也参看 Arnold Berleant 和 Ronald Hepburn, *An Exchange on Disinterestedness*, *Contemporary Aesthetics*, I (2003)。

㉔ Hutcheson 认可 Shaftesbury 所作的区分，一种是对美的享受，是审美的，另一种是对此享受的觉察，不是审美的。参看 Stolnitz, *On the Origins of "Aesthetic Disinterestedness"*, p. 134。

㉕ 参看下文第八章，《无对象艺术》。

㉖ 美学可以成为实现克服孤立性的普遍需要的途径之一。参看 Ben-Ami Scharfstein, *Of Birds, Beasts, and Other Artists: An Essay on the Universality of Art* (New York: New York University Press, 1988), Conclusion。

㉗ John Keats 1817 年 12 月 21 日的信，载 *Criticism: the Major Texts* (New York and Burlingame: Harcourt, Brace & World, 1952)，Walter Jackson Bate 编，p. 349。

㉘ J.-F. Lyotard, *What is postmodernism?*，载 *The Postmodern Condition*, pp. 78, 81。

㉙ 当然，这里参考了 Derrida 的术语，'*différance*'。参看 Jacques Derrida, '*Différance*'，载 *Speech and Phenomena* (Evanston: Northwestern University Press, 1973), p. 141。

㉚ *Art and Engagement* 发展并且应用了这种待选理论，本书作了详细阐述。也参看本人早期的著作，*The Aesthetic Field* (Springfield, IL: C. C. Thomas, 1970) 和较近的 *The Aesthetics of Environment* (Philadelphia: Temple University Press, 1992) 以及 *Living in the Landscape: Toward an Aesthetics of Environment* (Lawrence: University Press of Kansas, 1997)。

第四章　美学与当代艺术①

引　言

　　长期以来，哲学家们都被艺术所具有的奇异力量所迷惑。柏拉图等人对艺术捉摸不定的力量感到不安，担心艺术会给社会秩序的适度稳定带来影响。于是，当这些人转而思考艺术的时候，就采取控制和开处方的形式。托尔斯泰等人却对艺术的力量加以培育，以便帮助自己表达一种宗教观念，实现自己崇高的社会理想。还有一些人惊讶于艺术不可预知而极富成效的创造力，力争允许艺术自由地繁盛，以艺术自身特有的方式为社会作出独特的贡献。当然，无论控制、培育还是激励，都不过是对艺术活动的许多哲学反应之中的一种而已。

　　然而，尽管有这么多人在关注艺术，艺术哲学却一直落后于大多数其他领域的哲学之思。直到 18 世纪中期，在鲍姆嘉通出版了《感性学》(1750) 以后，艺术哲学才获得了自己的身份。可是，在此之后，关于艺术的哲学之思又受到了一些先入为主的教条和理论的妨碍，这些教条和理论很少关注艺术实践。也许，在处理作为文明成果之一的艺术时，人们觉得，可以设想艺术理论完全是从哲学思想的根须上生长出来的。

　　不过，情况并非总是如此。亚里士多德就是一个非常了不起的例外，他的《诗学》大部分基于对希腊悲剧所进行的经验主义研究。近来的代表则是作为批评家和哲学家的罗格·弗莱和奥特嘉·伊·加塞特，他们认为，有必要解释和保护 20 世纪早期艺术的新面孔。可是，在哲学著作中，这些新面孔往往被当作例外，而非法则。事实上，最近的美学思潮受到了概念分析的巨大影响。大家用界桩标志出话语的边界范围，注意力局限于审美概念的含义和意义，而不是艺术的物质成分和实践因素。这导致了许多自取其败的后果，作为这种研究方法的倡议者之一，莫里斯·维茨就宣称，他们已经表明，艺术理论是注定要失败的，因为，在逻辑上定义艺术这个概念是不可能的。[②]

与这些悲观论调相反，让我们在前两章所作的历史批评的基础上继续前进，看看用经验主义的行动方针取代了概念分析之后，会有什么令人鼓舞的东西出现。在对艺术理论的作用进行过简单的反省之后，我们应该对当代艺术的新形式和新运动甩给美学的挑战书作出两种建设性的反应。应对之一是，我们需要认识到，按照传统美学观念进行艺术实践会产生什么样的后果。反应之二是，我们需要建立一套全新的美学概念。这些概念不仅能够对新的艺术作出更好的解释，而且正如我们已经看到的，这些概念独立地源于艺术，比起那些并非源于对艺术的考察，而是作为哲学理论必然结果的传统原理来，它们一定能够更加有效地解释过去的艺术事实。

审美理论的作用

首先，审美理论的目的是什么？审美理论与人们所参与的艺术活动以及他们所创造的艺术产品有什么关系？也许，我们转而先看看理论在艺术以外的其他领域的运用方式，然后才能够对这些问题作出最好的回答。一旦理论的典型功能弄清楚了，我们就可以思考，如何在涉及艺术时正确地运用理论。

最通常的说法是，任何理论的任务都是为了说明现象，以便使经验变得更可理解，也因此更加容易控制。无论这现象是自由落体，是行星运转，还是星际空间的光线弯曲，无论它们是化石的残迹，是有机体中的同源形式，还是有关生物学物种的分类与变异的数据，理论都是用来说明现象的。现象使人们感到迷惑，而人们则需要理解并且控制现象，理论就是在这两者创造性的相互作用下建立起来的。理论化的首要目的不是试图清楚地定义几个概念，或者构筑一个一致的体系。相对而言,理论的目的是确认、联系和解释现象,试图通过成功地吸收新的事实及其卓有成效的应用来确证自身。从既很迷人又令人迷惑的经验入手,理论用那些与我们最初的疑惑有关的现象来限定讨论的范围。于是,理论家提出了各种各样的概念,例如质量、力、运动、能量、有机体、物种以及生态系统等等。人们区分各种关系,例如因果关系和自然选择,把它们与正在处理的问题和能够获得的数据联系起来,这样就能够在经验中成功地解释和控制这些关系。因此,我们必须从经验开始(并且最终以经验结束),正是经验规定了合适的理论结构、意义和操作方法。

具体到审美理论来说,它应当解释审美现象。审美理论应当以更容易理解的形式,把艺术经验和对自然的审美感知呈现出来。只有建构一套直接来自于艺术实践和审美经验的概念工具,建构一套通过帮助我们认出和理顺审美经验,并且以适合现象的方式作出反应,能够阐明和增强我们将来的审美经验的概念工具,审美理论才能取得令人满意的效果。

这似乎是一件直截了当的事情。不过,正如哲学家们所喜欢评说的那样,表象往往具有欺骗性,无论理论还是感知都会出现这种情况。审美理论的哲学追问尤其没有成效,部分原因在于,审美理论对哲学义务的屈从与艺术实践无关,正如我们已经看到的,而部分原因则在于这些事实本身的复杂性。

当我们转向艺术实践和艺术经验时,我们最初的着迷往往会转变为迷惑,因为,我们所面对的艺术是大量错综的材料和复杂的感知活动。我们看看当代艺术吧,这种多样性呈现出大杂烩的特点。传统理论似乎不能以一致而系统的方式,对许多新材料的使用作出解释,例如塑胶、树脂、电子音响;对于没有情节的小说、剧本以及不具有传统所要求具有的其他要素的各种艺术,传统理论也无能为力。甚至连不同艺术之间的差异也被打破了,我们常常无法决断,一些新玩艺儿究竟属于什么艺术,例如,我们不知道某些环境究竟是雕塑还是建筑,某些摆设究竟是绘画还是雕塑,某些偶发活动和表演究竟是戏剧、绘画(如行为绘画的出现),还是一种综合了戏剧、雕塑、舞蹈、绘画和音乐等各种元素在内的全新艺术形式。在艺术范围内，基本的区分也无法维持下去，因为，我们再也不能划出设计艺术、装饰艺术、插图艺术和纯粹艺术之间的边界，也无法划出音乐的声音和噪音之间的边界。

情况如此纷繁复杂，审美理论要怎样才能应对？无论审美理论作出何种回答，有一点是肯定的：理论不能为现象立法。艺术哲学如果想要发挥自己的理论作用，它就必须解释这些进展，而不是搪塞过去。不过，我们怎样进行下去？也许，我们可以在审美迷乱的真正源头即当代艺术本身发现一丝线索？当代艺术以什么样的面孔出现在我们面前？它们以什么样的感知要求来影响我们？它们意欲召唤什么？这些艺术试图达到什么目的？

当前的艺术与传统理论

一直到最近一段时期，现代美学史上的大量势力都在促使艺术不断地远离与对象和经验的亲密接触，远离与环绕在我们周围的事物与事件世界里的现象的亲密接触。浪漫的 19 世纪以许多不同的方式表达了对于个体感觉力的关切，宣扬艺术的独立、自治与自足，尤其是在音乐、绘画和诗歌中。在 20 世纪，音乐的抽象处理方法刚刚在绘画中露出苗头，就很快扩散到雕塑、舞蹈以及其他艺术中。这样的抽象在形式主义等等教条中找到了有关的理论表述，根据传统的审美原理，那些现实的、可以再认的和作为生活之暗示的东西变成了非本质的东西，实际上，是变成了使人心神迷乱的东西。

看来，对当代艺术的重新审视将纠正我们的错误观念，即艺术已经逐步并且不断地把自己从那些似乎是为了迎合缺乏相关素养的看客的特征中解放出来了。今天，如果我们想要理解艺术中的一些更加深奥的运动的复杂性，例如立体主义以及后来在绘画与序列音乐以及电子音乐中出现的抽象表现主义，似乎就不可避免地需要接受专业训练，并且往往是长期的技巧训练。

但是，人们也有可能认为，这样的进展不过是一种不同潮流的更加曲折的表达而已，是不断动态地趋向艺术经验与外部世界力量和功利之间的密切联系。自从艺术最初出现以来，在整个艺术史中，一直贯穿着一条线索，即必须接受不断更新的注意。这就是艺术对象和艺术经验同文化世界的对象和条件之间的联系。通过认识到这种联系，我们才能更好地理解，当代艺术对于艺术史和审美理论史的意义出现了什么样的混乱。从表面上来看，艺术越来越自娱自乐，越来越狭窄化。另一方面，在过去的几十年中也出现了一种潮流，我们所乐意接受为艺术的范围越来越宽了。也许，这一切发生得太快了，在我们对自己与艺术的关系的理解中，社会尚未来得及重新划出清晰的界限与边线。

我们必须通过一种更加具有包容性的审美，重新评价自己和那些被我们习惯地称之为艺术的对象之间的关系，并且建立一套与这种关系有关的概念。过去曾经被奉为宝典的教条现在已经问题成堆，传统的指导原则面临着严峻的挑战。这种挑战尤其针对那些把艺术与生活的差异加以条文化的概念，针对那些把艺术和实际功用分离开来的概念，针对那些蓄意把与艺术产品的所有非艺术联系排除在外的概念，例如对待艺术的非功利态度。

在前面的章节中，我们已经颇为详细地表明，在历史上，审美态度是在 18 世纪的英国开始被确定为非功利的，这与现代美学在历史上首次出现的时机是一致的。③这种一致性无疑告诉了我们，确定审美态度是不是就意味着人们开始把审美看作一种独特的经验模式，并且试图寻找那些使其与众不同的特征，这个问题值得作进一步的追问。然而，给这种经验模式指派一个身份，既没有作出本体论意义上的区分，也没有给我们提供一个特别的公式，即审美经验如何能够被表达出来。在人类的感知和意识的发展史上，意识到经验的审美模式的出现，是一个具有历史意义的重大事件。我们已经看到，在 18 世纪，审美感知最终把自己从长期以来从属于仪式的、功利主义的以及其他与审美无关的传统中解放出来了。④

事实上，我们能够追踪这一过程，即从那个时候开始，审美感知便逐渐地精细化，审美的身份也越来越清晰，在 20 世纪早期，随着形式主义审美的建立，审美的身份达到了顶点。形式主义审美认为，与对象有关的审美特征不过是从有关的专门艺术的材料和技巧中表现出来的形式特性而已，诸如绘画中的色彩、质感、线条及其合成，音乐中的音调、休止、节奏和节拍等。据说，艺术经验就存在于领略这些形式特性的某种奇特情绪中。似乎一旦审美思维、审美对象以及对象所阐明的经验获得了它们自己的身份，艺术与人类其他活动的联系问题就可以借助审美的孤立而找到答案了。

由于对审美经验的感知特征的认识如此之重要，它似乎会导致一个重要的必然结果，那就是相信审美感知在本体论方面的离散性，并且相应地把艺术对象与环绕在我们周围的其他对象和活动分离开来。这种信条在姑且称之为"博物馆思想"的东西中得到了具体的表现，那就是强行把艺术对象从物质方面孤立开来，以便鼓励我们从感知方面把它们孤立开来。

我们已经表明，在追寻审美的身份和探寻经验的审美模式时，把艺术对象孤立开来，把我们对对象的感知与实践的联系分离开来，事实上可能是对艺术先前的从属地位的反抗。审美维度出现在原始的手工制作和宗教仪式中，可能并非简单地意味着那就是艺术的早期阶段，并非意味着以后就会朝着不受外部使用和联系所妨碍的方向发展。它也许代表着对某些已经以这样那样的形式出现在艺术中的东西的早期表达，代表着对艺术在人类完整经验中所扮演的重要角色的表达，代表着对艺术在那种经验中作为综合力量的功能的表达。尽管艺术往往模糊不清，并且往往不知不觉，然而，艺术却不是理论家们所假设的某种陌生而奇异的独特性，倒是某些早已经成为人类生活维度之一的东西的产物。这种维度是充满了蓬勃活力的感觉力，对经验中那些直接和定性的东西十分敏锐，是艺术以自己的方式同严肃的人类关系以及自然对象所分享的一个角色。

因此，对于美学及其对象来说，具有身份并非意味着艺术在本体论的意义上是离散的，并非意味着艺术天然地与人类其他经验分离开来了。尽管艺术是独特的，然而，它仅仅在隐晦的经验连续系统之中具有自己的身份。事实上，正是在这里，对当代艺术的考察才提出了一种不仅仅局限于它们自身的观念。简单地说，这种观念就是：传统美学把艺术与人类其他活动和功利分离开来，并不能够给当代艺术的经验提供令人信服的解释。实际上，把审美态度普遍地描述为静观的、非功利的、要求心理距离的以及与对象相分离的，歪曲了传统的艺术经验，也模糊了它们对于人类的重要意义。明确地说，当代艺术使得维系在艺术经验的几个关键参加者——创作的艺术家、观众、艺术对象和表演者——之间的功能关系变得鲜明生动，它们重申，在这些经验和艺术世界之外的其他经验和关切之间存在着联系。下面，我尝试揭示出情况到底是怎样的。

艺术以自己的方式给人类生活环境和生活性质带来变化，又以艺术特有的感知形式来反映这些变化，这往往给艺术史学家留下深刻的印象。例如，一些详细的研究揭示了公元前 5 世纪和前 4 世纪的古希腊雕塑、哥特式建筑与文艺复兴绘画之间的关系，揭示了标志着古希腊的人文主义、中世纪的心灵渴望以及 14 世纪和 15 世纪重新出现的世俗主义、自然主义、人文主义的独特经验特性之间的关系。[⑤] 在当代艺术中，我们也能够发现许多相似的关系。

不过，过去的艺术史在这里也表现出某种非连续性。在文化经验的许多变革中，有两种变革显得特别重要。首先是工业产品的出现，它改变了人们预期艺术对象所具有的个性特征，导致在艺术实践中运用新材料、新对象和新技巧。第二是伴随着大众文化的出现而发生的根本性社会变革，它催生了新的感知活动，重申了艺术的社会功能。新材料、新对象和新的感知活动通过艺术自身一些十分不同的形式和运动体现出来，这些形式和运动向美学发起了挑战。在其否定性的暗示中，当代艺术反对审美孤立；在其肯定性的暗示中，当代艺术提供了重申审美与其他因素的相互联系的机会，以及把艺术整合入当代主流文化的机会。

让我们通过审视两种重要的影响，来探索在艺术活动与更为完整的人类经验语境之间所发生的功能交流。首先，我们将注意到，来自于工业生产技术的新材料、新对象和新技巧已经通过某些方式进入了艺术世界，并且深刻地影响了艺术家的语汇及其实践。其次，我们将看到，在现代世界中，某些根本性的社会变革如何把我们在艺术中的感知活动塑造成了新的不同形式。最终，我们将尝试评估一下，这些发展对试图解释这些变化的审美理论——理论本该如此——暗示了什么。

新的美学观念

若是像艺术这样敏感的文化气压计都能够保持不受现代社会工业革命的影响，那真是太令人称奇了。事实上，最使人惊讶的是，艺术创作和欣赏的传统方式何以如此强大，竟然能够坚持那么长的时间。不过，变化既然已经发生，我们发现，要用传统的术语对它们进行解释，就像要用杠杆原理来对核动力发动机进行解释一样地困难。工业主义改变了艺术对象的模样，就跟它改变了人类发明的其他东西的模样一样。不过，到底是以什么方式改变的？

我们可以归纳出前工业社会艺术对象的普遍特征。因为前工业社会的艺术对象是由技艺高超的手工艺人用相对简单的手工工具制作出来的，⑥这样的对象把复杂的手艺应用于唯一的设计。少量的产品，要求付出大量的劳动，这样就导致了艺术对象的稀有与昂贵。因为是用手工制作的，传统艺术对象表现出由人工手艺和失误所造成的不规则性，这也给艺术家/手工艺人提供了在制作过程中作出未经思考而仅凭直觉决定的机会。由于这些艺术对象担负了各种功能，例如用于宗教膜拜或者记录人物和事件，艺术家必须接受各种限制，例如对主题素材的限制，对他们的抽象能力的限制，以及对他们所能够唤起的观众反应类型的限制。不过，就在同时，由于与各种仪式和不同形式的社会特权联系在一起，纯粹艺术带有歌功颂德的性质，因此被鼓励发展出与实践活动的严格区别。实践活动是有实用任务的，而艺术活动则要带来审美享受，因而被从实践事务中分离出来，被认为具有自己的内在价值。与此相应，实用对象与美的对象之间也出现了严格定义的差异。于是，艺术对象受到特别精心的对待。它们由于稀有而得到珍视，由于年久而贵，由于被赠予的对象或者拥有者的地位而重，由于内在的永恒价值而受到保护。此外，这些方面不只是过去艺术的描述性特征，而且被赋予了强大的规范内涵。人们认为，艺术就应该具备这些特征。

工业主义改变了这一切，在环绕着我们的所有事物中制造了一整套新的特征，这些特征在出现于当代艺术中的对象身上得到了反映。在过去，艺术作品具有唯一性，结构错综，少量制作，价格昂贵；现在，作品则数量巨大，设计简单，统一制作，价格低廉。在过去，作品不很规则，容易出错，制作过程凭直觉完成；现在，作品经过仔细计算，绝无瑕疵，制作精良。在过去，作品以年久为珍，以岁久为贵；现在，作品作为消费品，借光于永无止境的改头换面和"提高"，以新颖取胜。

与按传统方法制作的艺术品的特征一样，这些新的特征也呈现了新的审美标准的特点，促进了新材料、新对象和新技巧在艺术生产中的应用。艺术从历史记录和宗教信仰的从属地位中解放出来，其抽象的倾向受到鼓励，同时，由于艺术与日常生活实现了结合与交叉，原来孤立的艺术对象已经被综合性的对象所取代，在人类的日常活动过程中发挥作用。艺术家自由地使用新的技术材料，例如塑胶、树脂、机器零部件、电子音响和泡沫橡胶。他们也采用各种日常物件和情境，例如报纸、厨房设施、剧院帐篷、工厂机件和流水线。他们使用非永久性的材料，例如树叶、纸张、灯光和气球，使用大众文化制造的或者从新技术获得的元素，例如连环漫画和街头噪音。他们又是打孔，又是焊接；又是滴熔，又是泼洒；又是美化录音，又是接合磁带；他们还利用电子合成器作曲。

隐藏在工业文明的材料、对象和技巧的使用之后的，是把它们制造出来的科学和技术灵感。然而，这并不是近来才有的事情，很久以来，许多艺术都对现代世界的材料革命十分敏感，我们往往忽略了这一点。我们忘记了，乔治·塞乌拉特、保罗·西格纳克和亨利-爱德蒙·克罗斯怎样在 19 世纪最后的四分之一个世纪里创造了点画法，这种绘画方法来源于机械技术，本来是科学调查的分析方法，是光学的基本原理。我们也想不起来，佐拉怎样把小说看作科学实验的一种模式，把小说家改造成了观察员和实验师，同时，自然主义小说怎样对生物进化论作出反应，并且揭示出工业社会出现的条件。

科学和技术继续对艺术生产理论及其结果产生深刻的影响。雷捷和立体派源于机械几何学和自然的几何化。格罗皮乌斯派和包豪斯派在机械中发现了现代媒介和设计原理。在更近的时期里，画家们把科学概念和术语应用到他们的作品中，例如一些与新潮流派有联系的光效艺术家，他们为作品中许多细小的几何单元创作统一的模式，称之为"周期结构"，并且把作品的元素称作"信息"，而作品的合成与组织则称作"编程"。作曲家也以类似的方式作出反应，他们用"时-空"这个术语来称呼音乐的五线谱，使用来自于数学和物理科学的曲线图、统计表、符号编码、规则和公式。计算机和电子合成器等技术工具也得到了应用，而如果有人还把录音尤其是磁带录音作为演出伴奏的话，则往往会给人落后于时代的感觉。

事实上，通过操作手段的变化，录音技术已经改变了音乐对象的形式，这些手段包括使用麦克风平衡录入音量，使用回声房和多声道录音设备等等。甚至可以说，录音技术已经使音乐变成了集体的产品，变成了作曲家、演员和录音师共同劳动的结晶。录音对表演要求的改变如此之大，以至于录音音乐本身已经成了一门不同于现场音乐的艺术。例如，为了消除死点，在录音时经常把拍子加快。在现场表演中，我们可以看到演员为准备后面的演奏所作的暂停，而在录音中，我们显然看不到这些视觉情景，这样的暂停由提前按下下一段的播放健而填充了。此外，录音演出的技巧之完美来源于机械技术的成就，也表现了机械技术的成就。音乐不再是有生命的，不再作为一种再创作行为清新地生长，恰恰相反，它就像那播放出音乐的机器一样，是被开动的。

机械的精确性和标准化也从其他方面渗透入艺术中，例如极简主义艺术家、光效艺术家和波普艺术家都运用重复的模式，追求线条及其排列的数学精确性。即使在当代艺术对象似乎要否定其中的某些特征时，例如偶发艺术和波普艺术中就可能有这种情况发生，它们也仍然只有不被看作对自身发展的评注和反应，而被看作对工业制度以及随之而来的大众商业文化的评注和反应，才是最可理解的。[7]工业革命的触角已经深入艺术之中。

尽管艺术的机械化确实降低了个人创作的成分，这却不是技术失败的标志，倒是提供了新的创作形式和方向。例如，通过使用录音声源和发声设备，录音技术导致了新的音乐作曲形式的产生，例如电子音乐和电子与声学合成音乐。它们与其他当代艺术并行不悖。传统雕塑艺术需要手工技能，雕塑家个人进行设计，并且自己完成制作，把无形式的粗糙大理石块雕塑成作品。当青铜成为设计材料时，雕塑家开始制作蜡模或者陶模，再利用模型制作出模具，然后把青铜熔铸入模具。现在，则发展到了这样的地步，艺术家不仅利用青铜浇铸模具，还利用剪出来的小纸片制作金属箔片雕塑（例如毕加索），根据设计和草图建造大型建筑（例如大卫·史密斯），利用或新或旧的工业技术预制件创作作品，有时候，仅仅加以选择和组装而已（例如达达派、构成主义者和破烂雕塑家）。

不过，最令人惊奇和给人启发的，要算戏剧艺术和经过摄影与动画改造以后的电影艺术两者之间的并行不悖了。传统的戏剧仍然在上演，尽管观众少了，影响也小了。新的技术催生了新的艺术，把图像定影在赛璐珞胶带上，通过连续的快速放映制造出运动的幻象，以此代替戏剧人物的实际动作和对话。原先的观众与演员保持着亲善，而现在的电影观众则迷失了自我，他走进了一个新世界。新的机械发明真是好极了，能够把正确地欣赏传统戏剧所必需的幻想恰到好处地表现出来。甚至可以说，正是在电影中，才由技术帮助我们表达了更加丰富的人性。

新的感知特征

在工业主义的深刻影响下，艺术材料和艺术对象都发生了变化，与之相随的是来自根本性社会变革的感知活动。在这里，尽管相应的差异已经得到了很好的证实，但是，它们之间的关系仍然有点儿模糊。艺术响应普通大众的要求，不再仅仅迎合贵族们的趣味。人口统计学上的少数分子让位于数量巨大的大众，大众文化从根本上改变了观众的规模和类型，改变了艺术的交流、生产、发行和消费。在大众文化的冲击下，地方性文化和区域性文化退却了。在这样的变革中，一种新的艺术感知模式出现了。

首先，无论就实际的感知类型和范围来说，还是就能够唤起审

79

美意识的对象来说，在艺术欣赏中，都存在着比以前大得多的包容性。我们被要求去感知安排在长条或者嵌版中的色彩区域的相互影响，去分辨单色帆布细微的价值等级。通过电子器材的使用，我们所听到的声音的频率范围扩大了许多。我们被灯光照花了眼，被镜子的反光吓了一跳；我们为舞蹈而燃烧，为令人神魂颠倒的电影而狂喜。我们在雕塑之间走来走去，在一些环境和大胆的建筑结构中调整自己的空间顺序感。在戏剧或者舞蹈作品中，我们就坐在演员的旁边。我们被迫观看亵渎神圣、猥亵下流的世俗商业演出；我们听着交通噪音或者一个破水龙头滴水的声音；我们随着热烈的音乐摇摆身体，或者因为尖锐的高音而浑身颤栗。

当代艺术不仅极大地拓宽了传统审美感知和审美对象的范围，它们也在把感官能力提升至从来未被允许的高度（或者至少是未被认识到的高度）。无疑，对触觉和肌肉运动感觉的要求，代表了扩张审美感知边界的一个重大转变。随着我们的感官反应能力的扩大，审美的禁令被打破了，没有什么比反抗色情更重要的了。[⑧]做一个视觉唯心论者比做一个触觉唯心论者要容易得多，随着触觉的纳入，色情的出场已经被审美经验的大部分领域接受了，并且得到了加强，例如舞蹈、雕塑和小说。身体已经进入了神圣的艺术殿堂。[⑨]

我认为，审美感觉能力的扩大至少使当代艺术的感知经验发生了两大转变。首先，是有意消除审美经验的主要因素之间的感知距离。例如，通过使用许多新的设备，艺术对象把不可抗拒的影响加于观众。这包括播放震耳欲聋的电声放大音乐（例如罗伯特·乔弗雷的芭蕾舞剧《阿斯塔特》）；对观众进行令人目眩的聚光灯扫射；演员或者舞蹈者穿越观众席入场，实际上，有时候演员就来自于观众；设计观众可以进入或者穿越的环境；雕塑或者装配作品中包括把观众纳入作品的镜子或者抛光的表面，观众既是作品中的形象，也通过真切的感知行为成为参加者；观众直接入戏而非作壁上观；光效艺术把眼睛扭曲至痛苦的一致点。在无情节的电影中，视觉运动本身并不会表示出时间的流逝。只有通过观众的参加，戏剧因素才会导入。与此相似的是，在行为绘画中，创作的艺术家和对象被整合到一起。在某些现代舞蹈和民间舞蹈形式中，创作者和感知者结合在一起；在偶发艺术中，表演者被同化到所有其他人之中。

发生在感知经验中的第二大转变是，有意把日常生活的特征纳入艺术中。生活与艺术的关系一直在给小说提供动力，[10]但是，现在它已经成了很多当代艺术的主题。其中最令人惊讶的方式是，艺术作品通过使用随机因素来反映日常生活的特征，乱弹音乐、行为绘画，要求读者选择可能结局的文学作品（例如马拉梅的作品），所有这些艺术都把日常经验的特征融入到了艺术的形式中。

把艺术与生活结合起来的另一种方式是使用日常生活中的材料，例如一些平淡无奇的事件和普通的对象。约翰·凯奇对各种各样的声音都感兴趣，他把任何噪音都当作音乐的素材。偶发艺术家们不仅把审美场中的所有元素综合成为创作活动，而且，他们还有意从正在进行的日常生活过程中寻找主题，从工业对象和工业活动中汲取素材。凯奇本人深受偶发艺术发展的影响，他认为，"一个人可以把日常生活本身看作戏剧"。在偶发艺术中，观众是作品的一部分——观众被拉进活动中，以这样那样的方式，被迫对一个新的环境作出反应，经历一些奇妙的冒险，对一些习以为常的事物和事件进行拙劣的模仿。也许，偶发艺术在雷吉斯·德布雷那里达到了极致，他把一次革命看得跟一系列游击队偶发艺术一样。事实上，他的一些崇拜者在参加偶发艺术时，也觉得他们是在为将来的偶发事件进行训练，到那时，他们将使用枪械和手榴弹。[11]这使我不禁想起了王尔德的那句妙语："生活模仿艺术。"

一些拼贴画和雕塑使用**捡来的对象**，有意把艺术对象与最不可能使用也再平常不过的材料联系起来，拙劣地模仿、讽刺或者直接批评社会现象，也提醒人们注意自己的日常生活环境。在一些当代舞蹈中，编舞使用日常生活的动作和非常普通的姿势作为素材，如坎宁安的作品《怎样走过、踢打、摔倒与奔跑》，其中还附带使用了凯奇写作的音乐。电影早就与日常经验环境相互交叉了，无论什么地方，都不如当代电影院那样与日常生活细节和个人事务如此切近。电影通过时间与空间的自由切换，描述了生活的真实表象，是通达生活的直接性和随机性的艺术中介。波普艺术也抓住了艺术和生活的亲密关系。⑫例如，罗伯特·劳绅伯格就否认他所谓"神圣的艺术"和"猥亵的生活"之间的分别，坚持弥合"两者之间的鸿沟"。实际上，就像他自己曾经说过的那样："没有理由不把这个世界当作一幅巨大的画卷"。戏剧也和其他艺术结合到一起。从种族关系、同性恋、残疾人、婚姻问题到性行为，任何事情都是适宜的主题，并且被以最直率和图解式的方式表达出来。情节的间隔逻辑消失了，取而代之的是，注意力被集中到以往不劳操心的日常生活的细节方面，例如一个男人怎样坐进椅子的一连串动作，一个女人怎样端着杯子或者撇一撇嘴唇等等。品特堪称这方面的大师。戏剧的固定形式被世俗生活的变化莫测所取代，我们不再依赖剧作家所提供的结构，而必须依靠自己密切的注意来行事。⑬

所有这些都表明，在 20 世纪，大多数艺术的动机是蓄意废黜艺术，把艺术再度融入日常的人类活动过程中，赋予当代艺术以人性与恶魔两副面孔。当代艺术既有孩子气的、简单的、想象的、梦幻的一面，这些东西非常直接地出现在绘画、雕塑和电影中，与此同时，当代艺术也表现出完全相反的畸形、兽性和堕落的一面。美的理想已经消失，取而代之的是平庸与卑下。音乐、舞蹈和造型艺术把其他艺术整合成为一种生活的戏剧，这时，作品对我们什么也没有说，然而，一切尽在不言中。

怎样把艺术和生活环境结合起来，还有另外的途径，那就是建筑和电影，这两种艺术比任何其他艺术都更明显也更多地体现了当前艺术的生命力。雷诺伊尔曾经评论说："就像木匠和铁匠的工作一样，绘画也是一种手艺，受制于同样的规则。"艺术家们从来都很清楚，艺术要求有技巧，从词源学意义来看，艺术涉及"衔接起来"和"装配到一起"等意义。不过，只有在作为工业技术之产物的现代建筑和电影中，这种结合才达到了最令人难忘的程度。无论建筑还是电影，都体现了一种功能的审美，一方面，它们显然是人类活动的场所，⑭另一方面，它们都对人类活动进行吸收式的反映和评论。钢筋和玻璃构筑的摩天大楼是一座机械式建筑，正如弗兰克·劳埃德·莱特所称的那样，是一台"纯粹而简单的机械",它具有两种反身的力量,既是工业活动的具体体现,同时又为工业力量树碑。格罗皮乌斯曾经对现代摩天大楼中低矮的空调房和残存的哥特式教堂中低矮而潮湿的蜂窝房进行过比较。正如后者令人想到人类在上帝面前的地位之卑微一样,前者令人想到人类在金钱面前的地位之卑微。通过强调艺术生产的技术方面与艺术使用的社会功能方面的连续性,艺术再度证实了它们和人类基本的生活活动之间的源流关系。于是,传统艺术的超然态度以多种方式让位于广泛的接受与介入。

走向新的审美

最后,我们终于要谈谈,对于美学来说,这些改变了艺术形态的进展究竟具有什么样的意义。正如我们在开头就已经表明的那样,我们不能忽略这些事实,无论它们多么混乱,多么令人心烦,都是为了让我们获得艺术的慰藉与审美的宁静。我们也不能根据传统观念和原理的要求来否定它们的合法性。同时,当我们要对它们进行解释时,也不能怀着关于其价值的先入之见。在一些次级的艺术门类中,艺术家们同样可以取得伟大的成就,在这里,我们的任务是解释,而不是判断。一旦我们承认这一点,就必然进一步认识到,必须建立一种新的审美理论,这种理论具有更大的广泛性,具有更高的普遍性,既能够解释当代艺术现象,同时,又在一定条件下吸收传统理论。现在就出笼当代艺术理论,这也许属于操之过急之举。不过,勾勒出当代艺术美学可能呈现出来的大致轮廓,这无疑还是可能的。[15]

一方面,我们面临甩掉传统理论的枷锁的要求,这表现为一系列否定的形式。例如,否定"整体"与"和谐"的重要性,因为这些东西是局限于艺术对象之内的。这样的审美标准(其实只是形式美的审美标准)会导致艺术对象的独立,事实上,是导致艺术对象的孤立。现在,"整体"以及其他标准所针对的,应该是整个审美情境或者审美场,针对对象如何在情境中发挥作用,而不是仅仅针对艺术对象本身。再如,拒绝把理想的形式当作艺术的终极目的。美的古典标准消亡了，取而代之的是相当宽泛而极具包容性的标准。另外，也否定距离，否定在审美超越的假设中具有重要作用的静观态度。也许，最重要的是，否定非功利性，否定这个概念所许诺的把艺术对象从正在进行的、与人类生活有关的相互创造中分离出来这种后果。与之相随的是对艺术的唯一性观念的拒绝，对所谓"博物馆思想"和那些为了保护这种唯一性而设计的商业制度、商业组织以及商业态度的轻蔑。

在否定这些传统的限制时，一些有影响力的宣言也出现了。我们已经看到，其中之一便是艺术与生活的连续性。于是，一种功能的美学出现了，这种美学从艺术与生活的联系中找到支持。于是，艺术成就的范围就扩大到了格林诺航行的轮船、玛丽内蒂飞驶的汽车以及其他人的摩天大楼和现代城市。伴随着功能主义而来的是所有艺术的时态化，即不把艺术看作静止的东西，而把艺术看作一个过程。因此，即使所谓的空间艺术也或者采用了运动，例如活动雕塑，采用运动的假象，例如光效艺术，或者以这样那样的方式，使自己潜入到动态的经验中去。

艺术对象的这些活动使得新的审美产生了第二个积极特征，即审美场或者审美情境中的所有元素都被综合到整体性经验的感知过程中。不仅艺术创作者、审美感知者、艺术对象和表演者之间的区别变得模糊了，四者的功能也倾向于交叉与融合，变成了审美经验过程中的一个连续统。⑯

这些观察说明，一种新的审美需要有新的观念，需要有新的理论视野，以便能够囊括更加广阔的艺术范围，把艺术完全综合到人类社会的其他活动中去，艺术需要具有更高的普遍性，具有更大的包容性。**审美场**这个概念所表示的，是维系在审美事件的所有参加者之间的功能关系。这个概念把审美讨论的基本所指确定为全面的经验场，而非更加严格地限定的对象、感知者或者艺术家。当然，详细地描述审美理论的新形式或者新未来不是本章所应承担的任务。本章的任务不过是勾勒出这种新的审美的文化基础与物质基础而已。⑰

艺术对象在工业生产下的不同特征

前工业的	工业的
复杂	简单
昂贵	廉价
唯一性	统一性
稀有	大量
不规则性	精确性
失手、错误	完美无瑕
直觉	计算
古旧	新颖
永恒	变化、进步
珍藏	消费
艺术与实用尖锐对立	功能主义、艺术对象的作用
再现、现实主义	几何形式、抽象

根本性的社会变革

前工业的	工业的
贵族的	平民的
少数人群	普通大众
地方性、地域性文化	大众文化（观众、交流、生产发行、消费）
单个手工艺人的产品	大量专业化劳动的集体产品
等级、部落制社会模式	机械、电子社会模式

85

艺术中的新材料与新对象

科学模式、科学概念与规则
机器
来自于技术与机器产品的材料
标准化的对象（重复的式样）
电子机械与器材
日常材料
日常对象

新的感知活动

扩大了的感知范围
对对象具有更大的包容性
包括其他感觉器官——触觉、运动感觉
拒绝审美禁忌，例如色情
消除以下区别：
    对象与感知者、观众
    创作者与对象
    创作者与感知者
    表演者、艺术家与感知者
综合艺术与生活：
    随机性
    偶发事件
    普通对象
    废黜艺术，包括粗糙化、畸形化、兽性化、梦魇化
    功能主义，艺术作为技能、技术
    社会评论

艺术中的新形式与新运动

残忍剧
荒诞剧

偶发艺术

摄影

电影

环境

功能建筑

活动雕塑

捡来的对象

装配艺术

绘画中的新运动：
　　印象主义
　　抽象表现主义
　　未来主义
　　立体主义
　　达达
　　超现实主义
　　波普艺术
　　光效艺术
　　极简艺术

现代舞蹈

音乐中的新发展：

乱弹音乐

序列音乐

电子音乐

新的审美

消极特征

否定整体与和谐的重要性（导致艺术对象的孤立）

拒绝把理想（美）作为艺术的终极目标

否定距离与静观的态度

否定非功利性

否定艺术对象与生活的分离

否定艺术的唯一性以及使其不朽的制度（博物馆）

积极特征

生活与艺术的连续性

过程、运动

功能主义

审美情境中各个因素的感知综合

艺术创作作为一项合作的事业

基本概念：审美场

更加具有包容性的"普遍美学理论"

综合

艺术家

对象

感知者

表演者

功能关系

创作者—感知者—表演者

对象发挥作用

作为功能活动的审美经验

　　包容性
　　　　材料
　　　　事件
　　扩散
　　　　审美和非审美之间更大的连续性
　　　　艺术与对大众工业社会的评论、讽刺和批评更紧密的结合

注　释

① 改编自 *Aesthetics and the Contemporary Arts*，载 *The Journal of Aesthetics and Art Criticism*，XXIX，2（Winter 1970），pp. 155-168，并且获准重印。本文更早的较短版本曾经在 1967 年 12 月 16 日的 Long Island Philosophical Society 会议和 1968 年 10 月 24 日的 American Society for Aesthetics 会议上宣读。

② M. Weitz，*The Role of Theory in Aesthetics*，载 *Journal of Aesthetics and Art Criticism*，15（Sept. 1956）：pp. 27-35。该文已经多次重印，包括收入 *Problems in Criticism of the Arts*，H. G. Duffield 编（San Francisco：Chandler Publishing Co.，1968），同时收入数篇回应批评，其中一篇为本作者所撰写。

③ Jerome Stolnitz，*On the Origins of "Aesthetics Disinterestedness"*，载 *Journal of Aesthetics and Art Criticism*，20（Winter 1961）：pp. 131-144。

④ 'Up to the time of Kant, a philosophy of beauty always meant an attempt to reduce our aesthetic experience to an alien principle and to subject art to an alien jurisdiction. Kant in his *Critique of Judgment* was the first to give a clear and convincing proof of the autonomy of art.' Ernst Cassirer，*Essay on Man*（Garden City, NY：Doubleday, 1956），p. 178。

⑤ Erwin Panofsky 也许是从事此类学术研究最知名的学者。参看他的 *Early Netherlandish Painting, Its Origins and Character*（New York：Harper & Row，1971，c1953）；*Gothic Architecture and*

Scholasticism（Latrobe, PA: Archabbey Press, 1951）; *Studies in Iconology*; *Humanistic Themes in the Art of the Renaissance*（New York: Oxford University Press, 1939）。

⑥ 这项讨论部分源于从 Lewis Mumford 的观察所受到的很大启发。比较他的 *Technics and Civilization*（New York: Harcourt Brace, 1934）。

⑦ 比较 J. p. Hodin, *The Aesthetics of Modern Art*, 载 *Journal of Aesthetics and Art Criticism*, 26（Winter 1967）: pp. 184-185。

⑧ 参看第五章,《美学中的美感与色感》。

⑨ 第五章和第六章《美学中的美感与色感》和《审美的身体化》对部分观点进行了论述。

⑩ 例如, George Lukacs 区分 "迷狂" 与 "宣泄", 前者涉及日常生活的彻底中断, 后者中则有 "暗流前后涌动"。比较 V. Maslow, *Lukacs' Man-Centered Aesthetics*, 载 *Philosophy and Phenomenological Research*, 27（June 1967）: pp. 545-546, 以及注释。

⑪ 三十年后的今天, 恐怖主义已经在世界许多地方司空见惯, 令人吃惊的是, 这种艺术正好预示了艺术与生活的相互关系。

⑫ John Cage 曾经评论道, 波普艺术的风格和主题来源于动机在于促成购买行为的商业和广告世界, 并且从这种语境中获取材料。实践论者还坚持认为, 波普艺术与讽刺的关联也源于这里。比较 *An Interview with John Cage*, 载 *Tulane Drama Review*, 10（Winter 1965）: p. 66。John Cage 观察到: 'More the obligation—the morality, if you wish—of all the arts today is to intensify, alter perceptual awareness and, hence, consciousness. Awareness and consciousness of what? Of the real material world. Of the things we see and hear and taste and touch.' 'We Don't Any Longer Know Who I Was', John Cage 访谈录, *New York Times*, 16 March 1968, p. D9。

⑬ 比较 Walter Kerr, *The Theater of Say It! Show It! What Is It?*, 载 *New York Times Magazine*, 1 September 1968, p. 10 ff。

⑭ 关于这种观念的精彩讨论见 John Dewey 的 *Art as Experience* (New York: Minton, Balch, 1934), pp. 230-232。

⑮ 本文最早发表于 1970 年，我的著作 *The Aesthetic Field: A Phenomenology of Aesthetic Experience* (Springfield, IL: C. C. Thomas, 1970) 于同年面世。我在该书中拟出了能够适应本章所述发展的方案框架。自那以后，我在 *Art and Engagement* (Philadelphia: Temple University Press, 1991) 中进一步对审美参与理论进行了论述。本书的许多章节将继续论述这种理论的应用，并且详细阐述这种理论的含义。

⑯ *The Aesthetic Field* 论述了这一思想。

⑰ 参看注释 15。

第二部分

反叛的暗示

第五章 美学中的美感与色感①

在西方文明史的大部分时期里，艺术在文化活动的全部范围内仅仅具有从属的身份。实际上，主张艺术与其他社会制度具有同等的价值，这只是在相当近的时期里才发生的事情，即使在今天，这种主张也很少为人们所接受。更为普遍的是，人们默认，艺术只不过是一种途径而已，可以加强社会和政治中那些具有统治地位的信仰与价值，可以把那些制度的表达优雅化。而且，艺术属于从属的角色，这一信条如此彻底地渗透进西方思想，以至于直到近段时期，当艺术在很大程度上摆脱了作为教廷、国家和社会功利的奴婢地位以后，许多审美讨论所赖以进行的观念仍然背道而驰，审美理论仍然受到源自艺术卑微出身的偏见的束缚。

我们可以提出的批评性追问的范围非常之广，在这里，我将把讨论限制在传统理论中的区别性，这个概念在我们的艺术之思中如此根深蒂固，以至于竟然要求获得不容置疑的基本原理的地位。在这里，我所说的区别性就是美感与色感的区别，这种区别出现在有关审美经验的讨论中，也出现在有关唤起审美经验的对象的讨论中。（"色感" sensual 指的是某种形式与一定程度的人体展示，有可能唤起与性有关的联想。作者在本章中从形而上学的角度批判美感与色感的区别，只是强调美感与色感作为愉悦感的连续性，对艺术中的色感表现所进行的批判属于道德批判，而不是美学批判。——译者）人们通常认为，美感意味着在感觉方面令人愉快的吸引，尤其表现在视觉和听觉方面。而另一方面，色感则涉及集中于身体快感的感官经验，与美感的理性愉悦相反，色感的兴趣在于具有更多"肉体"成分的身体感觉，特别是性感。这两个概念经常被混同为一个，有时候，对于色感的感性轻蔑态度也被不加区分地应用于美感。可是,当这两个概念在审美理论中被区分开来以后,它们就经常与关于艺术边界的主张相关:色感是审美经验所嫌恶的,是美感所拒绝的。

当人们在忠于宗教、道德教条或者唯心主义形而上学的著作家之中遇到这种区别性的时候,他们只是感到有点儿奇怪,但是,当人们发现,像杜威和桑塔耶纳这些具有自然主义和科学主义倾向的美学著作家本应另走它途,却也可疑地接受这种区别性的时候,就会更加感到惊讶。②在这里,我的目的是要揭示,道德审查那只看不见的手如何带着形而上学教条的手套,仍然紧紧地掌握着审美理论,在通常所谓审美的独特性中展示自己的影响力。此外,我也将表明,这种歧视把大面积的经验从它们本来能够获得审美感知身份的可能性中排除出去,严重地歪曲了审美理论。

审美感知中的美感

无论理论承认与否,每一次审美遭遇都与人的经验有关。本体论意义上的独立身份归属于艺术对象,在生产、欣赏和评价艺术时,人与艺术的关系是一种经验关系。感知的经验与感觉有关,这一点早已经得到承认,自从美学学科正式建立以来,学科的名称就已经明确了这一点。当鲍姆嘉通在 18 世纪选择希腊语的词语 aisthēsis 时,就清楚地表明了艺术理论的主要任务是针对感觉,针对感官的感觉,从那以后,美学家们一直都承认艺术中的美感元素的重要性。③普拉尔提出了审美表象这个概念,他用这个概念来表示经验的美感表象,是认识艺术的这一方面的重要尝试。实际上,他的主张有些过头了,以至于坚持说:"只有当经验发生于处理外部感觉对象或者明显在直觉注意下的美感想象的对象时,经验才是真正而典型的审美经验⋯⋯",并且,"⋯⋯经验的美感要素通常⋯⋯是美的真正素材。⋯⋯它们是我们最关心的,是审美理论首要的主题内容"。④

和普拉尔一样,我并不是说,审美经验中诸如形式、概念和意义之类其他的基础方面就不重要。不过,也许由于这些东西十分便于进行谈论和说明，所以它们被以美感的名义过分地强调了。虽然一个人可以评论像《沃采克》这样的音乐作品或者蒙德里安的帆布的形式特征，也可以对《尤利西斯》作出其他解释，但是，他几乎不能让人**看见**水彩画或者那些仅仅具有普通用途的物体上的珍奇的微妙色彩，不能让人**触摸**到布料或者石头的纹理，也不能让偏听的耳朵**听到**现代音乐作品中那些被认为讨厌的声音。⑤

在喋喋不休地对艺术评头品足之前，我们最好首先回顾一下，艺术最典型的特征可能是什么。因为，艺术的区别特征并非存在于和谐、⑥多样统一、审美形式、象征意义以及诸如此类的因素中，而存在于可以被称作**感觉的内在感知**中，或者直接地存在于绘画、音乐和雕塑中，或者非直接地存在于文学艺术中。而且，每一次感知都是潜在的审美。当理性因素、道德因素或者情感因素进来搀和时，经验就会变得缺乏审美的意味，而更多地具有认知意味、说教意味与情感意味。此外，认识到艺术的美感，就强调了审美经验的特殊性和独特性。从字面上来看，对审美（aesthetic）的否定就是麻木（anaesthetic）。

审美经验中的感觉

在维护审美感知中的美感时，应当思考一下感觉在审美经验中所扮演的角色。在美学中，大家对这个问题往往只给予匆匆的一瞥。审美感觉是指视觉和听觉，这种古典的观念被忠实地继承下来，大家以为，它是显然的真理，没有必要为它进行辩护，注意力应当放到更要紧的事情上去。不过，即使不是对于所有的审美经验，而仅仅就大多数审美经验来说，或直接或想象的感觉都是必要的条件，哪怕除此以外另无其他理由，也需要对这个命题进行严格的审视。于是，审美感知中的美感与色感的意义问题就产生了。

视觉和听觉是审美感觉，这一信条出自古希腊哲学，得到柏拉图和亚理士多德以及后来的追随者包括普洛丁和阿奎纳等人的认可。这一信条并不是孤立的判断。在古希腊思想中，理性主义占有传统的主流地位，在这种倾向的影响下，人们把视觉和听觉看作高级感觉，因为，它们是与理智机械的运转最密切相关的感官。⑦这一信条补充了认为理论活动区别于并且优越于实践行为这种古典态度。它与柏拉图把物体或者物质归入低级地位的形而上学观是同时产生的，在基督教影响主宰着审美理论的数个世纪里，这一信条还得到了加强。由于视觉和听觉器官是保持距离的接受器官，能够保持不与物体发生任何直接的接触，而其他感官则由于唤起对于身体的注意，破坏了静观精神的孤立性。因此，古希腊文化的贵族化态度始终确信，心灵冥想所具有的被动与超然态度要比实践和操作优越一些。⑧

保持距离的感觉，接触式的感觉，这两者的分裂反映了美感和色感之间的区别。只有在用视觉和听觉感官去感知而对象的安全得到保证之时，美感才是可能的；味觉与嗅觉尤其是触觉感官都根深蒂固地引起色感。到了现代，通过心理距离和非功利性等概念，这种观点变得更加突出了。因此，有时候，当审美态度被允许针对我们可以意识到的任何对象时，⑨对于某些美的享受却往往被认为需要借助于距离才有可能。⑩只有当美感被如其所是地非个人化以后，疏离于感知者的亲近之外以后，被心灵化以后，它才呈现为审美所能够接受的东西。例如，爱作为美，也被认为需要运用距离原则，那样才会得到最完美的发展和实现。正如古典美学所预期的那样，完全地超越肉体的出场，才能提供更高的美。⑪

审美理论就以这样的方式被当作了争论不休的形而上学宗旨的奴婢。事情没有到此为止。除了对掺进了其他感觉的审美感知的可能性进行**预先**抵制之外，既然经验是从感觉那里得来的，人们便进而在感觉的基础上对经验进行分类，这样一来就歪曲了经验。在讨论把感觉孤立起来时，在把个别的感觉与特别的艺术媒介联系起来时，我们发现了这一点。由于没有一种主要的艺术形式与触觉、味觉和嗅觉相对应，这些感觉就被排除在审美感知的任何角色之外。

这两种观点都犯了同样的错误。我们被误导了。我们以为，由于各种感觉在特别的身体器官或者区域占有自己的位置，所以，在实际的感知情境中，各种感觉的信号也是能够区分开来的。然而，对于各种感觉器官的数据的分辨能力是选择性经验与反映的结果，而不是自发的识别。因此，事实恰恰相反，在最通常的情况下，几种或者所有感觉都会介入平常的感知中，尽管经常出现这样令人惊讶的事情，即某种广泛传播的误解被暴露出来，这种误解把感知当作一种或者另外某种不匹配的感觉器官的结果。与此相似，在艺术被感知到的感觉基础上来概括出艺术的特征，例如把音乐称作听觉艺术，把绘画称作视觉艺术，这样会导致审美经验的总体歪曲。有些例子很有说服力，例如，名义上，雕塑是视觉艺术，而实际上，雕塑艺术所唤起的主要感觉却不是视觉，而是触觉；⑫很多图像艺术也通过注意表面的纹理和特征，唤起触觉感，尽管这种触觉感并不是直接的。也许，音乐比其他艺术更适合这种理论，然而，即使对于音乐的经验也很难与音乐的表演分离开来，表演会带来视觉的影响，其中既包括现场的真实视觉，也包括录影中的虚拟视觉。戏剧艺术的情形几乎不支持某种艺术与某种感觉直接对应的理论，文学艺术也无法用这些术语加以说明。

　　在涉及接触或者具有亲密关系的感觉经验时，要实现审美态度会有困难，对于这种主张，还有另一种解释。涉及这些感觉的活动经常被排除在审美之外，因为它们不适合所谓"高级"感觉强加的审美接受能力标准。这方面一个令人吃惊的例子出现在柏拉图的《大希庇阿斯篇》中。在建议把愉悦作为美的定义时，苏格拉底把审美愉悦限制在视觉和听觉所能够接受的范围之内。他争论说，虽然不能否认在味觉、爱情等等之中也存在着愉悦，这些东西也可以称作愉悦的，但是，几乎不是美的。"……每个人都会笑话我们，如果我们说吃不是愉悦的而是美的，好闻的香味不是愉悦的而是美的；至于说到性爱行为，毫无疑问，我们都会主张，那是最愉悦的，但是，当一个人要做爱的时候，他必须不让别人看到，因为，性爱行为看起来是最令人厌恶的。"⑬既然爱被经验到的主要感觉渠道不是视觉，而是触觉，不是基于距离，而是基于接触，得出这样的结论也就不足为奇了。如果用来判断愉悦经验的审美层次的标准是触觉的话，那么，对于对象的视觉享受也很难说是可以接受的。

　　实际上，触觉、嗅觉和味觉所发出的强烈的审美呼唤，几乎完全存在于它们直接而毫无隔膜的美感吸引中，而不是存在于潜在的意义和结构组织中。也许，这种美感的直接性限制了我们，使我们不能在它们的基础上建立起与那些主要基于视觉和听觉的形式相似的艺术形式。当然，就其特征来看，意义和结构组织是理性主义者的审美标准，适合于保持距离的感觉。不过，运用接触感觉的感知经验无疑具有自己的直接美感特征。这提供了一种不同的标准，但是，这种标准同样带有强迫性。实际上，美感经常在主要通过距离感所产生的审美感知中扮演一个角色。

　　解决这个问题的途径之一是，认识到感觉之间的相互关系以及它们在组织器官中的深入。如果我们承认人与自然的连续性，承认在人的器官与环境之间存在着持续的过渡，我们就可以把那些基于划分与分离的信条解释为高度发展的分析法的产物，这种分析法遵循传统形而上学所信奉的那些东西，例如人与自然的分离，各种不同感觉接受器官所传递的感觉数据的区别，积极的介入与被动的静观之间的对比，物质和心灵之类相反价值的对比等等，这些东西其实一直是存在争议的。另一方面，直接的审美经验在很大程度上是不可区分的。我们应该用属于审美自身的术语来思考审美，而不是在非审美信条的基础上去思考审美。

区别的道德基础

　　在拒绝把色感纳入审美的范围时，虽然形而上学的假设扮演了很重要的角色，但是，也许只有与此密切相关的道德信仰，才是这种排外行为得以发生的主要原因。由于触觉和其他接触性感觉与肉体愉悦尤其是与色情愉悦的联系是如此紧密，它们在审美经验中的角色必须被禁止。然而，一旦我们认识到，与视觉和听觉这两种感觉有关的艺术媒介也能够带来色情的影响，因此也需要道德来控制，这种观点就完全没有说服力了。自从柏拉图时代以来，人们一直以怀疑的目光，在此基础上看待音乐、文学和其他艺术。有人声称，保持一定程度的距离，能够减轻道德审查的嫌疑，消除某些多余的活动，可是，人们又承认，戏剧、舞蹈、雕塑和音乐都极力地倾向于减少距离，因而似乎是在证明道德关切的合理性。[14]

艺术专注于感觉经验的内在感知性质，不是使人们的视线投向天国的荣耀，而是投向尘世的荣耀。也不只是投向尘世的美。通过强化我们的感知意识，艺术能够深入而直接地把我们带向生活之丑陋、卑鄙和忍无可忍的一面，这也许是其他媒介所无法做到的。无论作为崇高还是肮脏的解释者，艺术感知都是对当前天然存在的世界的呼唤，因此，在这种意义上来说，在我们的所有经验中，艺术是最少幻觉的。因为，没有什么比直接的经验更加真实的了，那是主观经验主义最富意义的洞见。[15]

我所要否定的不是对艺术所进行的道德批评，而是这些批评是否与审美相关。某些艺术表现形式具有色情的诉求，它是作品的组成部分之一，如果把它去掉，就算不完全毁掉，也必然削弱作品的审美价值。这一点在表现人体形象尤其是裸体时特别真实。强烈的色情诉求出场一点儿也不奇怪，因为，也许没有任何对象能够像人的身体一样沁满了情感的意味，而这种情感的意味很容易被转换为对身体的再现与隐喻。这样一来，我们就很容易解释，为什么人体成了艺术永恒的主题，从史前的维纳斯塑像到今天的艺术，与人体有关的对象和事物主宰了进行创作的艺术家，人体形象具有无法抗拒的魅力，任何事物都不可能比人体形象具有更大的吸引力。[16]

不仅人体的形式具有感性的美感吸引力，人体各个部分的功能也具有美感吸引力。在身体自由而优雅的运动中，不也存在着美？那不也是一种和形式联系在一起的美？这样的吸引力既存在于对日常生活的偶然观察中，也存在于舞蹈和哑剧等艺术形式中，这些艺术把身体运动当作素材。就像在建筑和设计中一样，这里也存在着向那些虔诚地重复着把主要属于实践意义的对象和活动排除在审美欣赏之外的论调发出挑战的基础。杜威的质疑十分中肯：

> "为什么尝试把经验中更高级的理想事物和至关重要的基础与根本联系在一起，经常被看作对事物本质的背叛，对事物价值的否定？为什么每当纯粹艺术的更高成就和我们每天与众生共享的普通生活联系在一起时，总会遭人厌恶？为什么生活

总被认为是低级趣味的事情，或者再好也不过是粗俗感觉的事情，并且准备随时从最好的层次沦落到淫荡与粗暴残忍的层次？要完整地回答这些问题，就必须涉及到道德历史的著作，这些著作已经预设了一些前提，这样就产生了对身体的蔑视，对感觉的恐惧，以及肉体与心灵的对立。"⑰

区别的意义

那么，关于美感和色感之间的区别对于美学的意义，我们能够得出什么结论呢？这种区别在很大程度上是无法站得住脚的。这种区别类似于其他那些决意维护成规或者制度所珍爱的领地的二分法。在这种情况下，传统的观点并不把审美愉悦看作是身体的，而看作完全脱离了与身体的联系的，感觉的角色必须得到承认，不过，感觉却在心灵层面上扮演这个角色，是非身体化的，即"去身体化"的。但是，通过承认艺术中的美感，由来已久的精神—身体二元论自我毁灭了，而这种区别正是它的审美表达。因为，在艺术和审美经验的大多数情况下，色感都伴随着美感而来，色感就算不是美感诉求的主要特征，也成了美感诉求的重要特征。实际上，这两者往往难以区分开来。

如果我们把色感看成是与审美相连续的，审美理论中的大量问题就会更加接近澄清与解决，例如艺术中的裸体的意义问题，艺术家与性行为之间的关系的心理学理论化问题，尤其是，审美经验中触觉和其他接触式感觉的地位问题。因为，即使触觉是不完备的，不受鼓励的，触觉也强烈要求秘密地揭示它自身（正如在任何雕塑展出中可以观察到的），变成了令人肃然起敬的审美岩石中的裂缝。通过更加公开地承认身体性，更大方地把身体性纳入审美的经验中，我们能够利用身体的接受能力和感觉能力的差别，来解释人们何以对于同样的审美刺激产生不同的反应。

因此，这种阐释主张，最完整和最丰富的审美经验是人的整个感觉经验。人作为一个未经分裂的组成整体介入审美的事件中。审美经验不应该被看作衰微而幻想的"相似的灵魂"之间的"心灵"

交流，通过把审美经验带向那个自然事件的世界，带向那个包容了普遍经验的世界，带向那个也许比任何其他经验都更基本的、至关重要的、具有本质意义的经验世界，审美经验才可能获得新生。

注　释

① 改编自 *The Sensuous and the Sensual in Aesthetics*，载 *The Journal of Aesthetics and Art Criticism*，XXIII，2（Winter 1964），pp. 185-192，并且获准重印。在最初写作本文的时候，我觉得，把色感纳入审美经验的范围内似乎没有必要，但是，这种挑战一直存在着，让我不再委任自己为公共道德的守护者。

② 例如，Santayana 区分身体的愉悦与审美的愉悦。前者是低级的，唤起身体相应部分的注意，而在后者中，身体器官不会俘虏我们的注意，而直接把意识指向外部对象。比较 *The Sense of Beauty*（New York：Dover, 1955），pp. 36-37。即使杜威也在相似的基础上作出这种区分："Any sensuous quality tends, because of its organic connections, to spread and fuse. When a sense quality remains on the relatively isolated plane on which it first emerges, it does so because of some special reaction, because it is cultivated for special reasons. It ceases to be sensuous and becomes sensual. This isolation of sense is not characteristic of esthetic objects, but of such things as narcotics, sexual orgasms, and gambling indulged in for the sake of the immediate excitement of sensation. In normal experience, a sensory quality is related to other qualities in such ways as to define an object." *Art and Experience*（New York：Capricorn Books, 1958），p. 214。

③ Aisthēsis，有文学色彩，是指由感觉所获得的感知。'The science of sensory knowledge directed toward beauty. Art, then, becomes the perfection of sensory awareness.' Alexander Gottlieb Baumgarten, *Aesthetica*（Hildesheim：G. Olms, 1961），Vol. I。

④ D. W. Prall, *Aesthetic Judgment*（New York：Crowell, 1929）， pp. 28，56。Peirce 形而上学的基本范畴，他的意思是指"直接、感觉、性质、本质"，对应于审美经验的这些特征。近来，他的艺术理论采用了三分范畴。比较 Albert William Levi, *Peirce and Painting*, 载 *Philosophy and Phenomenological Research*, XXIII, 1 (1962), pp. 23-36。

⑤ 组织与意义的理性吸引会导致人们忽略艺术的审美诉求，这一点偶然有人注意到。Hanslik 在音乐中清楚地意识到了这种情况："The reason why people have failed to discover the beauties in which pure music abounds, is, in great measure, to be found in the *underrating*, by the older systems of aesthetics, of the *sensuous element*, and in its subordination to morality and feeling in Hegel to the 'idea'. Every art sets out from the sensuous and operates within its limits. The theory relating to the expression of feelings ignores this fact, and disdainfully pushing aside the act of *hearing*, it passes on immediately to the *feelings*. Music, say they, is food for the soul, and the organ of hearing is beneath their notice." Eduard Hanslick, *The beautiful in music*, 载 *Problems in Aesthetics*, M. Weitz 编 (New York: Macmillan, 1959), p. 383。

并非只有感知的批评才注意到感性在艺术中的优先性。当诗歌主要间接地通过自己对想象回忆的刺激能力给人以美感时，诗人也参与了相似的观察："Art bids us touch and taste and hear and see the world, and shrinks from what Blake calls mathematic form, from every abstract thing, from all that is the brain only, from all that is not a fountain jetting from the entire hopes, memories and sensations of the body. Its morality is personal, knows little of any general law ..." William Butler Yeats, 载 *The Creative Process*, B. Ghiselin 编 (New York: New American Library, 1955), pp. 106-107。

⑥ 虽然艺术哲学的意义经过周期性的调整，艺术哲学还是在历史上把和谐看作艺术奋斗的目的，也把和谐看作美的目标。比较 K. E. Gilbert 和 H. Kuhn, A History of Esthetics, 修订版

（Bloomington, IN: Indiana University Press, 1954）, p. 186 ff。

⑦ 同上，pp. 117, 139。

⑧ 比较 Jerome Stolnitz 对这些问题所作的简明而精彩的分析，*Aesthetics and Philosophy of Art Criticism* （Boston: Houghton, Mifflin, 1960）, pp. 223-226。Dewey 认为，来自于希腊文化的这种态度的影响并不能很好地解释后来现代科学知识及其所要求的方法的发展，因为，后者来源于日常生活中的实践关切、活动与经验。

⑨ 同上，p. 39 ff。

⑩ "That the appeal of Art is sensuous, even sensual, must be taken as an indisputable fact. Puritanism will never be persuaded, and rightly so, that this is not the case … . [T] he whole sensual side of art is purified, spiritualized, filtered … by Distance. The most sensual appeal becomes the translucent veil of an underlying spirituality, once the grossly personal and practical elements have been removed from it. And a matter of special emphasis here *this spiritual aspect of the appeal is the more penetrating, the more personal and direct its sensual appeal would have been BUT FOR THE PRESENCE OF DISTANCE.*" Edward Bullough, *Psychical Distance as a Factor in Art and an Esthetic Principle*, 载 *A Modern Book of Esthetics*, M. Rader 编，第三版 （New York: Holt, Rinehart and Winston, 1960）, p. 410。

⑪ "The pleasure of the present may be greater than the enjoyment of the past and the future; but the appearance of the unreal, of that which was or is to come, is more beautiful, because here the obstructive and weakening elements of embodiment have been replaced and enhanced by felicitous allusions and connections. Thus beauty gains by the distance of expectation, just as it gains by the distance of the past. To this, a fitting conclusion: if, then, love itself has an aesthetic character, the feeling of love must also be controlled by the law of distance. Those who love only the beautiful, whose affections

105

are destroyed by ugliness and bad taste, should be ever reminded of the law of distance; for profane proximity destroys the bliss of pure aloofness, as ugly frequency and intimacy annihilate the enjoyment of the rare and unknown". Georg Mehlis, *The Aesthetic Problem of Distance*, 载 *Reflections on Art*, S. Langer 编 (Baltimore: Johns Hopkins, 1958), pp. 87-88。

⑫ 例如，比较 Frances W. Herring 的 *Touch—the neglected Sense*, 载 *Journal of Aesthetics and Art Criticism*, VII (1949), pp. 206-207。

⑬ *Hippias Major*, Fowler 译, 299A。

⑭ 比较 Bullough, pp. 402-403。

⑮ 比较 Irwin Edman, *Arts and the Man* (New York: Norton, 1949), p. 39 ff。

"Here, too, lies the utility of distance for him who would pare art of any appeal to vital interests of all sorts: ... [E]xplicit references to organic affections, to the material existence of the body, especially to sexual matters, lie normally below the Distance-limit, and can be touched upon by Art only with special precautions. Allusions to social institutions of any degree of personal importance in particular, allusions implying any doubt as to their validity the questioning of some generally recognized ethical sanctions, references to topical subjects occupying public attention at the moment, and such like, are all dangerously near the average limit and may at any time fall below it, arousing, instead of esthetic appreciation, concrete hostility or mere amusement". Bullough, p. 400。

⑯ "[T]he body provides an inexhaustible source for vocabulary of expressive forms, a vocabulary that is continually being enriched. Whether we consider the immense sensuous appeal of the living body, the equally powerful ascetic revulsion from it as loathsome, or any of the host of intermediate experiences, we are compelled ... to reckon with the response to the body as an integral and ineradicable component of artistic and aesthetic experience." Matthew Lipman,

The Aesthetic Presence of the Body，载 Journal of Aesthetics and Art Criticism，XV（1957），p. 434。也比较 p. 428。

⑰ Dewey，p. 20。也比较 Art as Experience 整个第二章。

第六章　审美的身体化①

身体，在其行动中，以其简单的力量，有足够的能力去改变事物的性质，甚至能够比沉思与梦想中的精神做得更加彻底！②

身体化的欣赏

审美欣赏已经被典型地描述为意识的某种行为，某种与众不同的意识。这样的解释不仅不适用于审美欣赏，而且是对审美欣赏的歪曲，因为，不存在无身体的意识，也不存在非身体化的意识。如果审美要成为非二元论的，它就必须按不同的方式进行。

那么，身体怎样介入审美活动？有些方式是显而易见的，例如一些要求观众的身体参加的作品，比如有些雕塑作品，观看者必须通过移动、安放和摆弄它们而行动起来；偶发艺术；分享式戏剧；建筑；各种形式和程度的互动艺术。但是，也还有一些微妙的方式，人的身体在其中也积极地出场，对艺术作品及其欣赏作出必要的贡献。

审美的身体化是一个复杂的多方面的概念。什么是身体化？在不借助物理定义或者假定精神和身体分裂的情况下，理解为身体的人是什么？因为"纯粹"的身体就像纯粹的精神和简单的感觉一样，仅仅是哲学的虚构。人在审美场合出场的二元框架天生就是误导。

我们能够对身体化作什么样的统一描述？有一种描述来自佛教密宗的传统，在这里，"身体"就是"身体化"。③萧对这种佛教密宗传统的描述进行了生动的解释：

　　"密宗传统的阐释者……对身体化进行过深入而精确的描述，身体化不能被理解为'灵魂'在'身体'中，而应当理解为精神-身体的多层连续统，形体存在、情感作用、认知行为以及精神活动的各个层次相互交织，多向互动。这种非本质者的自我不是被看作一个具有边界的或者稳定的整体，而是被看作由能量与内气所主导的某个场所，那里发生着闪耀、溶解、融合、流动，能够在身体化的经验中带来戏剧性的改变，架通人性与神性之间的桥梁。这是一个没有固定边界的、动态的与渗透性的自我，典型的密宗佛教徒就处于这样的澄明之境。"④

　　我们西方的传统已经在很大程度上把艺术非身体化了。古恩特评论道，这一传统所关心的是如何"使艺术作品远离我们所经验的空间和时间，把艺术作品置于理想的空间，因而使观看者能够从远处冷漠地观看。在审美感知中，艺术作品保持为鲜活的；它呼唤人们去感觉，去触摸，此刻，艺术作品的每一部分都被当作世界的全部来感知，它是唯一的、悦心悦意的、完美的，无需任何自身以外的东西，以便是其所是。在这样的经验中，有一种亲近的温暖，而不是疏远的冷漠。"⑤

　　关于身体化这个概念的奇怪事情之一是，在英语中，竟然没有一个词语能够表达出它完整的意义，而只能用"人的身体化"来不确切地表达。身体化不是肉体的，而包括一系列的因素，身体化不只是外部的，也和文化、历史以及个人经验混合在一起。这些因素包括脸部表情、姿势、打扮、个性、说话方式、声音的变化以及其他多种因素。这使得"身体"与"身体化"的区别变得尤为重要。

"身体化"的两种意义

　　从字面上看，"身体化"（embodiment）来源于"化"（in）＋"身体"（body）。在这里，它涉及两种含义：

109

1. 安置入身体；（把灵魂）赋予或者附着于身体

……

4. 导致成为身体的一部分；合并入身体⑥

美学中的身体化是一个复杂的概念，对这两种意义都有反映。第一，身体出场的氛围被嵌入艺术作品之中。我曾经在其他地方对德彪西的钢琴前奏曲《沉没的教堂》和华莱士·斯蒂文斯的诗歌《彼得·昆西在演奏》进行过仔细的品评，揭示了身体的出场是如何发生的。⑦在德彪西的钢琴曲中，沉陷的教堂是通过和声的庄严进行得以出场的，这种和声基于第五音程以及它们钟声般的共鸣。斯蒂文斯的诗歌熔合了一种音乐的声音、身体与意识的语言。第二，也许是身体化更加直接的意义，发生在对于艺术的审美反应中，即欣赏者的肉体分享介入之时。在建筑、舞蹈和音乐中，这种情况得到了普遍的公认，不过，我认为，在诸如雕塑与文学之类艺术中，身体化也在一个更加含蓄的层面发生着。

第一种意义的身体化清楚地出现在所谓的标题音乐中，这种音乐通过音调的形象、节奏的模式或者组织结构来进行清晰的描述，往往是一次活动、一个事件、甚至一个广义的讲述者的直接身体经验。于是，在圣-桑的《骷髅之舞》中，雄乌鸦打断了骷髅们狂怒的舞蹈，把它们赶回到自己的墓穴，所有这些都是通过音乐描写出来的。在杜卡斯的《魔法师的弟子》中，连续的音乐运动巧妙地传达出了故事中的强迫活动和身体的精疲力竭。德彪西的音乐诗《拉·梅尔》提供了对于拂晓时分的水上大气活动的听觉描写。在一支有关做弥撒的人群的乐谱中，巴赫那些表现情感和活动的音调画面，对诸如坠落的眼泪之类事物进行了生动的音乐描写。⑧

身体化的这种意义引导我们重新思考，在肖像画和风景画之类艺术中，再现的意义究竟是什么。而且，身体化的重要性还延伸到审美王国之外。宗教和政治信仰也经常被身体化，因此，对它们的挑战会被理解为致命的威胁，可能会导致暴力反应的产生。

身体化的第二种意义表达了人类身体在欣赏经验中的积极出场。在某些情况下，这种出场比在其他情况下更容易见到。在美学中，很多东西都有赖于那些被当作例证的艺术。在这些被当作例证的艺术中，最常见的选择是绘画。这样就带来了相应的问题，即某些概念似乎是属于整个美学的，而实际上却只属于某部分艺术，例如距离、非功利性、取景、再现等等。绘画鼓励采取分析、理性与静观的反应态度，而其他艺术则把人带向不同的方向。例如，音乐、电影，也许还有文学，都属于沉浸式的艺术，都使人想起参与理论。[9] 雕塑与绘画不同，雕塑的三维性和实体性都强调身体的出场，而舞蹈则更加是这样。在这种意义上，人的经验被身体化入艺术，被赋予美感的形式。普塞尔《黛朵的悲歌》就把悲伤的经验身体化了。我们不仅忍受黛朵的悲伤，也和黛朵一起悲伤，积极地参与其中。

"谁能告诉我，什么是舞蹈，什么是舞者？"叶芝问道。[10] 人体通过动作和反应作大幅度的运动，这些运动往往是野性与前意识的，与生理反应联系在一起，甚至经常与色情联系在一起。我们把艺术身体化入自己的欣赏经验之中。关于什么是审美欣赏，身体化的第二种含义，即成为人的身体的一部分，是具有丰富内涵的。让我们跟随叶芝的诗意洞见，以舞蹈为例来作一番探讨。[11]

舞蹈是一种纯粹的表演艺术，有些东西被直截了当地表现出来。拉班认为，这些东西就是发生于紧张和松弛之间的体态，是受到意识和目的所指引的运动。[12] 舞蹈阐明并且加强了所有经验中那些充满活力的真实运动的生理经验。在舞蹈中，动作所具有的直接性传达出一种自由感。正如摩西·坎宁安所说的那样，这种动作"如此紧张，即使在其中最短暂的瞬间，精神和身体都合而为一"[13]。

此外，在充满活力的舞蹈表演中，一种充满情感的氛围把现场的每个人都拥入身体积极出场的经验中，无论他是舞蹈者还是观看者。[14]"因此，作为运动着的身体的艺术，舞蹈就是身体化的运动；而**作为运动**，舞蹈就是在运动中对自我的展示。"[15] 实际上，通过身体的运动性出场，舞蹈建立起一个世界，解释了空间，也证实了时间的流逝。弗拉雷把正在舞蹈的身体的意义说得很明白："舞蹈不仅通过身体，而且由表演者和感知者**作为身体**而活起来。"

实际上，"舞蹈庆祝身体化"。⑯人们把舞蹈当作其他艺术身体化的模范，他们可能会说，在欣赏的享受中，我们舞出了音乐，舞出了画面。实际上，我们也可以把自己的生活之舞身体化。

人的身体在欣赏经验中的积极出场由舞蹈典型地揭示出来了，身体化的这种意义以我们称之为艺术的强烈形式，道出了全部经验的真相。艺术总是把经验理解为身体化的，在人作为有意识的有机体的统一表演中，强调我们实际的出场。因为这样的出场总是属于某种情境的，我们也可以把对环境的经验称作身体化的审美。尼加拉瓜诗人季奥孔达·贝利描述了我们如何把风景身体化：

> 河流在我身上流淌，山脉在我体内蜿蜒，这个国家的地理开始在我的身体内形成，把我变成了湖泊、峡谷、沟壑、为爱而生的土地……

最终，作为身体化的审美，环境也具有本体论的意义。梅洛·庞蒂从中发展出一种与众不同的身体-世界的哲学理解，"……一付身体"，他说，"……就是一个电荷场……"。⑰"电荷场"是一个富有意味的词语。它表示有能量放射出来，但是，它不是"外在的"，因为那就表示还有"内在的"，而是"外向的"，因为能量是弥漫性的。身体是能量的聚集，所有的能量都是场的一部分。事实上，这不是一付"身体"，而是一个"自我"。"我"就是一个电荷场。

审美的身体化

所有这些使得我们对经验的理解发生了变化，审美经验尤其如此。当我们专注于身体化的时候，世界不仅**看起来**不同了，而且真的不同了。由于身体化，由于"审美的身体化"，审美经验也不同了。审美成了身体化的一种模式。是什么使得身体化成了审美？审美又给身体化增加了什么？对此，审美另有说法：热烈专注、情感意味和感知能力，因为身体化是一种更高的感知。叶芝说得很全面：

> 艺术呼唤我们去触摸、品味、谛听和观看这个世界，呼唤
> 我们从布莱克所谓的数学形式，从每一个抽象的事物，从所有
> 那些仅仅属于脑力的事物，从所有那些不是身体的全部希望、
> 回忆和感觉的喷涌之泉的事物中撤退出来。[18]

对于当代美国诗人阿德列尼·利奇来说，诗歌是"身体化经验的工具"。[19]

在身体化中，意义是被经验到的，而不是被认识到的。那就是说，我们通过自己的身体来抓住意义，从字面上看，就是与意义融合到一起，以便使意义成为我们的肉体的一部分。于是，意义就成了最有力量的，它能够使中东的自杀式爆炸者特里斯坦和埃索尔德为爱而死，这种行动是最高的信仰，这种生命是完全的奉献。审美的意义以这样的方式身体化："在审美感知中，艺术作品保持为鲜活的；它呼唤人们去感觉，去触摸，此刻，它的每一部分都被当作世界的全部来感知，它是唯一的、悦心悦意的、完美的，无需自身以外的任何东西，以便是其所是。"[20]

这类似于梅洛·庞蒂关于"世界的肉体"的论述，他借此把身体与世界的联系扩展为一个均匀的连续系统：

> **世界的肉体**……这些现象-问题：它们把我们交给正在感
> 知的感知过的"感觉"，因为，它们意味着，我们已经**处于**这
> 样描述出来的存在之中，意味着我们**是它的**，意味着在它和我
> 们之间存在着"感觉"。这就意味着，我的身体是由与世界
> （这个世界是感知到的）相同的肉体构成的，而且，我身体的
> 肉体也被世界所共享，世界**反映**它，蚕食它，而它也蚕食这个
> 世界（同时感觉到最高的主体性和最高的物质性），它们处于
> 相互越界和交叉的关系中——这也意味着，我的身体不仅是感
> 知到的/其他身体中的一付，它也是所有身体的尺度，是世界
> 全部维度的起点……在这里，我们触及到了最困难的一点，那

就是，肉体和思想之间的联系，显而易见的东西和既显现又遮蔽的内部盔甲之间的联系。[21]

作为文化的身体化

由于人是完整的整体存在，毫无疑问，身体化也反映了文化的巨大影响。因此，我们可以提及适用于某种文化的身体化：身体化的表现是身体的、生理的、行为的，尤其要强调的是，身体化的表现是非二元论的。

文化通过无数的途径实现身体化。行为模式就是一种显而易见的形式。不同的文化培养出不同的独特体态。在古巴、德国、英国和美国，体态是不相同的。还有一些特别的法国式面部表情。手势、走路的方式、服装的风格都由于文化不同而存在差异，以化妆、佩饰和纹身等形式对身体所进行的修饰也是如此。

信仰系统也导致不同的身体化形式。例如，比较一下中世纪基督教和维多利亚时代的英国对待身体的态度，以及它们所导致的个性行为；思考一下土著居民和他们世代所居住的地方的联系。现代科学观也从对象化身体论转向语境化身体论：把身体看作生物学器官的思想也引发了文化生态学的研究。行为模式与性别有关，因为，由文化所建立的信仰系统是根据性别来指导行为的。身体反映了不同的历史文化，艺术则典型而独特地把身体再现出来，这方面，雕塑提供了生动的例证，例如米开朗基罗、布莱克和罗丹的作品。（罗丹的《吻》可以看作米开朗基罗的身体和布莱克的灵魂的复合。）环境可以说是一个包罗万象的普遍语境。它综合了身体、社会、文化和历史的因素，通过感觉能力与趣味来塑造身体。最后，我们需要认识到，个人的身体化终究是特别的，反映了个人经验的历史，只不过经过了这些文化因素的调和。

这些思想都不是新的，不过是新近才广为认识到。马克思和尼采，这两位同一时代的极不相同的思想家，在 19 世纪就很好地理解了这一点：

迄今为止，所有唯物主义者——包括费尔巴哈——存在的主要缺陷是，仅仅把事物、现实和美感设想为对象或者静观的形式，而不是把它们看作人的美感的活动与实践，不看作主观的活动。[22]

"人的身体就是他的灵魂。"[23]

审美的身体

因此，我们可以认为，审美的身体经过了文化的塑造，有很多东西纠缠于其中，被嵌入一个复杂的关系网络，其中的每一个身体都具有独特的个性，都充满了活力。民族、阶级、性别和地域因素都活跃在身体的形式和结构中。文化、性别、种族和社会结构的差异都被嵌入到活生生的身体中。[24]

作为感觉经验的接受器和发生器，审美的身体不是静态或者被动的，而具有自己的生动活力，甚至在倦怠的时候也是这样。只有当身体通过我们的感觉，专注而强烈地与艺术经验发生联系，以与众不同的方式出场时，审美的身体化才得以充分地出场。这时候，我们才成为最完整的人。

审美的身体化给了审美理论很大的启发。它使得我们基于肉体来理解审美经验。反过来，这又要求我们拓展对于审美欣赏的理解。欣赏不能再被限制于静观，不能再被限制为使意识客观化的行为。同样地，审美的对象也不是清晰而自我包含的，它既对审美的身体作出反应，也根据审美的身体来行动。最终，审美的程度、范围和包容性都得到了极大的扩张。[25]这样的理解才构成真正的理论进步。

注　释

① 本文曾经提交给 2003 年 10 月 29 日于 San Franciso, CA 召开的

Annual Meeting of the American Society for Aesthetics, 先前未经发表。我要对 Marina Kronkvist 表示感谢，她为本章提供了一些有益的材料和观点。

② Paul Valéry, *Dance and the Soul*, *Eupalinos*, 载 *Dialogues* (New York: Pantheon, 1956), *Collected Works of Paul Valéry*, Vol. 4, Bollingen Series XLV, p. 60。

③ Herbert V. Guenther, *The Tantric View of Life* (Boulder and London: Shambala, 1976), p. 105。Guenther 继续写道："As such it is active and tendential. When we look at man in this way, we focus not so much on *what* he is but on *how* he acts." (pp. 105-106) Guenther 援引了 gNyis-med Avadhūtipa 的话："'body' is a dynamic pattern, creative as embodiment, and not primarily the various organs." 同上，p. 111。

④ Miranda Shaw, *Passionate Enlightenment*, *Women in Tantric Buddhism* (Princeton: Princeton University Press, 1994), p. 11。

⑤ Guenther, p. 60。

⑥ *Oxford English Dictionary* (Oxford: Clarendon Press, 1933), Vol. III, p. 109。

⑦ Arnold Berleant, *Musical Embodiment*, 载 *Tidskrift för kultur studier* (*Journal of Cultural Studies*) 5, Summer 2001, pp. 7-22。作为第 11 章重印, *Embodied Music*, 载 Arnold Berleant 编, *Aesthetics and Environment* (Aldershot: Ashgate, 2002), pp. 143-155。身体化的这种意义也和艺术中有关再现的问题相关。也参看 Joyce Brodsky, *How to "see" with the whole body*, 载 *Visual Studies*, 17/2 (2002), pp. 99-112。

⑧ 这和对十七、十八世纪的音乐产生过影响的情感 (*affektenlehre*) 理论有关，但是，不等同于它，那个时期的音乐借助一种也能够在听众中被激起的主导性情感，把作品统一起来。身体化的第一种意义暗示了形而上学的主张，和东正教的肖像画法有些相似，在这些画像中，二维的肖像被看作一道窗户，膜拜者从这里可以看到它所描绘的圣人在天堂里的原型。

⑨ Eudora Welty 在 *Delta Wedding*（第二章）中这样写道："In that moment he enacted an entire complicated house for the butterfly [that he had been watching] inside his sleepy body. It was very strange but she had felt it. She had then known something he knew all along, it seemed then, that when you felt, touched, heard, looked at things in the world and found their fragrances, they themselves made a sort of house within you, which filled with life to hold them, filled with knowledge all by itself. And all else, the other ways to know, seemed calculation and tyranny."

⑩ William Butler Yeats, *Among school Children*，载 *The Collected Poems of W. B. Yeats*（London：Macmillan, 1958），p. 245。也参看 Paul Valéry, *Dance and the Soul*, p. 42："Her whole being becomes dance, and wholly vows itself to total movement!"

⑪ 参看我在 *Art and Engagement*（Philadelphia：Temple University Press, 1991）第七章中有关舞蹈美学的讨论。

⑫ Rudolf von Laban, *Die Welt der Tänzers*（Stuttgart：1920），p. 20。[*Laban's Principles of Dance and Movement Notation*，第二版（Boston：Plays, 1975）.]

⑬ Merce Cunningham, *The Impermanent Art*，载 Richard Kostelanetz 编, *Esthetics Contemporary*（Buffalo：Prometheus, 1978），p. 311。

⑭ "A vital performance generates a magnetic spirit that implicates everyone and everything present to experience, each of these making a distinctive contribution to the occasion. Dance takes as central the active presence of the body. Dance makes explicit an essential constituent of the aesthetic field—the dynamic presence of the human body in its immediacy and in its possibilities. This refers not only to the bodies on the stage but also to the focus of forces on and in the human organism by which all that is present is drawn into this region of energy. Everything, moving or stationary, is affected—set, hall, onlookers, as well as dancers." Arnold Berleant, *Art and Engagement*, p. 155。

⑮ *Art and Engagement*, p. 160。

⑯ Sondra Horton Fraleigh, *Dance and the lived body*; *A Descriptive Aesthetics* (Pittsburgh: University of Pittsburgh Press, 1987), p. 53, xvii. Fraleigh 认为, "that lived-body concepts, which refute traditional dualistic notions, provide a basis for describing the lived wholeness of the self in dance (being the dance) ..." (p. 12). "Lived-body concepts hold that the body is *lived* as a body-of-action. Human movement is the actualization, the realization, of embodiment" (p. 13). "... Movement *is* body, not just something that the body does" (p. 13). "[Trisha] Brown's dances open the viewer to the ongoing flow of his own bodily lived aesthetic as they are valued in his experience (intrinsically)" (p. 45)。

⑰ Maurice Merleau-Ponty, *The visible and the Invisible* (Evanston: Northwestern University Press, 1968), p. 267。

⑱ W. B. Yeats, *Three Pieces on the Creative Process*: *The Thinking of the Body*, 载 *The Creative Process*, B. Ghiselin 编 (New York: New American Library, 1952), pp. 106-107。

⑲ Adrienne Rich, *What Is Found There*: *Notebooks on Poetry and Politics* (New York: C. W. Norton, 1993), p. 13。

⑳ 整个段落如下: "While the conceptual framework was responsible, as far as our Western tradition is concerned, for removing the work of art from the space and time of our experience and locating it in an ideal space, thereby enabling the spectator to look at it coldly from a distance, in aesthetic perception the work of art remains alive; it calls out to be felt and touched, and each part of it is perceived as if it were for the moment all of the world, unique, desirable, perfect, not needing something other than itself in order to be itself. In this experience there is the warmth of closeness, not the coldness of distance." Herbert V. Guenther, *The Tantric View of Life*, p. 60, 以及 passim。

㉑ *The Visible and the Invisible*, pp. 248-249。

㉒ Karl Marx, *Theses on Feuerbach*, 开篇句, 见 Karl Marx and Frederick Engels, *The German Ideology* (New York: International Publishers, 1947), p. 197。

㉓ Robert Musil 在 *The Man without Qualities* (New York: Knopf, 1995), p. 479 引用。

㉔ 参看 Gail Weiss, *Body İmages: Embodiment as Intercorporeality* (London and New York: Routledge, 1999). "Tantric Buddhism is one tradition that honors gendered embodiment, where both male and female achieve ' liberation through ecstasy '." Miranda Shaw, *Passionate Enlightenment*, p. 183。佛徒男女双修中的男性和女性形式分别被看作嘛呢（maithuna）（如意宝）和吧咪（yabyum）（莲花）的形式。参看 p. 184。藏传佛教密宗还有独身（僧侣）和非独身派系的纷争。参看 p. 177。

㉕ 比较 Wolfgang Welsch: "I take this picture of the human as originally standing opposed to the world—man against the rest of the world—to be fundamentally misguided. Even cognition is misconstrued when it is omitted that all our cognitive and linguistic reference to objects thrives on a prelinguistic disclosure and acquaintance with things, one deriving from primordial world-connectedness, that for its part stems from our being evolutionary products of the same processes in which the things we have contact with came into being. Through cognition and language alone we would never get to objects. It's rather our primordial world-connectedness that allows for this." *Reflecting the Pacific*, *Contemporary Aesthetics*, I (2003), Sec. 5。和崇高相似。Welsch 写道: "We are led to experience our deep connectedness with the world—in a physical as well as an intellectual respect. According to Kant, the experience of the sublime takes us beyond the physical world; on my view experiencing the ocean and the coastal world connects us with the world." 同前, n. 11。

第七章　艺术直觉或者皮格马利翁再世①

本章不打算详尽地分析西方美学和东方美学的关系，本章的主题只抓住艺术的一个维度，也许，这个维度比其他维度更加横贯两种传统。实际上，可以说，直觉是远东许多艺术的典型特征，尤其表现在中国和日本的风景画以及俳句这种值得注意的诗歌形式中，我在下文将要对此进行讨论。

不过，有时候，同样的艺术特性在西方艺术中也表现得很清晰，例如19世纪晚期和20世纪早期的印象派和后印象派绘画（它本身受到东方艺术研究的影响），以及19世纪英格兰的浪漫主义诗歌。但是，最完整和一贯地表现直觉冲动的艺术则是音乐，无论在哪种文化传统中都是如此。然而，直觉美学能够对艺术作出普遍性的解释，而不只是针对某些形式和风格。既然只是在东方，艺术才似乎最公开地表现出这种特性，把直觉发展到如同西方艺术美学中的概念的地位，那么，我们就得承认，东方艺术传统对我们确实有所垂教。

作为身体化的模仿

艺术具有让人难以决断的模糊性。一方面，它是高级文化的缩影，另一方面，它又浸透了手工艺和实践生活中人工制作的影响。艺术宣称自己是独立的，超然世外，却又暗暗地与自身知识、人际关系以及人的存在的真实条件亲密接触。艺术承认没有可靠的边界，但是，它试图远离日常经验，却又常常折返回去，因此，哲学家们要对这些很难分类的经验作出解释十分不易。

最古老也最广泛流布的艺术本质观发现，艺术的过程与知识的过程存在着某种相似性，艺术家在事物的表象和活动中捕捉到事物的真相，而艺术感知者则获得对于个人经验的深入洞察。戏剧、小说和再现性绘画都很容易证实艺术的认知观念，这种观点在统治着美学史的模仿理论中得到了理论阐述，也在更加难以捉摸的艺术符号理论中得到了论述（例如卡西尔和朗格的著作所阐述的）。

在对关于艺术的哲学理解的追问中，为什么认知理论先期出现，而且长期得到大家尤其是那些缺乏良好素养的人们的广泛叫好，而一个世纪的批评只是为了揭示认知理论的混乱性与局限性？原因是多方面的，其中大部分是由于历史的缘故。不过，这些理论建立在由支持者炮制而受到贬损者攻击的过于简单化的认识论基础上，是否放弃这些理论应当谨慎从事。

但是，不一定非要采用经验的认知模式，才能使哲学家在艺术中发现知识的来源。通过艺术寻求理解，这可能是追随艺术与人类环境、经验及其对人类言说的能力的联系。在艺术触角所及的人们生活环境范围内，我们必须以某种形式认识和解释这些联系。[2]

所有的艺术都表现出某种独立性，凭借这种泰然自若的独立性，艺术在一个辉煌的绝世王国里恣意云游。艺术精心设计了自己的规则，远离那些由驯化想象的信仰和行为所构成的习俗成规。因此，"为艺术而艺术"表明了艺术活动富有创造力的独立性，艺术似乎可以自由地开发自己的素材资源。在巴洛克和古典音乐的形式的纯粹性中，在荷兰风格派与有着坚硬的边框的那些绘画的精确性中，在包豪斯功能主义的几何形状中，艺术的自我包含性都显而易见。

然而，事情并非到此为止。尽管艺术显然是自治的，可是，艺术又要跨出自己的领地，突破期望和成规的限制，越过已经设定的自我、社会和知识的边界，实际上，也越过艺术自身的边界。这里会涉及一些令人惊异的事情，因为，创造行为揭示了人类超越世俗的可能性，当我们参与到艺术之中时，我们将分享这种可能性。对于这种情况，我们应该作什么样的解释？在我们对艺术所作的说明中，存在着一种特殊的力量，忽视这种力量，就等于把诗歌改为直白的叙述，通过把诗歌透明化，使诗歌变得明白易懂。在这一过程中，我们怎样才能做到不否定这种奇怪的力量，而去理解这种力量？

艺术不是在认知理论中，不是在艺术自治的主张中，也不是在表达或者交际中最完整地揭秘自身的。在艺术和世界之间有一种奇异的交流，很可能是直觉的冲动而不是其他什么东西捕捉到了艺术运转的性质。让我们再回到最初的理论，我怀疑，艺术的世界和世界的艺术之间存在着令人迷惑的关联，这在许多当代艺术中一致成为统治性的主题，③其线索也许可以在模仿这种原始感知中找到。

从字面上看，模仿（imitation）并不表示复制或者相似的意思。它并不像通常所声称的那样，是一种表象的理论。**摹仿**（mimesis）的词源表明，这个词源于动词**摹拟**（mimesisthai），其本义既包括广义的用法，指行为像一个演员在摹拟表演，也包括狭义的模仿、描摹或者再现。④后来，在色诺芬、柏拉图和亚里士多德的时代，这个词表示艺术创作的意思。如果我们接受语文学所提出的这些看法，而不是把艺术解释为反映的话，就应该把艺术理解为身体化。我们不能把艺术对象当作一种替代品，不能让艺术与从外部对艺术的经验保持距离，我们要认识到，艺术与经验是连续的。

因此，这意味着，模仿的意义隐含在**摹仿**这个概念中，即艺术是经验中某些真实的东西富于技巧的身体化，是把经验的鲜活形式和性质呈现为现实，而不仅仅是用非实在的形式拷贝它们。于是，艺术可以被看作对经验的直接性的提炼、强化和聚焦，在平时，它们是不太为我们所注意的。直觉这个概念也许最清楚地捕捉到了作为身体化的**摹仿**的感知，通过对直觉的不同方面进行审视，我们将可以更加全面地认识到，艺术过程如何参与到经验的现实之中。下面，我们就从容地来探讨艺术经验的几个方面，让直觉为我们揭示艺术的秘密。⑤

直觉的各个方面

在追踪审美直觉的各个维度时，难免要证明主体的虚伪性。身体化理论的最大优点在于，它不承认孤立性，而大多数艺术理论却误入歧途，没有认识到这一点。通过这样那样的分解手法，艺术理论被从实践中抽离出来。一方面，艺术理论试图表明，艺术如何能够被融合进更清楚地理解的东西，例如语言、符号与情感，或者，某些貌似真实的东西，于是，通过把艺术简化为文化公分母，艺术理论否定了艺术的独特性。另一方面，时至今日，通过孤立艺术对象，通过赋予观众以非功利的静观态度，美学的主要成就仍然在于守护了一片自己的特殊领地。因此，在认知方面保持艺术的独特性，在审美方面保持艺术的独立性，通过玩弄这样的伎俩，学者和普通欣赏者都在努力驯服自己不可抑制的进取天性。

正如我们将要在此讨论的，直觉指示了一条走出经验计算的道路，因为，直觉向我们表明，艺术不可能被简化和分解的伎俩所征服。在某种意义上说，我们并不愿意冒险去犯一个同样的错误。在接下来要对直觉进行的评论中，直觉有许多用法，而在我们对艺术的完整经验中，直觉的许多方面可能是互相联系的，认识到这一点非常重要。直觉的某个方面并不一定排斥其他方面，每个方面都会使人看到审美经验这道景观的一个侧面。打一个妇孺皆知的比方吧，审美理论好像一张地图，由于地形的不断迁移，通过显著的差异抽象地再现了旅行经验区域的直接性和连续性。

直觉的某些特征弥漫在所有方面。有人为经验的强烈和清晰感到惊讶，为我们在艺术王国里所感知到的生动性感到惊讶。感知可能是微妙的，也可能是压抑的，但是，绝对不是迟钝的，除非这种力量本身就是迟钝，在这种情况下，它是一种生动的迟钝，一种强调与夸张的迟钝，例如，在贝克特的《等待戈多》中就出现了这样一种迟钝。审美直觉的另一个弥漫性特征是其令人惊讶的直接性和不可离间性。艺术极其富有感染力，它表现得非常直率，除非我们离它而去，否则，我们不可能作壁上观。艺术的冲力一旦被捕捉到，它就是直截了当的，极具穿透力的。艺术直觉还有另外一个普遍的方面，那就是它的内在感知特点，即仅仅由于对象自身固有性质的缘故，居留于一个对象的特性中。⑥艺术语义理论正是在这里走歪了道路，为艺术指派了一个媒介角色。在不损失任何感染力的情况下，艺术永远不可能被取代；它永远不是一种排外性的审美**途径**，尽管它可能是政治或者道德的途径。也许，在艺术的表面特性的言说中，我们最容易找到阐明这个层次的直觉的特征。当艺术被直接地呈现出来时，艺术展示自己的出场，这迫使在艺术的感知王国里出现直接的遭遇。任何形式的折扣都将构成逃避和借口。生动性、直接性和内在感知性，这三个特征经过审美直觉各个维度的过滤，成为把审美的经验模式统一起来的普遍特征。在不同的阶段和不同的表现中追踪艺术中的直觉冲动是可能的，这种探索将给那个正在进行探索的主体带来很大的启发。

感觉的直觉

我们首先要追踪的是感觉的直觉，在艺术中，感觉的直觉在感知特性和感知细节中的驻留。这种直觉是对艺术中出现的细微差别的觉察，但是，并不意味着外部联系或者意义。感觉的直觉引导眼睛、耳朵和手穿越感知经验的表层，这时的快感主要在于注意本身，而不是注意的方向或者内容。因此，普拉尔这样描写审美经验：它是"……直接通过感官……愉快地领会一个对象的经验。……这样的经验是……对我们直接领悟的世界的外观的经验。……（它）是审美领悟的特征，它所领悟的整个对象的外观完全出现在感觉的面前。我们在感知一个对象时，不会像直观对象的表象时感知到那么多。"⑦感觉的直觉是为意识划定边界的，它不是理性的敌人，而是理性的侦察员。感觉的直觉是理智的触角，它去感知理性必须抓住并且加以领悟的那些特性。在这里，感觉的直觉先于理解，但是，它并没有取代理解；它是理性的眼睛，没有它，理性如同瞎子。然而，感觉的直觉不是冲动的同义词。它不是鲁莽仓促的，而是自由开放的；不是急剧爆发的，而是敏锐细微的；不是蓄谋已久的，而是即刻当下的。

有些艺术主要在感觉直觉的范围内发挥作用。例如马列维奇的至上主义绘画，康定斯基的无对象作品，罗特科和奥利茨基的抽象表现主义，阿德·雷因哈特的彩色原野画，甚至特讷那些缭绕的光晕和云雾，莫奈那些熹微照拂的表面，这些作品都使得眼睛驻留于色彩的微妙差别中，驻留于波状和块状视觉空间的混杂缠绕中。德彪西和拉斐尔则以精微混成的柔软音质诱惑人们的耳朵，飞瀑的跌落、翻滚和流淌，几乎可以触摸得到，好像它们都沐浴在一种充满了温暖、光明或者温柔的气氛中。也许，甚至连罗伯-格利雷的新小说也追求这个范围内的感知意识，在作品中，方向似乎消失了，只剩下对没完没了的细节所作的短暂而漫无目标的观察。

形式的直觉

当直觉出现在"实存形式"的王国时，其表象大不相同。卡西尔写道，这种"现象的最短暂瞬间"的定影，"既不是对物理事物的模仿，也不仅仅是强烈感觉的洋溢。它是对现实的解读——不是通过概念，而是通过直觉，不是通过思想这个中介，而是通过感觉上的形式这个中介"[8]。由于在经验的纵向和横向维度穿越时间和空间，形式的直觉涉及对形式的动态方面的注意。时间和空间的销蚀笼罩在直接出场的东西的周围区域，我们的意识把它们拥入回忆与期盼之中。然而，这个区域并不是杂乱无章的，而在艺术中凝结着格式塔完形意识。形式的直觉包括柏格森所描述的持续的流淌、纯粹的移动、极度简单的自我运动和存续的期间，[9]但还不止于此。它和克罗齐所说的直觉更为相似，广泛而又完整，是一种总体的景象，而不是稍纵即逝的印象、感觉、情绪、冲动或者情感。它区别于那些"从感觉和经历而来的形式，区别于从感觉的流淌或者波动而来的形式，区别于从精神原因而来的形式；这种形式是一种占有（taking possession），是表现"[10]。因此，形式的直觉是一致的感觉，是结合了形状的意识，是连续和序列所必需的，是进递和消退所必需的。它是克罗齐所说的先于知性的准确觉察。它是完整性的直觉，统一性的直觉，有时候，还是必然性的直觉。

与感觉的直觉所展现出来的一样，形式的直觉也在一些艺术作品中占有支配性的地位。在最纯粹的形式中，线条的运动唤起物质感，围成封闭的空间，例如阿尔塔米拉岩洞的洞壁上所雕刻的野牛，中国艺术、高丽艺术和日本艺术中的水墨书画上的竹子，英格雷斯或者德加斯所画的虚弱的形象。作为图案的运动，形式的直觉出现在希腊神庙的中楣设计中，出现在罗马圣·彼得教堂前院的巨大柱廊的设计中，出现在现代建筑中的结构和图案等设计元素的重复中，出现在威尼斯圣·马克教堂的马赛克地板中，在那座城市中，许多建筑的正面都展示了东方地毯的奢华装饰图案。作为运动的图案，形式的直觉是巴赫赋格曲的持续生长，是戏剧情节的展开，是舞蹈中体态的连续流动。作为形状的连贯，形式的直觉是蒙德里安不稳定的平衡，是帕特农神庙外观的对称，是纽约曼哈顿街道的格栅，是巴黎和华盛顿所呈现出来的辐射状，是欧洲山村环绕在教堂周围的一簇簇房子。"艺术"通过多种面貌"……给出物的形式的直觉"。⑪

创作的直觉

创作的直觉经常和形式的直觉紧密地结合在一起。这不是玛丽泰恩所说的那种直觉，那种直觉是对出现在心灵无意识知识中的自我和事物的领悟。⑫关于那种直觉，我们以后将另辟名称讨论。在这里，我们所理解的创作的直觉是具有指导作用的，是艺术家对前进方向的感觉，在理性之前，艺术家就知道了什么是对的，能够发挥作用的，知道什么是不对的，不起作用的。这种直觉也很容易被冠以艺术家的直觉之名，事实上，它并不是艺术家独占的领地，我们都把它作为艺术展开的经验来分享。它是对摸索着前行的艺术创作过程的直觉。这种直觉接近于神的创造，这种直觉也揭示了，为什么艺术家常常被比作神，他们从虚无中创造出物质，从混乱中创造出秩序。艺术家也表演出创世行为，于无声处唤起声响，于无形无序中塑造出物质，通过词语和手势塑造出人类情境。在这里，艺术不是一个完成的对象，或者一个完善的过程，而只是通向存在，因为艺术家塑造了一条通道，欣赏者顺路走去，一路惊讶于个人的发现。这不是一幅整体的景象，而是景象的渐进累积，它是在艺术素材的作用下不断涌现出来的。⑬它更像柏格森所描述的那样，进

126

入了"持续期间的凝固形式"。⑭

在把创作过程描述出来的努力中,艺术家经常说着直觉的语言。因此,斯特拉文斯基声称:"所有的音乐都不过是一连串的冲动,它们向最终的休止之处聚集",⑮根据毕加索的观察,"一幅画不是事先思考和决定下来的,在创作的过程中,它追随着思想而运动。……"⑯物质自身的内聚现象和原动力状态具有一种魔力,这种奇异的东西在引导艺术家滑入相应的位置,对这些东西的意识往往主宰了创作的过程。

欣赏的直觉

欣赏的直觉是创作直觉的补充。实际上,萨穆尔·亚历山大和杜威等人都认为,它们是不可分离的,可以描述为艺术家和感知者两者的作用的相互联结。⑰欣赏的直觉,或者称作审美的直觉,反映出一个人出现了对艺术对象的意识。有时候,这种直觉被描述为移情,提倡这种观点,是对艺术的欣赏性参与的相同经验所作出的反应。感知者和对象都是分析的产物,在这两者被分裂开来之前,它们之间存在着亲密的联系,通过这种联系,我们才在经验中遭遇了对象。

欣赏的直觉出现在图像空间的开端处,这种直觉不是在绘画作品的表面出现的,而是从观看者的位置出现的。欣赏的直觉以我们沉浸入音乐的声音之中的方式发生,因为,音乐的不可捉摸性把它转变为某种环境艺术,在音乐的环抱中,我们开放自己的身体,接受音乐的影响。欣赏的直觉是建筑物和居住功能的统一,彼此相互作用,缺一不可。欣赏的直觉出现在电影的世界里,这时候,我们可能被深深地吸引,无法解脱,除非因为身体的剧痛,我们才会回过神来。这种直觉就是被艺术所"开启"(turned on),它是开放的前提,正是在这样的开放中,我们面对审美经验的特征时才显得如此难以自持。欣赏的直觉伴随着知识,那就是如何确定艺术及其对象中这样那样的姿态、态度和要素,正是这些东西使整个事物凝聚成为打动人心的"情节"(action),即画家们所称的一幅画的"亮点"（crying point）。

本体论的直觉

艺术中的直觉还有另外一个方面，我们可以称之为本体论的直觉。在这里，我们触及到了艺术最为深奥晦涩的方面，即艺术既能够拥抱这个世界，却又不至于丧失自我的那种特殊能力。正是在这里，我们也将开始回归那个明显的佯谬，我们从此开始追问——艺术的自由独立，却发现，它的出路又奇怪地回到了我们真实的经验中——在**摹仿**这个原始概念中所捕捉到的一种意识。正是基于这样的考虑，艺术才接近它意义的完满。因为，艺术不只是欣喜，不只是居留于此刻，不只是达至艺术自身之外的运动，甚至不只是对感知者和对象、人和世界的统一体的经验。在本体论的直觉中，我们回归了，再一次站在原先的地方，站在巫术和宗教仪式的王国，这个王国虽然神秘，却还不至于荒诞，在这里，物的意义（signification）不在于意义（meaning），而在于感知，不在于我们的知道，而在于我们与物的相遇。（"意义 signification"表示物对于人的价值和重要性，"意义 meaning"表示符号所负载的内容。——译者）

本体论的直觉所采取的一种形式存在于对诗歌艺术、造型艺术和一些普遍形式的普遍性的感知中。在这里，一个生动的符号（symbol）就是这种普遍性的身体化，这个符号不再是符号性的，而是一个记号（token），其中概括了这个类型的全部性质。这种记号所抓住的也许是对意义/意味的追求，即人们所声称的艺术的外部特征，也就是那些在各种特殊的表现中普遍存留的东西。它是丢勒祈祷的手，是伦勃朗的自画像，是一具纪念碑。那是"在一颗沙砾中看见世界，在一株野花中看见天堂"（布莱克语）。

也许，只有艺术才最完整地证明了亚里士多德的普遍理论。亚里士多德主张，通过对具体的个体世界的经验，我们才意识到了许多个体的共同特性。然而，这些普遍特性不能从个体中分离出来，不能独立地存在。[18]这使得亚里士多德认为，历史学家只是复述已经发生的事情，诗人才会涉及可能发生的事情的种类。由于这个原因，他坚持认为，诗歌比历史更加哲学化，因为诗歌想要表现普遍性的东西，而历史只是复述特殊的事情。[19]

亚里士多德抽象的诗歌观反映了统治西方美学史的唯理智论，这种态度我们不敢苟同。但是，他的论述同时也提出了一种深刻的洞见，即诗歌和戏剧能够达到必然的力量。因为，现实生活中的行动十分复杂，充满了偶然性和随机性，所以，通过超越可能性，通过超越人物可信的结局，诗歌必须选择最具有揭露性的线索；诗歌必须追求必然的结果。[20]因此，在戏剧、小说甚至电影中，我们比在生活中更加清楚地认识了自己与他人，这些艺术比活生生的生活本身更加真实。然而，我们之所以这样做，不仅因为事件似乎可能，或者因为它们可能已经发生过。在艺术的语境中，仅仅似乎可能永远都不会令人信服。事件必须揭示人的性格中某些典型的东西，通过那些典型的东西，艺术中的事件才能够把我们大家都包括进去。

与此相关，还有另外一种模式的本体论直觉，这种直觉从另外的方向追求相同的意识，那就是艺术作为存在的身体化这种观念。在尝试把这种观念明确地表达出来时，哲学家们备受指责，他们的表达即便不至于混乱错讹，至少也太过于晦涩朦胧。不过，尽管要把它明确地表达出来确实困难重重，这种感知却既十分重要，也十分必要。实际上，忽视这种感知，就等于放弃对艺术的历程作更加深入的探索，艺术的历史就像一幅锦绣，这样的努力就像那些极为重要的经线，有时候，它们隐隐约约地浮在表面，有时候，它们又深藏在横断的纹路之下，却总是提供使这幅盛装衣料连为一体的连续性。这正是玛丽泰恩所描述的，诗人的直觉就是抓住他自己和艺术作品中的事物之间的联系。[21]这也使得霍夫斯塔德以本体论的术语来描述艺术的心灵真相：

> 一件艺术品就是由碎片所组成的某个永远不可能完全清晰的清晰事物，但是，它躺在我们的存在（being）之基础上，并且要求说话。它只是走向它自己未来的真相的第一推动。每

当画家努力地把混乱的视觉现象整理成为一个必然的整体时，画家存在（being）的力量就浮现出来，他用视觉来表达，在一种视觉形式中表达，那种视觉形式把某些东西反映给他，而那些东西则获得了完满而必然的存现（existence）。[22]

因此，对于霍夫斯塔德来说，"美就是存在（being）之**真相**的显现"，[23]在直觉的形象中，对象和主体是一个联合体，而艺术所要做的事情就是把这个联合体表达出来。[24]海德格尔对这种审美本体论述得更加直接："在艺术作品中，是其所是的真理自行设置入作品"。[25]（"真理"，原文为 truth，表示"真理"、"真相"等含义，汉语中的"真相"表示事物的真实情况，"真理"则表示符合事物真相的认识，英语中用同一个词语表示。这里根据国内对海德格尔著作的翻译习惯，译为"真理"。——译者）作品不仅把物的普遍本质描绘出来；它还建立起一个**世界**。"作品耸然而立，敞开了一个世界，并且把这个世界保持在统治的地位。"[26]海德格尔把所有的艺术形态统称为广义的诗歌，而"诗歌是传奇，它敞开那些是其所是的东西"。[27]

形而上学的直觉

对艺术中的直觉进行过这些观察之后，我们终于来到了这一探索的最后阶段，即形而上学的直觉。在这里，我们可以从布希勒那里获得一些启发，他认识到，诗歌王国里的现实意味深长，他承认，实际上，它们一定以某种方式和人类生活其他方面的现实相关。[28]这种关系的性质既最使人迷惑不解，同时，又最令人兴趣盎然。

关于艺术是什么，一时难有定论，但是，我们至少可以说，艺术是启示。有时候，这好像是对知识的超越，就如桑塔耶纳所声称的："直觉……把知识升华为形象"，[29]帕克则主张，艺术的价值在于它能够移情地精通生活，并且把自己保持在想象中。[30]不过，这些观点都把知识置于艺术之前，把艺术看作对我们已经理解的东西的提炼。我倒是认为，情况正好相反，在认知过程的直觉之前，艺术的状态就是事物的状态；通过把对于现实的直接把握提供给我们，艺术在非判断的、前认知的、非语言（non-thetic）的王国里运行。[31]当然，还是艺术家们说得最直接，例如 D. H. 劳伦斯就争论说：“艺术的任务就是揭示，在生活的某个瞬间，人和围绕在他周围的万事万物之间的关系。……对于人来说，这种理想的关系……就是生活本身。”[32]剧作家奥谢·戴维斯对戏剧作过相似的评论，他认为，戏剧给我们提供“个人亲自经历过的对有关物、人或者情境的真相——对真相的‘感觉’——的直接理解”。[33]对此，我们将进行进一步的探讨。

直觉与现实

在那篇著名的论文《直接经验主义基本原理》中，约翰·杜威把经验这个概念拓展到远远超出通常的认知界限，他假设说：“事物就是它们被经验到的那个样子”。[34]因此，每种情况下所提出的特殊问题是，正在发生的是何种具体而确定的经验？接下来的问题则是，“我们也进行对比，但是，对比不是在**某个现实**和这个现实的各种近似值或者对这个现实所作的表面描绘之间进行，而是在不同经验的现实之间进行”。[35]近来，梅洛·庞蒂也提出了惊人地相似的观点。[36]

因此，我们可以说，形而上学所假定的那个唯一现实并不适用于审美的王国。在审美的王国里，有多少种经验，就有多少种现实。如果直接的经验才是第一位的，它就消除了所有的差异，正是凭借这些差异，我们才能判断经验是否恰当，即在认知、道德或者社会方面能够为人们所接受。当我们这样做的时候，我们必须把某些带有倾向性的差别搁置起来，它们会因为偏好某些经验模式而驱逐另外一些经验模式：认知的优先于情感的，脑力的优先于身体的，真实的优先于想象的，现实的优先于幻象的。毫无疑问，受到这样的歧视性对待之后，艺术就在理论的基础上被降低了地位，因此，当涉及形而上学的问题时，艺术几乎总是被归属入次级的范畴，这样就名正言顺地降低了艺术的地位。毕竟，谁又会跟幻想当真呢？

通过回到最原初的经验基础，我们得出了一个似乎与传统思想相抵触的结论，因为，我们的结论认为，艺术处于现实的最深根基处，而不仅仅是短暂开放的昙花，艺术居住于现实的本质之中，而不仅仅充当反映现实的镜子。因此，有人说，艺术家看待事物都像初次邂逅似的，于是，艺术家眼中的事物总是比其他人眼中的事物更加清楚，更加准确，更加生动，当然，也更加真实。在这种初次的邂逅之中，艺术回到了自己的原初基地，在历史中回到了原始时代，在感知中回到了最初的地方。那个关于皮格马利翁的迷人神话也许很好地讲述了对"艺术家的石头"的发现。炼金的术士们热衷于煅炼，他们想要炼铁成金，结果枉费心机；艺术家们也在探索，以便把那些毫无生气的东西变成生命本身，结果大获成功。

于是，在绕了一个大大的圈子之后，我们又回到了最先出发的地方，在此形而上学的直觉中，隐藏着**摹仿**的秘密。在艺术中，通过达到一种其真实性无需说明的经验，我们发现了一种意义深远的现实。正是在这里，经验的实际形式、性质和运动都呈现为真实的，在结晶为平常事物之前，它们就已经被捕捉到了，并且身体化为审美场，把艺术、艺术家、欣赏者连成一个经验的整体。由于艺术是被直接而不带任何判断地感知到的，它才在真实的王国里生息。在艺术的真实中，通过对各种艺术模式的直觉理解，我们才遭遇了人类世界的现实。

所有艺术都以某种形式唤起这个过程。在舞蹈的姿势中，在绘画的线条、色彩和质感中，在雕塑的体积中，在音乐充满活力的声音中，在戏剧的情节和活动中，人类现实都呈现出自己的实质和形态。不过，还是电影艺术最能够轻易地消除我们与艺术之间的隔膜，使我们完全彻底地参与到艺术的过程中。电影具有日常世界的所有感知维度，于是就为经验创造了极佳的条件。电影用时间和空间塑造一个现实，而且拼接得天衣无缝，以至于两者无法分离与区别开来。正因为这样，潘诺夫斯基才提出了电影中"空间的时态化"和"时间的空间化"，其中的每一个都是通过另一个的形态被塑造和感知的。㉗对此，我们还要补充一点，那就是电影通过运动所创造的意识，人正是通过这种意识才得以参与到电影的世界中。此外，通过视觉形象、声音和运动意识的感觉实现，通过情节和对话的戏剧性实现，在时间、空间和运动的"超越自然的审美"的这种现实的维度中，存在着感知经验的全部范围。于是，在电影中，我们作为一个静默的参加者，被轻而易举地拉进感觉的现实中。我们生活在电影的世界中，如果我们想要离开那个世界的话，就得毁掉那个感知的世界，把我们自己拽走。仅仅闭上眼睛、抱着脑袋或者走出电影院，那是不了了之，还不能真正地离开电影的世界。

由于形而上学的直觉成了现实的身体化，所以，它是我们在这里所回顾的直觉的所有阶段——感觉阶段、形式阶段、创造阶段、欣赏阶段、本体阶段——的焦点。事实上，也可以说，通过艺术奇异的现实出场，所有这些直觉模式都通向形而上学的直觉，并且与之联结在一起。在这里，艺术和生活互相结合，互相深入，以便世界给予艺术以素材和意义，而艺术反过来又留下其他经验，比之于原来的经验，这些经验更加纯粹，更加清澈，更加直接，更加强烈，因此，是一种更加无法逃离的现实。在这里发生着艺术的奇迹，艺术通过感知而不是通过行动来创造现实，通过自己的符咒而不是通过强力来改变这个世界。我们还能期望比这更高的自治吗？还能期望有什么东西可以发挥比这更大的影响吗？

注 释

① 改编自 *Art and Intuition*, *or Pygmalion Rediscovered*, 载 *Value and the Arts*, E. Laszlo 和 James B. Wilbur 编（Geneseo：State University College of Arts and Sciences, 1976），pp. 5-20，并且获准重印。

② 比较 A. Berleant, *The Aesthetic Field*（Springfield, IL：C. C. Thomas, 1970），第二章, *Surrogate Theories of Art*。

③ 比较 Göran Sörbom, *Mimesis and Art*, *Studies in the Origin and Early Development of an Aesthetic Vocabulary*（Upsala：Svenska Bokförlaget, 1966），以及前面第二章,《美学的历史》, n. 48。

④ G. Sörbom, *Mimesis and Art*, p. 37。

⑤ 第十三章探讨了摹仿（mimesis）的表演含义。

⑥ 比较第五章，《美学中的美感与色感》。

⑦ C. W. Prall, *Aesthetic Judgment*（New York：Crowell, 1929），pp. 19-20。

⑧ E. Cassirer, *Essay on Man*（New York：Doubleday, 1956），p. 188. 也参看 pp. 194, 198, 201, 204, 208, 213, 215。

⑨ H. Bergson, *An Introduction to Metaphysics*（Indianapolis and New York：Bobbs-Merrill, 1955），pp. 25, 27。

⑩ B. Croce, *Aesthetic as Science of Expression and General Linguistics*, D. Ainslie 译（New York：Noonday Press, 1953），p. 11。

⑪ E. Cassirer, 同 8, p. 184。

⑫ Jacques Maritain, *Creative Intuition in Art and Poetry*（Cleveland and New York：World, 1954），pp. 83-84。

⑬ 参看 Joyce Cary, *Art and Reality*（Cambridge：Harper University Press, 1958）。

⑭ H. Bergson, 同 9, p. 48。

⑮ I. Stravinsky, *The Poetics of Music*（New York：Vintage 1956），pp. 37-38。

⑯ Christian Zervos, *Conversation with Picasso*, 载 B. Ghiselin 编, *The Creative Process*（New York：Mentor, 1955），pp. 56-57。

⑰ 比较 *The Aesthetic Field*, 第三章，尤其是 pp. 50-64。

⑱ 参看 W. D. Ross, *Aristotle*（London：Methuen, 第五版, 1949），pp. 157-158。

⑲ Aristotle, *De Poetica*, 载 *The Basic Works of Aristotle*, R. Mckeon 编（New York：Random House, 1941），第九章。

⑳ 同上，第十五章。也比较 J. H. Randall, *Aristotle*（New York and London：Columbia, 1960），pp. 290-291。

㉑ 比较 Maritain, 同 12, p. 11。

㉒ Albert Hofstadter, *Truth and Art*（New York and London：Columbia, 1965），p. 180。

㉓ 同上，p. 169。

㉔ Albert Hofstadter, *Agony and Epitaph* （New York：Braziller, 1970），p. 107。

㉕ Martin Heidegger, *The Origin of Work of Art*，载 *Philosophies of Art and Beauty*，A. Hofstadter 和 R. Kuhns 编 （New York：Modern Library, 1964），p. 665。

㉖ 同上，p. 671。

㉗ 同上，p. 695。

㉘ Justus Buchler, *The Main of Light* （New York：Oxford, 1974），p. 159。

㉙ George Santayana, *The Realm of Spirit* （New York：Scribner's, 1940）。

㉚ D. H. Parker, *The Principles of Aesthetics*，第二版 （New York：Appleton-Century-Crofts, 1946），p. 42。

㉛ 比较 *The Aesthetic Field*，pp. 117-127, 151 ff.，以及以下第十二章，《言语的出场：文学表演美学》。对于这个问题，我在另外的著作中讨论过，见 *Art and Engagement* （Philadelphia：Temple University Press, 1991），第八章和第九章，以及 *The Experience and Judgment of Values*，载 *Journal of Value Inquiry*, I, 1 （Spring 1967），pp. 24-37，尤其是 pp. 29-32。

㉜ *Morality and the Novel*，载 *Phoenix*。

㉝ *New Theatre：Plays of Insight Are Needed to Make Stage Vital in Our Lives*，载 *The New York Times*，August 23, 1964，II, 1。也比较 *The Aesthetic Field*，pp. 114-117。

㉞ *The Influence of Darwin on Philosophy* （New York：Holt, 1910），p. 227。

㉟ 同上，p. 228。

㊱ M. Merleau-Ponty, *The Phenomenology of Perception* （London：Routledge & Kegan Paul, 1962），pp. 294-298。

㊲ Erwin Panofsky, *Style and Medium in the Motion Picture*，载 *Critique*, I, No. 3, 1947。

第八章 无对象艺术[①]

绘画何以成为艺术

近来，曾经是本体论、经验论和审美的一个谜，又重新吸引了一些艺术哲学家的注意力，这个谜的破解似乎是学科的核心问题。因为，如果不是首先认识、定位并且确定我们正在谈论的是什么，我们又怎么能够讨论有关艺术的事情呢？为了讨论艺术，我们必须首先定义艺术；为了定义艺术，我们必须定位艺术；为了定位艺术，我们必须从一开始就认识到那些标志着审美出场的经验的特性。虽然在一起讨论艺术的时候，我们知道自己所指的是什么，或者说，知道自己所指的是什么意思，但是，一旦我们想要长时间地把艺术抓在手中，以便我们的注意力能够集中于它们时，这个谜的各个部分却一下子逃之夭夭了。艺术就跟万花筒似的，不断地变换着花样，一个比一个奇妙，其中没有任何恒定不变的东西，没有任何坚如磐石的东西，最后，弄得我们不知所以。

的确，对这个未知的王国进行过令人印象深刻的探索的，要数理查德·沃尔海姆的《艺术及其对象》了。[②]他运用令人肃然起敬的精明手段，通过大量方式追踪着艺术对象，这儿瞧瞧，那儿摸摸，面面俱到地加以解释，到头来，对象却还是从他的手指之间溜之大吉了。不过，他对目标持之以恒，也许，狭路逼近的方式稍胜一筹，于是，他后来就写作了《作为艺术的绘画》。[③]在这里，沃尔海姆感到迷惑的是，为什么绘画是艺术。他问道，什么东西使得绘画成为一门艺术？[④]对于这个问题，今天普遍给出的两种答案分别反映了唯心论的观点和制度论的观点。[⑤]制度论的观点所给出的答案是把艺术规定为社会成规，即由那些代表艺术世界的人物来决定，在什么时候，哪些实践应该被称作艺术。根据唯心论的观点，决定这个问题的是艺术家创作一幅画时的真实心灵，正是艺术家的心灵使得他的活动成为艺术。⑥沃尔海姆随即表明，这两种答案都不能让人满意。前一个答案之所以不能让人满意，是因为它要么是武断的，要么是不完善的。⑦说它不完善，是因为它没有提供理由，为什么艺术世界的代表们能在某个时候决定某项活动就是艺术。如果说不需要提供理由，那么，这个答案当然就很武断了。⑧唯心论的答案也好不到哪里去，因为，它诉诸于艺术家的心理，这只是告诉了我们绘画创作的动机，却没有告诉我们公众如何对待绘画的实际情况。⑨这两种观点都有局限性，都没有求助于一幅画究竟像什么。绘画自身变得毫不相干，要紧的不是社会权威的规定，就是艺术家的意志。⑩

这就是沃尔海姆的学术景象，其能言善辩可窥一斑。在目前的艺术哲学中，两种观点都有些市场，而两者都不能令人信服。那么，他自己又用什么东西来取而代之呢？沃尔海姆谨慎地给出答案的一部分，他说，这么大的问题，不可能允许只作简单的回答，任何单个的东西都不足以使绘画成为艺术。⑪不过，这个答案要应用起来，范围却十分广泛，因为他相信，绘画是一种具有代表性的艺术，有关绘画的论述能够具有更加普遍的应用。⑫因此，他之所以把范围缩小，不过是为了使答案更加清楚明白而已。

沃尔海姆的答案："适合"

那么，沃尔海姆对这个问题的回答是什么呢？他又有些什么新的见解要发表呢？他的看法是，艺术家要求绘画蕴含意义。⑬绘画以一种或者两种方式蕴含意义，它要么能够断言一些事物究竟像什么，要么能够表现一种心情或者感觉。因此，绘画要么揭示出外在的世界，要么揭示出内心的世界，或者，把两个世界都揭示出来。而且，这不是什么艺术家的目标之类事情，绘画实际上就是这样。⑭然而，绘画意味着什么，这个问题和简单的宣判不同，它不是通过求助一套意义规则或者一系列为真的前提来决定的；它倒是"恰如其分与适合的事情"。⑮实际上，"适合"（fit）被用来承担了论证沃尔海姆的论点的重任。

"适合"说明了是什么东西在指引着艺术家，也解释了观众如何能够对一幅画产生反应。⑯它因为历史时期和环境而不同，解释了风格的演变，认识到了文化对绘画的影响，也允许它们被超越。实际上，"适合"能够非常有效地对绘画艺术的文化演变维度作出反应，以至于沃尔海姆接着说，在对"适合"进行过再三的思考之后，他已经让我们看到了解决这个艺术问题的曙光。⑰那么，什么是"适合"呢？

在那篇论文中，沃尔海姆表现得非常善于思考，不过，他却鲜有论及，那种难以捉摸的特性究竟是什么。那似乎是一幅画对于所断言和表现的东西来说的恰如其分，是艺术家和观众以不同的方式所通达的某种东西。然而，感知和反应之间的这种联系并非仅仅限于艺术。事实上，艺术取决于更加广泛的关系，在这种关系中，我们可以看到自然客体——他的例子是云朵和动物——或者客体的外形和感觉之间的相似性和联系，这种关系有时候被其他人称作第三级属性。

这属于何种问题？

沃尔海姆清楚地论述了大多数人所乐意接受的东西。无疑，从某种意义上来说，绘画对于与它有关的东西来说，确实是恰如其分或者适合的。然而，我有意避免像沃尔海姆所经常做的那样把"适合"当作实体词，因为那会诱惑我们，使我们轻易地认为自己已经发现绘画是某些物，而真正的问题却是，当绘画成为艺术的时候，它如何**发挥作用**——它干什么，而非**是**什么。这远远不只是一个语法问题，因为，它使我到达了我所认为的这个议题的主要困难之处。我采取的是马尔文·法布尔所谓"方法基因问题"的形式，即问题源于一个人所采取的方法，而非源于主题事物自身。⑱

想一想这个问题是怎样提出来的。沃尔海姆提出，通过阐明艺术家要求绘画负载要么是断言性的要么是表现性的意义，可以回答绘画何以成为艺术这个问题，于是，问题就在于绘画与意义的调和，人们期待"适合"能够完成这个任务。我要说的是，他从未引述过任何艺术家对作品提出这种要求的原话，我也想不起有什么特殊的情形要求这样，尽管我们无疑可以引证这样的例子。（人们发现，在艺术家的艺术历程中，他们几乎声称人们所希望的任何东西，有时候，就是同一个艺术家也这样，例如毕加索。）艺术家们不在乎表达的准确与否，那是哲学家们的事情，对于艺术家来说，再平常不过的是，作品要有意义，他们往往通过这种意义来告诉我们，艺术很重要，承载着人类所关切的某些重要的东西。

不过，这其实只是个枝节问题，仅仅对沃尔海姆的论点的真实性有影响，对其逻辑性还没有影响，因为，画作和意义的调和是哲学家的问题，而不是艺术家的问题。因此，"适合"所提供的"解决"办法就是把画作和意义带到一块儿。在提出是什么东西使得绘画成为艺术这个问题的时候，作品同"意义"已经被分离开来了，然后，通过引入"适合"这个概念来解决问题，作品与"意义"又被联系起来了。这个程序的困难不仅在于方法论方面，尽管方法确实十分关键。当艺术家被描述为仅仅为了已经成竹在胸的某种意义或者"适合"这些意义而创作作品时，当意义似乎是先于作品而独立存在的时候，其中也出现了本体论的问题。而且，当"适合"出现在艺术之中的时候，究竟是什么东西确定其独特的特征，关于这一点，沃尔海姆仅仅能够说，这种特征不是肤浅的描述所能够讲清楚的，又因为它与艺术有关，所以也不是概念分析的事情，最后，他承认，连他自己也搞不清楚是怎么回事儿。[19]

这样看来，沃尔海姆教授擅长于提出连他自己也无法回答的难题。为了避免显得太不客气，我得赶紧加上一句，沃尔海姆所师从的都是最著名的前辈，例如苏格拉底，这位哲学家所提出的问题引起了广泛的兴趣，拉开了整个西方哲学史的序幕。针对这些问题，柏拉图和亚里士多德提出了许多精明的解决办法，后来者无人能及。自从艺术是什么这个问题被提出来以后，哲学史的大部分时间都在解决这个纠纷，由于前提越来越少，所以，歧见越来越多。和苏格拉底一样，沃尔海姆的某些困难可能源于问题的结构及其所拽往的方向。沃尔海姆建议用"适合"来表示画作对意义的适切性，我尝试从这里出发，对沃尔海姆的"适合"概念作些思考，然后指出艺术的这桩官司究竟是怎么回事。显然，"适合"是一种解决办法，不过，我相信，这种办法只能解决沃尔海姆的问题，而不能解决绘画的问题。考虑到这个概念可能进一步帮助我们远离哲学家们的问题，而走向艺术现象，我把这个概念称作具有启发性的建议。

对于画作究竟如何同意义联系起来这个问题，沃尔海姆那个答案的关键在于适切或者适合，而认识"适合"的能力则依赖于感知心理的更广泛基础。可以肯定的是，有些艺术"适合"我们所作的探讨，在对这些艺术的感知经验中，发生了某种同化。在这里，沃尔海姆重蹈了传统的覆辙，因为，在美学史的大部分历史中，我们的传统已经为美学设定了唯理性主义的前提。毕竟，在尼采和叔本华之前，又有谁怀疑过艺术要担当认识的义务呢？自从他们以来，又有多少人附和过呢？不过，人们可以说，"适合"不只是某种抽象与认知的东西，也不只是意义和画作的调停人。难道艺术审美的"适合"不也是别的东西吗？积极的艺术接受经验不也在试图调停想象和人类吗？"适合"不也在试图证实人的意义究竟是怎样和艺术对象连接到一起的吗？人们可以支持沃尔海姆对于制度论者和唯心论者的批评，他们的观点模棱两可，并不要求我们说艺术像什么。[20]然而，有必要让绘画去充当某种独立意义的奴婢吗？实际上，难道我们不应该看到他的"适合"概念之外去？连他自己也承认，正如在艺术之内一样，在艺术之外，这个概念也很容易被不恰当地使用。

这样看来，绘画对其意义的适切与"适合"，和最早也最经久的艺术解释即摹仿（mimesis）或者模仿（imitation）理论所抓住的洞见存在着某些相似性。"适合"充其量只能被看作摹仿的普遍化形式；不客气地说，它甚至可以被看作摹仿理论的简缩版。在两千年来的历史中，哲学家们对待模仿理论的态度总是在两个极端之间大幅度地摇摆。不过，这一理论仍然可以被看作美学的中心线索，在《艺术理论》中，弗朗西斯·斯帕修令人信服地证明了这一洞见的经典性。

我们不知道要怎样才能让人相信，**摹仿**抓住了艺术的本质，而没有沦落为简单的拙劣模仿或者表面的相似，艺术很少是这样的。我想，也许有人会说，在艺术活动的世界和更大的人类世界之间存在着基本的联系，后一个世界存在着人的所有意义（meaning），也存在着人的所有意义（significant），所有的感知、意识和知识，一句话，人所拥有的全部。不过，现在的问题恰好是这种联系的性质，大多数艺术解释基本上都走着与沃尔海姆相似的路子，即首先设立两个术语，然后再尝试把它们调和起来，再现与对象，艺术与情绪，创作意图与艺术生产，意味与情感，符号与感觉，诸如此类，不一而足。我的建议是不要把两个不匹配的部分撮合到一起。我认为，我们不如把艺术看作一个原始的整体，免得再要求把分离的部分不稳定地连接起来。这样的整体是后来分裂和分离的原始存在（being）的条件。这个条件可以称作身体化。

在这里，身体化不能被理解为使之成为身体的，因为这显然不可能是艺术以及对艺术的强烈觉察的条件，这种觉察抓住了最完善状态下的人的感知和意识。我的意思是，身体化就是统一的有机体，这是人的整体性的条件，是存在（being）的条件。有了这个条件，我们才把意识从身体中分离出来，把思想从感觉中分离出来，把人从世界中分离出来。

这又有点斯宾诺莎的味道了，这位 17 世纪的首位现代思想家，是本体论者及其反对派之间的和事佬。他向人们表明，思想的各个领域如何确实归属于同一现实，但是，却不同地归属于这一现实。在这里，我们并不打算考虑本体问题，然而，我们至少可以认为，艺术的整体基于**经验**的整体，是一种参与状态，是一种有多方参加的连续活动，艺术对象和审美感知者都介入其中。因此，艺术中的身体化承认，对象、表演、活动、事件、感知和意义是一个统一的连续整体。

作为身体化的艺术

这种观点听起来有点儿抽象，而我曾经公开宣称理论不能太抽象，因此，让我回过头来，再说明一下，艺术事件中的参加者整体究竟是什么。请注意，大多数美学著作都暗暗地假设了艺术对象或者艺术作品，与他们的路子相反，我没有提到艺术对象或者艺术作品，因为，艺术中没有分离或者自足的对象。尽管我也相信，身体化可以表示绘画之外的其他艺术形式，但是，由于这里所讨论的焦点是关于绘画的，我还是在细节方面进行必要的修正，采用那些来自绘画艺术的例证。

参与者的影响力在各种绘画艺术的实例中发挥着作用。我们被以对象为中心的审美所主宰，不太可能允许这种影响力的存在，甚至都认识不到这种力量了。然而，20世纪的许多艺术已经公开反对以对象为中心的静观式审美，这个期间的作品对审美参与进行了最清楚的阐释。达达、表现主义、超现实主义、观念艺术和偶发艺术都能够给审美参与提供说明的例证，不过，也许没有哪种艺术中的参与能够像光效艺术中的参与那样不可避免和令人吃惊了。布里奇·莱利和维克多·瓦萨里等画家的手法十分精明，向我们展示了眼睛如何被迫参与到视觉图案中，以至于表象的现实主宰了感知场。莱利的《湍流》(1964) 在白底上描画了一组黑色的弯曲竖线图案，这些图案把画面的平滑表面变成了由起伏绵延的洼地、高岗、山脊和凹槽所组成的地貌。瓦萨里的《利斯爵士》(1952—1962) 在白底上描画了一条窄窄的黑色横向色带，但是，色带如此精巧地卷曲着，以至于我们竟然看到了两条凸状带，一条位于另一条的上面。这还不只是简单地从画面隆起，因为，它一部分向上凸起，另一部分则向下凸出。尽管我们知道这个表面是水平的，却怎么也无法觉得它是水平的。在杜尚著名的作品《泉》中，我们发现了同样的参与现象，就像近来的每个美学家一样，沃尔海姆曾经引证过这件作品。离开了人的贡献，这件作品就什么都不是了，尽管它所要求的审美参与无疑不同于实践的参与。认出以后的震惊和尴尬不是认知事件；它是对强化了的身体-感知意识的参与。所有这些例证都不是把艺术对象和意义撮合起来。它们是感知者和艺术对象作为整体在原初的经验活动中的出场。

这种现象不限于本世纪的绘画，对艺术如何运作的意识改变了，会使过去的艺术经验获得新的生命力。例如，众所周知，肖像画的范围包括从大致的相似到直接的遭遇。在最好的肖像画作品中，后者具有参与的意识，观看这样一幅有感染力的作品，不是非个人性的观察，而是进行人与人之间的交流，我们能够在任何时代的伟大作品中获得这种真切的意识联系。在这方面，伦勃朗堪称大师，尽管他不可能是唯一的大师，但他至今未被超越，他有很多画作值得引用。在他的《年轻男子的肖像》中，我们面对的是一个从未见过的人，他随意地倚靠在他所坐的椅子的扶手上。那是一幅很容易被轻视和遗忘的面容，直到我们认识到，那个貌不惊人的家伙正在冷漠而直勾勾地看着我们，就像我们看着他一样。直视他的眼睛会引起一种人际联系，好像我们在前后左右地移动似的，这与莫迪格里阿尼裸体的眼睛不一样，那样的眼睛把它们的主体从非个人化的色情对象转变为面对着开放性与直接性的独特人类个体。伦勃朗后来的自画像也没有消除年轻男子的敌意，不过，只有当我们参与到我们面前的那个人之中，他们的力量才会以相同的方式出现。在他的《六十三岁自画像》中，我们所遭遇的是那个人的内质，不是他的外表，而是他的个人气质。观看那样的一幅画，不只是人与人的相遇，而是在心灵中与充满痛苦的深层人类生活的丰富性发生联系。

不过，要说绘画能够从非功利性沉思的对象改变为分享的事件，其中最特殊的情形应当发生在风景画这个类型中。在这里，向作品画面的靠近确实决定了我们的经验。普通的看法是，风景画就是对令人愉快的乡村景致的描画，或者，正如权威词典所解释的一样，是眼睛从单一的视角所看到的辽阔自然景色。和普通的窗户一样，这些画的画框加强了作品的独立性。通过窗户来观看这样的景致，似乎会增加感知的旁观模式及其所鼓励的孤立性。这种艺术怎么能够证明审美具有参与性呢？

　　答案在于，应该明白而直接地把审美距离替换为相反的靠近。不是保持一定的距离，站在远处思量作为一个整体的那幅画，而是必须作为画面空间里的一个参与者来观看作品。这通常意味着，观看者应该走近画作，以便画面的空间不仅从画面前进到观看者的跟前，也向外运动，包裹观看者。这样，观看者就走进了画面中的空间，在感知中变成了画中的主动参与者。雅各布·凡·路易斯达尔的《麦田》描画了一幅这样的景致，在画面中央的前景处，有一条道路穿过田野，向前延伸到远处地平线上的树林中。很明显，这幅画尽管平淡无奇，却无疑是一道令人愉快的风景。然而，如果我们朝着画面前进，近到我们不再能够把它作为一个整体来观看时，道路就在我们的脚下展开了，我们就会加入到中景处的人物中，走向迎上前来的女人和孩子们，我们还会把树林里隐隐约约的农舍和庭院当作自己的目的地。在我们的想象中，画布旁边随意地勾勒的田野在我们的周围延伸开去，而云朵也在我们的头顶弥漫开来，这一切都非常切合这样的景致。克罗特的《德阿弗雷小镇》(1867—1970) 则描绘了另一种景观。画面的前景处有一道河岸，近岸处有一小丛树木，附近安排了两个人。中景处的河对岸矗立着一些房子，房子下的河岸边站着几个人。这幅风景十分平静，但是，当我们走近画面的时候，风景就表现出活力和深度，因为那样一来，我们就似乎加入到了树边的人群中，通过他们，我们看到了对岸的开阔。于是，我们走进了风景的宁静之中。

　　现在，这里的各种情形不只是作为范例，对我所提倡的感知者和对象的统一进行说明。这些范例纵然从来没有提供证词，人们却可以称之为"经验的证明"。因为，不是例证使得情形如此，而是例证所例示的经验的种类使得情况如此。在近来的美学中，出现了大量关于艺术的无用争论，留给我们的不过是一些含糊不清、混乱不堪、恣意妄言的东西，什么艺术的定义，艺术与非艺术之间的区别等等。这些争论并不能够拓展我们的思想和眼界，使之足够把技巧、风格、材料与观念方面的创新纳入其中，却无须放弃我们过去所认为的艺术所是的一切。沃尔海姆说得很对，肤浅的描述不足以揭示审美的实质，我也要坚持一点，现象学的描述不是对艺术对象所作的描述，而是对艺术在经验的整体中如何发挥作用所作的描述。我并非仅仅毫无根据地声明，在艺术塑造人的感知、情感和认知能力的方式中，存在着某些独特的东西，[20]那样的声明不过是强为之词，妄想通过假设艺术对象具有独特的特征而乞求问题得到解决。我认为，在感知、肉体和意识的各个维度，我们都对绘画进行分享式的参与。把这种参与的全部范围都纳入其中的现象学描述，将会既照亮绘画艺术的王国，也有助于解释这个王国，实际上，也包括其他艺术王国。

无对象艺术

如果我关于审美分享之所论正确，那么，我们就面临着非同寻常的哲学问题了。我们不从无法解决的困难开始，不去定位和确认一个逃之夭夭因而不可捉摸的艺术对象。我们能够认识到，在艺术中不存在自足的对象。无论是一幅画，还是其他什么艺术对象，都不过是一种途径，一个器具，不，更准确地说，是一场审美经验的聚会。然而，它不会唯心化，不会成为米尔的"感觉的永恒可能性"之一。在标志着审美的分享式参与中，它作为出场因素之一发挥积极的作用，以这种方式发挥作用的任何对象都是艺术或者准艺术，在非先验的感知整体中加入到对象和感知者的任何经验都是审美经验。因此，审美所信奉的，是生动的行动，而不是僵死的词语。

注　释

① 改编自 *Art without Object*，载 *Creation and Interpretation*，R. Stern，P. Rodman 和 J. Cobitz 编（New York：Haven，1985），pp. 63-72。

② Richard Wollheim，*Art and Its Objects：An Introduction to Aesthetics*（New York：Harper & Row，1968，第二版 1992）。

③ 本文所有参考文献的注释章节数来自于 Richard Wollheim 未经发表的论文，*Painting as an Art*，后来扩充成为 *Painting as an Art*

（A. W. Mellon Lectures in the Fine Arts, Bollingen Series 35：33, 1984）。

④ 同上，sect. 2。

⑤ 同上，sect. 3。

⑥ 同上，sect. 4。

⑦ 同上，sect. 5。

⑧ 同上，sect. 6。

⑨ 同上，sect. 7。

⑩ 同上，sect. 8。

⑪ 同上，sect. 9。

⑫ 同上，sect. 8。

⑬ 同上，sect. 10。

⑭ 同上，sect. 10。

⑮ 同上，sect. 10。

⑯ 同上，sect. 11。

⑰ 同上，sect. 9, 17。

⑱ Farber 区分方法的问题与经验的问题。方法的问题源于所运用的方法，经验的问题则源于经验。参看 Marvin Farber, *Basic Issues of Philosophy*（New York：Harper & Row, 1968），pp. 83-84。

⑲ 同上，sect. 18。

⑳ 同上，sect. 8。

㉑ 同上，sect. 18。

第九章　看不见的艺术[①]

经过一个世纪的试验与反叛之后，视觉艺术似乎已经耗尽了感知世界的可能性。在一系列针对傲慢的学院派及其支持者的抗议运动中，由塞尚、莫纳、高更和凡·高所领导的艺术家进行了几场印象主义和立体主义的战役，他们的继承人则一直将战斗进行到20世纪最后的30多年，艺术不仅改变了视觉的王国，也超越了视觉的王国。我们从那个由艺术视觉的感觉力所揭秘的世界出发，到达了艺术史上的一个重要时刻，此时，我们既不需要视觉，也不想要视觉。一方面，传统的典范被抛弃了，以至于当我们走进展览馆时，我们都不知道，会碰到什么，不会碰到什么，因为，这时的展览馆里既没有对象、材料与形式，也不再有能够预料得到的形象。另一方面，我们大概被剥夺了任何能够认出的艺术作品，被要求转而去思索观念、提议、过程与事件，或者，干脆走出展览馆，走到熙熙攘攘的街头去参与审美。这样一来，一些敏感的人便愤怒得发抖了，一些富有洞察力的批评也接踵而来，哈洛德·罗森伯格就哀叹道："后艺术的艺术家们对艺术边界的突破达到如此地步，在这里，除了艺术家们的杜撰之外，不再剩下任何艺术的东西了。"[②]

保守地说，这也给美学提出了一个问题。几乎所有的艺术理论著作家都继续停留在对18世纪判断的偏爱之中，他们很少接受近来的观念，我们已经看到，这些著作如何把艺术对象和欣赏经验归入某个模式之中，而那些模式却无法领会与阐释今天的艺术。[③]仅仅奚落和取缔艺术中的破坏性发展是远远不够的，因为，那仅仅是逃避问题而已。让我们转而更严肃地思索它们，洞悉它们的起源，理解它们的冲动，把它们置于能够容纳这样一种艺术之外的艺术的语境中，把它们置于赋予它们合法性和合理性的历史之中。

为了这样做，我们就得实现从对象的历史到意识的历史的转变，因为，就像下面的讨论即将谈到的一样，在艺术中，是感知的演变具有潜在的连续性，而不是物的演变。在意识的历史中，我们可以看到三个阶段，当然，正如所有诸如此类的事情一样，这三个阶段彼此重叠，互相交叉。第一阶段在于拓展艺术对象，第二阶段在于强化欣赏经验，第三阶段在于把艺术扩大到包括整个环境。下面，我首先将从必然性而非选择性着手，勾勒出这段历史的轮廓，然后，我将简要地指出，我们是在什么条件下发现自己处于审美演变的当前状态的。

艺术对象的拓展

艺术家都是些天生的造反派，有的只是想想而已，典型的则付诸行动。当然，这在上一个世纪里表现得最为明显，尤其是明明白白地通过对艺术边界无法抑制的冲击表现出来。对艺术对象的拓展是以多种方式进行的。有些是材料选择的结果，有些是新技术应用的结果，还有一些则是与文化环境的关系发生改变的结果。

在对艺术对象所进行的拓展中，最明显的方面来自于工业材料、工业技术和工业产品对传统艺术对象所产生的各种各样的影响。丙烯酸画已经部分地取代了油画，钢材和铝材已经被用于代替石材和铜材，各种塑胶已经取代了木材和粘土，电子生成的音响已经排挤掉震动的琴弦、芦笙或者乐管所发出的音响。现代石化和工业材料为艺术家提供了灵活的选择，降低了他们的预算。

技术方面同样如此。工业上应用的喷沫枪侵入了画家的创作室，电焊枪握到了雕塑家的手上，电子合成器开始代替作曲家谱曲时所使用的钢琴。艺术家们不再使用稀有、珍贵和奇异的材料，而用我们周围那些普通与熟悉的材料去代替。用报纸和布料做成的抽象拼贴画、用日用品装配而成的作品以及捡来的玩意儿经常出现在展览馆和博物馆里。艺术家们放弃了那些需要经过长期艰苦训练才能获得的技能，转而采用简单的办法，使用在工业社会中唾手可得的基本工具和技术。作为选择之一，艺术家们使用工业工艺来表达他们的观念，他们引入日常生活中的偶然因素来代替大师们十分精确的控制和判断。变幻图像、模块雕塑、可变位置和组合同工业化的规整性、多样性和可替换性一道取代了传统艺术中的永久性对象。艺术品不再被收藏于一些保护性的地方，例如教堂和博物馆，而大量地出现在我们的周围。所有那些尊崇宗教、浪漫和道德戒律以及理想的成规都被打破，艺术的范围和领地被拓宽到各个方面。④

这样的事例随处可见，不胜枚举。在美学的这些发展中，其中特别重要的是艺术对象在现代文化中的地位的变化。当艺术的边界不再固定时，当欣赏的态度不再独特时，当艺术对象完全无拘无束时，艺术这个范畴得到如此大的扩张，以至于任何东西都有可能成为艺术。让我们更仔细地看看视觉艺术的发展，跟任何其他艺术一样，它能够很好地证明这个过程。

在 20 世纪二三十年代，很多因素导致了著名的达达运动的产生。达达运动的出现是对资产阶级理性主义的野蛮本质所进行的攻击，他们企图为第一次世界大战的屠杀和毁灭进行辩护。不过，就像让·阿尔普所说的那样，这场运动的目的不仅仅是为了"毁灭理性的愚弄而发现非理性的秩序"。⑤无疑，其中存在着一些即兴的因素，尤其是在"无缘无故的行动"中，在后来的存在主义文学的往事追忆中，这些因素对理性秩序偶然的连续性进行了致命的破坏，而且，这些即兴因素更多地通过艺术创作活动表现出来，而不是通过由此创作出来的艺术作品本身表现出来。尽管达达艺术公开地宣称自己的反理性主义态度，却自始至终充斥着作为现代理性最早产物的机器。

机器至少以三种面貌出现。首先，它作为唤起的意象出现，这不是在雷捷的几何学形式中出现，而是在杜尚、比卡比亚、恩斯特和施韦特茨以及其他人象征性的形象中出现。在这些人的作品中，我们看见了管子、轮子、连杆、齿轮以及其他形状，这些图形本来是用于设计机器的，现在却被布置到作品中，被赋予了相关的意义与经验，不过，从作品本身是看不出这些意义的。这样的作品有《新娘被一群单身汉脱光了》（杜尚）、《我又在回忆中见到了亲爱的水中女神》(比卡比亚)和《再见,我美丽的玛丽·劳伦忻田园》(恩斯特),这些作品对机械化的人类世界进行了讽刺。

其次,机器还被用来构成实际的艺术作品,如杜尚的《旋转的玻璃盘》和《转盘》(光盘),很久以后,这种倾向在廷圭利自我创造和毁灭的机器那里达到了极端,例如《向纽约致敬》。最后,机器作为产品出现在达达艺术中,例如杜尚那些臭名远扬的现成物,曼·雷曾经在自己的现成物声援作品中加以仿效,甚至贾克梅蒂也短暂地加入其中。这些作品都把艺术推向普通对象的王国,杜尚的《泉》和一个普通的小便池没有任何区别,他的《自行车轮》则可以从任何一家自行车商店搞到。只有标签和地点把它们作为艺术与日常世界的副本区别开来。这些作品即使不见了或者被毁坏了,人们也不会觉得太失落,因为,他们很容易再搞来一个。并且,它们只有通过被描述才可能会更加令人满意。这些事实说明,它们的影响源于它们被怎样理解,而不是被怎样观看。

达达所做的,是把艺术对象的范围延伸到工业主义的符号,即机器,⑥而近来的波普艺术则有过之而无不及,它把我们消费文化中的形象和对象也纳入艺术对象的范围之内。利奇坦斯坦的喜剧书本形象,奥尔登伯格放大了的塑胶热狗和风扇,戴恩的工具和布料,瓦尔霍尔以多种形式重复的媒介形象,这些都把艺术直接推入商业世界,使传统的支持者陷入了狂怒的混乱中。而到更近的时期,照相现实主义已经有意放弃任何绘画的风格,偏爱以假乱真的朴素再现。

实际上,在近来的历史中,艺术几乎在每一个重要阶段都要突破至边界之外,无数的方式能够证明这种突破。当然,这丝毫不能说明这些运动的艺术质量和审美力度,但是,我们必须知道,这些问题有别于我们在这里所关心的感知意识的演变。尽管有些批评家对先锋派提出过许多声明和抗议,但是,他们的艺术风格理论从来不能证明作品是不是获得了成功。因为,如果不这样,就会把作品的创作公式化。人们不能从作品的风格推论作品的质量,而仅仅能从这种风格的某些特例如何在欣赏经验中很好地发挥作用而推论其质量。然而,风格发展了,就会要求审美意识也发生相应的改变。

这样一种新的感知是对表现那种风格的对象进行审美欣赏的前提。

让我举另一种运动为例，这就是极简主义艺术，它所采用的方式与达达和波普艺术完全不同，却与二者殊途同归，实现了艺术对象的拓展这一目的。这种潮流似乎反映了一些与过去的大多数艺术无关的因素。其中不仅没有能够认得出来的主题事物，就连普遍出现在纯粹艺术中的图示特征也似乎消失了。极简主义艺术家的绘画和雕塑所展示的，往往是标准化的条状、管状、带状、圆圈和直线等形式。精确的重复取代了丰富性，有规律的层递取代了发展与对比。抛光的表面和精细的轮廓取代了手工对象的不规则性，清晰和平衡是通过手段的极度简单化来实现的，"以规则、贯穿和重复为特征"的系统逻辑指导了艺术家的操作。[7] "作品只要能够使人发生兴趣就行"，[8] 当我们再听到极简主义雕塑家唐纳德·朱特如此声称之时，一点也不觉得惊讶。

这些对象达到了工业产品的非个性化与标准化，以更加显而易见的方式反映了当代世界。它们不仅融入了一些传统意义上的非艺术特征，还要求我们采取新的感知态度，以不同于传统的方式来通达艺术。通过使用某些表现了普遍意义的初级形式，通过采用某些令人难忘的严格的刻板形式，通过达到一种对于观众而言居高临下的尺寸，这些作品发挥了某种影响，有人把这种影响描述为**出场**。常常有人感叹，艺术一旦进入剧院就退化了。[9] 出场则是艺术强迫观众接受，这时候，艺术跃入它所占据的空间，对于这种方式，我们并不觉得陌生，但是，它比以前更加刻意，更加强烈。例如，雕塑材料不再限于坚硬的石块、木材或者金属，而拓展至包括雕塑居于其中以实现其出场的空间。因此，卡尔·安德烈从切割木块转向切割空间："有一段时间，我是在切割东西，后来，我认识到我在切割的东西就是切割本身。我不是在切割材料，现在，我使用材料就像切割空间。"[10] 极简主义艺术家以他们出色的独创性，把作品塑造成特殊的楼层、墙壁和房间所在的空间，他们把这些空间吸收入作品，以便构成一个材料与空间的整体。在这里，极简主义艺术代表了艺术领域里最近的发展，另外的发展还有环境艺术和偶发艺术。很显然，这种艺术超出了我们习惯于接受的艺术参数，而吸收了工业产品的一些特征，吸收了设计和建筑的一些特性。不过，它们无疑仍然保留着对象的意义，强烈要求贴上传统艺术的标签。

强化与泛化欣赏经验

不过，艺术对象的拓展并不是艺术改变自身在现代社会的功能与地位的唯一方式。与艺术对象的演变相伴随的，是艺术所面对的环境的拓宽，以及我们参加审美活动的方式在紧张度和持久度方面的变化。自从 18 世纪以来，我们采取非功利静观的疏离态度，这种态度已经成了指导所有欣赏讨论的标准，是对所有艺术的价值进行判断的尺度，现在，我们不太能够这样对待艺术了。事实上，我们已经不再远离对象，我们如同被磁石所吸引一样地被艺术对象所吸引，而不是以若有所思的镇定来注视对象，为否定近来的这些艺术现象所进行的辩护貌似有理，实际上却不过是隔靴搔痒。当代艺术所采取的方式经常出乎我们的意料，它不以牺牲新艺术为代价而去守护艺术的成规，这也给我们提供了反思自己的机会。

就像许多当代的发展一样，当有争议的艺术要求一种十分不同的秩序作出反应时，这一点特别真实。这一发展也许可以分为两个阶段。第一阶段采取把观众包括进来的形式，观众被如此持久地吸引到欣赏的过程之中，以至于他从旁观者变成了参加者。艺术家们放弃了对逼真的追求，他们发现，在刻板的模仿之外，形象的其他力量具有更大的感染力，更加具有功能的真实性，在这个阶段，视觉艺术取得了很大的进展。在超现实主义画家们所塑造的自动化与梦幻般的世界里，让人眼花缭乱的再现精确性与令人惊异的形象结合在一起，在朦胧的意识中引起令人惊奇的反应，有时候，甚至引起令人恐惧的反应。达利那些炫目而怪诞并且往往带有色情意味的场景，坦盖伊那些无法确定的有机体风景，玛格丽特那些令人惊惶的形象与超常尺寸，这些都是超现实主义作品的范例，它们触及了与观众的隐密联系，也唤醒了那些深奥难测的反应。

在现代艺术中，光效艺术阶段短暂而令人惊讶，很好地阐释了观众对于绘画的积极参与。光效艺术作品是通过光的影响而发挥作用的，即通过色彩的对比和波纹之类形式引起视觉的幻觉。从审美的角度来说，光效艺术局限于非常狭窄的范围，但是，它以善于设计与安排那些具有魔力的线条、形状和色彩而著称。它们好像在震动，或者引起一些模糊的形状发生改变，使眼睛产生某种幻觉，如果观看者愿意的话，那些作品能够把他们带入一种催眠似的恍惚状态。[11]除了上面所说的艺术作品，在彩色原野画中，我们也能够发现观众的介入，那些作品带有印象主义画家的幻想特征，表现了画家对于光影和色彩的感知。[12]纽曼、凯利、诺兰德、罗特科和雷因哈特，这些画家都有意把自己局限于带状、方块、直角等等简单的形状或者具有细微区别的单色画面中，通过发挥自己能够使色彩交互作用的能力，让观看者觉得离作品更近了，创造了一种开放的感觉，把观看者带入了抽象的空间。但是，尽管缺少图画形象，这些空间却既没有显得空无一物，也没有显得索然无味，罗特科和高特列夫曾于1947年写道："没有哪种艺术能够像绘画那样表现出空无"。[13]光效艺术能够催眠，而彩色原野画则充满了神秘感。这两种绘画都对原来的艺术方法很少直接参与过的意识领域进行了探索。有位批评家认为，注意的这种扩张是与艺术的简化倾向相一致的，不仅影响了视觉艺术，也影响了其他艺术中的音乐和舞蹈。这种"空白艺术""延伸了时间和空间，强迫观看者迷失在对那些简单而又巧妙的图形、声音、行为或者观念进行冥想的沉思之中"。[14]近来的艺术往往要求观众主动配合，从卡尔德尔的穿越雕塑到苏韦洛的骑乘作品，莫不如此，而在蔡的那些诸如震动杆之类的电子雕塑中，观看者的运动则会激活各种各样的光电和声音效果。在20世纪60年代，名噪一时的艺术流派是偶发艺术。偶发艺术综合了绘画和戏剧的元素，要求观众积极介入，以便实现草案所设计的活动计划。通过意识方式的转换，观众根本不再是观众，而变成了无法与艺术本身分离开来的积极参加者。[15]

然而，有些观众介入方式所要求的不是对于作品的身体或者感知参与，而是认识的觉醒和高级的想象联系。这种要求达到了这样的程度，以至于观众不仅被作品所吸引，他的反应也是必要的，是与对象不可分离地融合在一起的。人们可能会想起杜尚的对象

"达到充分的视觉记忆的不可能性，以便使记忆的印象从一个对象转向另一个对象。"⑯要达到这个目标，说难也难，说容易也容易。

上一辈的艺术批评家殚精竭虑，努力要把与我们对艺术的反应和思考无关的东西排除在外。历史关联、文化背景、认知内容、艺术动机和外部联系等等，诸如此类的问题都被提了出来，然后得出了一个经过调和的论点，要正确地对待艺术，就要求把这些不适合审美反应和误导审美反应的因素排除在外。对历史联系以及其他外部活动的兴趣把审美的特性搞乱了，因此，把对象还原至其内在的特征，是对历史所进行的富有价值的拨乱反正。⑰

不过，怎样才能使艺术的力量不被弱化，解决之道并不在于限制它的范围，而在于确定它的区别特征和性质是什么，在这个基础上，再追踪文化生活对于艺术无孔不入的渗透与浸润。在 20 世纪，要这样做特别困难，一部分原因在于，在工业社会中，文化已经破裂成为碎片；另一部分原因则在于，在历史上，人们要求艺术具有独特的身份。探讨艺术活动和历史影响的相互贯通，这是一项令人着迷也十分重要的任务。这项讨论所提供的仅仅是沿着这个方向所进行的一次尝试性探索。

艺术经验深化和泛化的第二个阶段涉及对意识行为的特别专注。这不是审美经验的发明，但是，它具有一些特别的形式，并且获得了新的影响。让我们通过其中两种不同的情形来进行说明。

扩展了的意识：贾斯铂·琼斯和观念艺术

人们经常把贾斯铂·琼斯的作品同波普艺术相提并论。他的靶标、旗帜、数字和通俗文化中的其他碎片巧妙地组成一些熟悉的形象。不过，这些作品所反映的不仅仅是乏味、陈腐、老套的商业主义的瓦砾。这些画作的意义不止于此，琼斯以相当高的绘画技巧表达了他对普通事物的绘画兴趣。在 20 世纪以前，人们通常会把绘画看作幻想的艺术，那时候，艺术家的目的就是在二维的画面上把三维现实的幻象表现出来。而且，在画面四周加上装饰框，也是为了隔断作品与周围环境的连续性。作品就是开在真实墙体上的一道幻想窗口。和这个世纪许多画家不同的是，琼斯保留了真实的形象，他还把形象扁平化为二维的，并且用一个不太引人注目的框子框起来，以便创造出一种介于绘画的幻想世界和环境的真实世界之间的模糊效果。

琼斯把靶标、旗帜和数字矩阵延伸至画面的边缘，使得形象的身份变得模糊了。这些东西到底是绘画作品，还是真正的旗帜和靶标？那些座架经常告诉我们，它们属于绘画作品，不过，画面本身并没有告诉我们。这些东西很像艺术，因为，它们是认真地绘成的，像绘画形象那样明亮，然而，它们又显得比真实的物件还要真实。对于琼斯的旗帜，我们甚至看得更加专注，而不像对那些挂在阳台上的旗帜一样，只是匆匆一瞥。琼斯不使用日常的对象和材料，而塑造一种情境，以培育一种意识的条件，在这种条件下，所有的东西都被当成真的，这样一来，他就架起了一座桥梁，横跨幻想和现实之间的鸿沟。他唤醒了与视觉表面不可分离的多个理解层次。真实的旗帜与画出来的旗帜，真实的靶标与画出来的靶标，真实的数字、抽屉、灯泡、啤酒罐与画出来或者雕塑出来的数字、抽屉、灯泡、啤酒罐，这两类东西混杂在一起，它们之间的区别变得模糊了，也变得不重要了。在这里，意义和视觉融合了，因为，形象所呈现的是真实对象的特征，而刻板的形象也要求艺术化的外观。当琼斯给他的靶标加上一些无名脸孔的浮雕时，他甚至还给这些世俗作品加上一些恐怖的元素：每个靶标后面都站着人。[18] 在这些绘画作品中，意义和形象是不可分离的，看不见的东西和看得见的东西融合在一起。

在观念艺术中，看不见的东西扮演了更加重要的角色，它们不再像一个默不作声的伴娘，而变成了主角。在这里，艺术对象后退了，而意识、想象、信息等行为却走向了前台。观念艺术似乎要颠倒艺术的地位，以便使我们了解形象或者对象的有关信息，而不是形象或者对象本身。这些信息可能采取观念化作品的图片、图表、设计图等形式，或者，仅仅利用语言。对于观念艺术家来说，这种转变是优势，因为，这使得他们可以避免视觉描绘的模糊性，实际上，就像有些艺术家所声称的那样，这样一来，他们自然就先声夺人，把人们的批评挡了回去。通过把他们自己对艺术的评论当作他们的艺术提出来，观念艺术家们希望告诉人们，批评是多余的。[19]

在艺术中，这些看不见的因素几乎总是出场，有时候，这些因素是以弥漫于文化中的意义的形式出场的，例如，在它们所描绘的宗教或者政治人物与事件的知识中出场，不过，在通常情况下，这些因素在再现的艺术中出场，在形象的确定性和疏远的关系中出场。因此，观念艺术家们的抗议只存在程度的差异，而不存在本质的区别。事实上，我们可以发现，早在1924年，安德烈·布雷顿就已经预言："绘画……不应该把自己的目标局限于赏心悦目。……我坚持认为……只有当绘画或者雕塑能够增进我们所谓正确的知识时，它才有理由存在下去。"[20]实际上，这可以看作布雷顿的宣言，不是为超现实主义，而是为今天的一些艺术所作的宣言。就像格里高利·巴托克所说的那样："新艺术的智力方面胜过了视觉的方面"。[21]

有人主张，这不过是艺术对象演变的最后一个阶段，而在此前的现成物阶段中，只要把对象放到一个它应该被看作艺术的环境中，它就成了艺术。有的作者认为，在观念艺术中，艺术家使用"巧妙的声明来制造艺术"。[22]有一件作品名叫《空气的演出》，颇能说明这种情况，它的基本原理是"有关包括垂直高度未经确定的一平方英里的圆柱体空气的理论用途的一系列断言"。[23]不过，就像观念艺术的其他例子一样，在这里，制造艺术的不再是语言，而是对语言所指向的东西的专注意识。实际上，比起一具物质性的雕塑来，这种特别的提议更加能够激起感知的想象。与此相似的是，就像罗森伯格所持的异议那样，奥尔登伯格的埋入式雕塑，瑙曼那些下方隐藏着镜面的厚板，都没有仅仅通过那些叙述艺术家创作过程的词语成为艺术，[24]但是，却通过它们所唤起的对于它们所指向的感知条件的意识而成为艺术。

因此，观念艺术以灵活的方式探讨了意识的审美可能性。有时候，就像在空气柱那个作品中一样，艺术家使用内部空间和心理空间，而不是外部空间和公共空间。在另外一些时候，艺术家又把一连串事件内在化，例如，在连续一个月的日子里，以固定的频率和速度踏上一条凳子，然后又下来（阿肯奇的作品《脚步》），或者，把原本不过是一张张白纸的连续复印件汇编成一本书（布恩的《复印著作》），这些作品都变成了纪录，我们通过审视它们而意识到它们。观念艺术家经常强调一个事实，观念艺术把信息本身当作艺术，对于这样的艺术对象而言，必须要有最新的信息。图表、略图、曲线图、问卷表、电传打字机、磁带录音机、透明的选票和票箱构成的投票，甚至，科苏特的《信息空间》就是一张桌子的图片，桌子上面堆满了把科学信息加以视觉化的报纸和书本。

这样，对象消解了，意识到其艺术身份的条件也提高了。人们可以称之为非可视艺术。上一辈的造反派布拉奎曾经在他的《笔记》中写道："当观念被抹去的时候，绘画就完成了"，对此，观念艺术家们唱起了反调：当绘画被抹去的时候，观念也就成了艺术。甚至艺术的历史也转换成了信息："艺术通过其他艺术的影响而'活'起来，它不是作为艺术家思想的物质残渣而存在的"。[25]不过，就像一位信息理论家所说的那样，艺术所包含的信息不仅仅是语义信息，具有逻辑结构，可以进行解释。艺术也具有审美信息，那是不能进行解释的，它塑造了心灵的状态。[26]此外，信息理论得到充分的拓展以后，超越了传统的艺术作品，"达到了从环境到个人的更加普遍的信息。对这些信息的感知构成了个人在其所生活的'世界的出场'"。[27]不过，对于美学来说，这一点儿也不陌生，因为，在通常的语源学意义上来说，美学（感性学）"研究我们经验周围世界的方式"。[28]

实际上，也有一些迹象表明，观念艺术家被引向这样的方向，即不仅将时间和空间朝着不可见但却可以想象的维度扩张，也把观看者具有特别优势的相应观看视点的重要性最小化。视点这个概念是传统美学的基础，而对于那些尺寸非常之大的作品来说，对于那些没有焦点（即对象）的作品来说，则显然并不相干。[29]不过，正如一些观念艺术家所断言的那样，当物作为艺术出现的条件不是依赖于对象，而是依赖于环境氛围之时，视点这个概念就更加不能普遍应用了。艺术对于声明（或者如我们所称的意识）的依赖使得对象完全消解了。"如果瓶架可以被声明为'艺术对象'这个班级里的一分子的话，那么，为什么摆放瓶架的商店这个系部就不能呢？如果商店这个系部可以的话，那么，为什么商店这个系部所处的城镇就不能呢？而如果城镇可以的话，那么，为什么这个国家就不能呢……依此类推，直至整个宇宙（如果你喜欢，也可以是宇宙之外！）。"[30]

观念艺术的发展可能标志着，绘画被文学形式和对象在环境氛围中的消解取代了，视觉感知处于中心地位的事实也已经不再存在了。因此，艺术转化为词语[31]并非意味着影像的消除，而意味着影像改变为想象的形式，这时候，它和意义一道成为丰富审美经验的诱因。艺术对象融入整个审美情境中，并不会把艺术冲淡至完全消失，反倒允许它加强自己的重要性，扩大自己的影响。在这种奇特性之后，隐藏着更大的意义可能性。观念艺术以某种方式预言了艺术的未来。

艺术与感知的变化

因此，在艺术的王国里，近来的这些发展不只是针对对象的革新。它们拓宽和改变了我们感知周围环境的方式，实际上，塑造了感知世界的真实形态。梅洛·庞蒂把这些发展看作对视觉艺术进行进一步思考的结果，他的论述颇有说服力。"作为如其所是的个体，每一个视觉物体也作为一个维度发挥作用，因为它把自己作为存在（being）分裂的结果而呈现出来。这最终意味着，严格说来，可视的真正实质是具有一层不可视性，这使得出场成了某种缺席……有些东西直接到达人的眼睛，这是可视物的正面特性；但是，也有些东西从下方到达……有些东西从上方到达……存在什么，取决于你看到什么，以及什么使你看到，而你看到什么，以及什么使你看到，又取决于存在什么，'这就是视觉的本质'。"[32]

实际上，现代艺术的历史已经成了感知的历史。在音乐中，神圣的部分被抽离；在诗歌中，教诲的部分被抽离；在小说中，叙述的部分被抽离；在绘画中，再现的部分被抽离。在艺术发生了这样的剧变之后，艺术所要求的感知方式也必须发生同样的改变。可以说，每一次进步都意味着，通过削减艺术的非本质性而实现艺术的纯粹化。线条与形状，深度与色彩，运动与空间，这些都是我们感知世界的特征。正如感知世界给艺术提供主题事物一样，艺术给予我们一双观看这个感知世界的眼睛。认识到这一点，我们才能够理解所有的艺术与看不见的东西之间的关系，尤其是在现代艺术中，可以这么说，看不见的东西掩盖了看得见的东西。对于这一点，列奥·斯坦伯格进行了很好的论述：

> 因此，过去半个世纪的艺术可以很好地教育我们的眼睛，使我们与那些通过科学推论打破我们的轻信的新观念平和相处。我们能够看到的是，抽象的概念逐步凝缩成为形象，进入到感觉想象的范围之内。现代绘画则使我们习惯于世界的另一面，它所包括的不是离散的形式，而是弹道和矢量，这是一些紧张和拉伸的线条。固态物质意义上的形式会融解，并且融入到充满活力的过程中去。不是肌肉或者重力在驱动身体，我们从空无一物之处获得自我衍生的能量。如果说，对于科学家来说，固体以及简单的位置不过是我们感觉的统觉所产生的幻象，那么，对于现代的画家来说，也是如此。他的画布就是引力场。他的形状只是能量的倏忽聚集，而且似乎没有耐心老是聚集在那里。在现代艺术的形象中，物质波侵占了切实的可见物的位置。……即使是非对象性艺术，也以审美的形式继续追求艺术作为凝聚思想的社会角色，在充满活力的设计中留下了这个时代最精微的观念，并且使它们仍然能够被感觉器官所通达。㉝

因此，艺术能够把感知想象的最抽象形式表现出来。就看见了的部分来说，也许是意识使得它能够被感知到，就没有看见的部分来说，也许是它的可想象性引起了意识。看得见的东西与看不见的东西以各自的方式相互扰动。实际上，艺术的真实是每个对象在经验中的真实。在关于人的存在的著作中，杜威这样写道："看得见的东西设置在看不见的东西之中；最终是由看不见的东西决定，在看

得见的东西之中究竟发生了什么；切实的东西不稳定地居于未曾触及和未被理解的东西之上。"㉞

于是，既通过冲破艺术对象的边界，也通过拓展意识的范围，艺术家甩掉了艺术的传统枷锁。现在，审美充满了整个情境，因此，对象从重要的中心消失了，留给我们的则可以称作"非对象艺术"。与非对象性（非客观性）艺术不同，它不是非本质对象的再现，而是自身已经被吸收进审美场整体之中的艺术对象。这可以看作环境的审美化，在这里，艺术不再具有框架或者边界。

近来，人们对环境的兴趣日趋浓厚，经常有人说，文明塑造了周围环境。这不仅表现为城市建设、工业危害或者工业污染的形式。乡村环境同样不能幸免于居民活动的影响，同法国的风光一样，荷兰、丹麦、缅因州或者得克萨斯州的风光也具有自己的独特性。这样的差异不是地理和气候的结果；环境对发生于其中的相关活动反应十分灵敏。而且，因为人们通过技术进行活动，并且通过活动影响环境，所以，我们可以把环境看作技术的产物。就这一点来说，艺术并不是外来的附加物，因为，艺术家本身就是技术专家，他们不仅毫不逊色于技术专家，而且，在独特性方面，他们还胜过技术专家。作为技术专家，艺术家和其他人一样，受到他们能够得到的特殊技术工艺的限制，无论是石器的、手工的、工业的，还是电子的技术工艺。

因此，正如环境之中的那些对象被习惯地称作艺术一样，环境也反映了自身的技术之源，这是一种拓宽至对象途径之外的艺术，我们在此遭遇了从各种维度——物质维度、感官维度、想象维度、意义维度——创造环境的可能性和必然性。在这里，艺术家的问题在于，如何有效地使用可能获得的技术来审美地塑造人类环境。这样做也是在指导技术，不仅作为一个物理过程，也作为一个铸造我们意识的过程，艺术已经表明，这是可能的。艺术企图仅仅通过使用日常的材料和对象来达到这个目的，跨越艺术和生活之间的鸿沟，跨越幻想和现实之间的鸿沟，却没能够认识到差异在于经验，而不在于材料，最可靠的桥梁是塑造一个环境，在这个环境中，不仅那些短暂的对象，而且所有的事物都被当作真实的。㉟艺术家以他们自己的方式，如同塑造对象的形式一样铸造着我们的意识，在这方面，艺术家跟一个城市、农场、工厂和国家的缔造者没有什么不同。

在某种意义上说，看不见的艺术指导和规定我们的想象感知。但是，在另一种更根本的意义上说，这种艺术属于整个意识场，其中有些东西是看得见的，有些东西是看不见的，或者被抛在注意的外围。近来的艺术经常倾向于把自己狭窄化为经验中直接、具体和不可通约的东西，㊱这一点确实不假，不过，同时还存在着审美感觉能力的扩大化，也就是说，把全部感知范围以及有关的社会联系都包括进来。生态艺术对这种意识进行了评论，但是，它没有正确地举例说明，例如阿兰·森菲斯特那个不断变化的水晶容器，汉斯·哈克的孵小鸡。它所做的就是用具体的视觉术语来展现自己的最新发现，即把环境理解为一个整体系统。这样的艺术代表了我们先前所提到过的第一阶段，即对象拓展的阶段，通过采用新材料，例如水、鱼和微生物，以及新的过程，例如结晶和浓缩，它向我们展示了环境活动如何在视觉中被具体化。

也许，一种更加真实的环境艺术应该是地球艺术。施密森、克里斯托、奥本海姆等雕塑家改变和再造了大片开放区域如海岸线、沙漠、田野和海崖等的形状，他们所采用的布景不仅没有物理框架，也没有任何形式的边界。整个环境都成了艺术场和审美经验之处。不过，在近来的艺术发展中，最重要的还不是具有革新性质的运动、技术和对象的出现，而是感知扩张到传统的边界之外。在许多例证中，要直接地认出一幅地球艺术作品，将会非常困难，或者根本就不可能，只有通过图片或者描述，人们才会产生对于作品所建立的环境情景的意识。不过，这不是审美的不足，因为，文学艺术也必须依赖想象的意识，在视觉中，看不见的东西几乎必不可少，总是能够占有一席之地。

在最重要的当代艺术中，有些艺术成功地把对象性质的直接性与对整个情境的审美特征的意识结合起来了。在此，最好的范例也许是电影。电影艺术是一种现代技术，在图像的序列中，它确立了一个空间、时间和运动的顺序，其中存在着整个感知经验的世界，这个世界环绕着观看者，也吸收了观看者。建筑的情形也是如此，作为一种艺术，它也总是对当前的技术状态产生反应，这不仅包括建筑物的设计，也包括从整体上对环境进行布置。其他艺术也倾向于各以自己的方式对相同的冲击产生反应，拓宽艺术的领地，把参与其中的人作为一部分包括进来。舞蹈、戏剧、音乐和绘画都是这样，最后一种还以我们提到的多种方式产生反应。有时候，我们感到迷惑，在审美感觉力的历史发展中，艺术对象也许仅仅具有局部性和过渡性的意义，只有意识的塑造，而不是物的生产，才具有最重要的意义。

也许，艺术的这种扩张并不是历史发展路线的偏离，反倒是对其源头的回归。因为，艺术的最先意义，并不表示高度文明富有教养的精致性，而只是在形式与形状方面把东西连接到一起。技术是实现这个过程的途径，因为，在没有区别实践艺术和纯粹艺术的情况下，在制作器物时，技术意味着艺术或者技巧。通过对有趣的对象的感觉，美学对感知非常地关注。通过与人们所在的感知环境中的条件的关联，美学与艺术都回归它们的原始意义，确证了我们和技术之间的亲密关系，也确证了我们和自己所居住的这个世界之间的亲密关系。

这种拓宽了的历史性探索不仅阐释了艺术的当前状态，也以引人入胜的方式适用于过去的艺术。也许，在工业主义时代，在大众化时代，在旧秩序被完全打破的时代，艺术冲动所针对的是人类文化的综合化。现代社会必须痛苦而自觉地达到自身世界的和谐状态，即长期以来，在尚未如此复杂的条件下，具有更大的同质性并且更加逐步地改变的文化所达到的那种状态。在这里，艺术事业的普遍化功能在既包括历史也包括文化的视野中出现了。作为意识的塑造者，艺术家同哲学家、神学家一道，为社会现实制定秩序。作为感知意识的向导，艺术家对帮助我们认识艺术作出了突出的贡献。

不过，这并非奉承艺术，因为，这种贡献的含义是特别而具体的。从生产公众场所的艺术到设计广场、公园与商业街，理顺邻舍与城市秩序，规划高速线路，或者安排节庆，在塑造一个社会的感觉力的所有活动中，艺术家的插手都弥足珍贵。因为，无论谁在活动，都会塑造人们必须生活于其中的世界，而艺术家的贡献则在于提供预见与指导，最重要的是，提供对所有经验的本质形态的敏锐感觉。实际上，要实现世界的审美化，实现人类的完全人性化，艺术可能是最佳的途径，甚至可能是唯一的途径。

注　释

① 改编自 *The Visual Arts and the Art of the Unseen*，载 *Leonardo*，XII（Summer 1979），pp. 231-235，并且获准重印。

② Harold Rosenberg，*On the De-Definition of Art*，载 *Art News*，70，23（Dec. 1971）。Rosenberg 继续写道：" He disdains to deal in anything but essences. Instead of painting, he deals in space; instead of dance, poetry, film, he deals in movement; instead of music, he deals in sound. He has no need for art since by definition the artist is a man of genius and what he does ' would ', in Warhol's phrase, naturally ' come out as art '. ... The artist without art, the beyond-art artist, is not an artist at all. ... The de-definition of art are necessarily results in the dissolution of the figure of the artist, except as a fiction of popular nostalgia. In the end everyone becomes an artist！"

③ 在这方面，更明显的例子是艺术仅仅由艺术对象来确定，作为心理距离这个概念的具体化，把观众与艺术对象分离开来，让艺术远离日常事务的错综性，例如在非功利的静观和想象等概念中，艺术作品被限定为在一定历史条件下所形成的唯一手工对象。这种思想模式的例外情况非常罕见，同样也非常著名。这些例外包括 John Dewey 的 *Art as Experience*；M. Merleau-Ponty 的论文，*Eye and Mind*，载 *The Primacy of Perception*（Evanston, IL: Northwest University Press, 1964）；以及 Leo Steinberg 的论文，*The Eye Is Part of the Mind*，载 *Other Criteria*（New York：Oxford University Press, 1972）。我在大量著作中试图揭示这些思想的局

限性。比较我的著作，*The Aesthetic Field*（Springfield, IL: C. C. Thomas, 1970）以及 *Art and Engagement*（Philadelphia: Temple University Press, 1991）；也比较 *Aesthetic Function*，载 A. Berleant, *Living in the Landscape: Toward an Aesthetics of Environment*（Lawrence: University Press of Kansas, 1997）；以及本书第四章《美学与当代艺术》。

④ 这些方面的发展是漫长的，而对于美学的意义则是深远的，在《美学与当代艺术》中，我采取了不同的历史视角。

⑤ Jean Arp, *On My Way: Poetry and Essays* 1912-1947（New York, 1948），p. 91。

⑥ 比较 K. G. Pontus Hulten, *The Machine as Seen at the End of the Mechanical Age*（New York: The Museum of Modern Art, 1968），以及 William S. Rubin, *Dada, Surrealism, and Their Heritage*（New York: The Museum of Modern Art, 1968），pp. 10-61。

⑦ Mel Bochner, *Serial Art, Systems, Solipsism*，载 *Minimal Art*, G. Battcock 编（New York: Dutton, 1968），p. 94，以及 pp. 96-99。也参看 Allen Leepa, *Minimal Art and Primary Meanings*，同上，pp. 206-207。

⑧ Michael Fried 曾经在 *Art and Objecthood* 中引用，载 *The New Art, a Critical Anthology*，G. Battcock 编，修订版（New York: Dutton, 1973），p. 142。

⑨ Fried，同上。

⑩ David Bourdon, *The Razed Sites of Carl Andre*，载 *The New Art*，p. 104。

⑪ Edward Lucie-Smith, *Late Modern: The Visual Arts since* 1945（New York and Toronto: Oxford, 1969），p. 171。

⑫ Clement Greenberg, *Post Painterly Abstraction*，载 *Art International*, *VIII*, No. 5-6（Summer 1964）。

⑬ Ad Reinhardt 在 *Writings* 中引用，载 *The New Art*, p. 172。

⑭ John Rockwell, *Today's Blank Art Explores the Space Behind the Obvious*，载 *The New York Times*, 17 July 1977, Section 2, pp. 1, 14。

⑮ Allan Kaprow, *Assemblage, Environments and Happenings* (New York: Abrams, 1966), pp. 195-198。这些引人入胜的发展采取了许多形式，艺术家和"观众"在其中合作形成素材，并且创造审美事件，虽然就基本原理来说已经很古老了。在视觉艺术家所采取的技巧之外，有些作曲家和其他艺术家也曾经试验运用生物反馈技术，通过控制各种电子挂载媒介传递的脑电波图形，创造出听觉和视觉反应。参看 *Bio-feedback and the Arts*; *Results of Early Experiments*, David Rosenboom 编（Vancouver, BC: A. R. C. Publications, 1976）。

⑯ John Cage 在 *Jasper Johns: Stories and Ideas* 中引用，载 *The New Art*, p. 38。

⑰ *The Aesthetic Field*，第一章。

⑱ 参看 Leo Steinberg, *Contemporary Art and the Plight of Its Public*, 载 *The New Art*, pp. 216-223；以及 Sam Hunter, *New Directions in American Painting*, 同前, p. 110。对 Johns 作品的有价值的分析也见于 Rolf-Dieter Hermann, *Johns the Pessimist*, 载 *Artforum*, October 1977, pp. 26-33, 以及 *Jasper Johns' Ambiguity: Exploring the Hermeneutical Implications*, 载 *Arts Magazine*, Nov. 1977, pp. 124-129。

⑲ "Because of the implied duality of perception and conception in earlier art, a middleman (critic) appeared useful. This [conceptual] art both annexes the functions of the critic and makes the middleman unnecessary." Joseph Kosuth, *Introductory Note by the American Editor*, 载 *Art-Language*, Vol. 1, No. 2 (1970)。引用于 *Conceptual Art*, U. Meyer 编（New York: Dutton: 1972）, p. viii。

⑳ André Breton, *Distances*, 载 *Les Pas Perdus* (Paris: Ed. de la Nouvelle revue française, 1924), p. 174。

㉑ Gregory Battcock, *Humanism and Reality-Thek and Warhol*, 载 *The New Art*, p. 20。Battcock 早已经说过："There is actually little to see that can't be adequately described. In fact, this is a characteristic common to much of the new art." 然而，他坚持为经验时间因素而观看电影的必要性："A real and total involvement in this new film art seems to be effected only by a 'sitting through' of the film."

㉒ Terry Atkinson, *Introduction*, 载 Meyer, *Conceptual Art*, p. 15。

㉓ 见上述引文。

㉔ Harold Rosenberg, *Art and Words*, 载 *The De-definition of Art* (New York: Horizon, 1972), p. 59。

㉕ Joseph Kosuth, *After Philosophy*, 载 Meyer, *Conceptual Art*, p. 163。

㉖ Abraham Moles, *Information Theory and Esthetic Perception* (Urbana and London: University of Illinois Press, 1966), pp. 128-129。

㉗ 同上, p. 190。

㉘ 同上, p. 188。

㉙ Mel Bochner, *Excerpts from Speculation* [*1967-1970*], 载 Meyer, *Conceptual Art*, p. 54。

㉚ Terry Atkinson, 同前, p. 19。

㉛ Rosenberg 把它完全取消显然过于刻薄："[P] aintings are today apprehended with the ears." *Art and words*, p. 56。

㉜ Maurice Merleau-Ponty, *Eye and Mind*, 载 *The Primacy of Perception* (Evanston, IL: Northwestern University Press, 1964), pp. 187, 188。

㉝ Leo Steinberg, *The Eye Is a Part of the Mind*, 载 *Other Criteria* (New York: Oxford University Press, 1972), pp. 305, 306。

㉞ John Dewey, *Experience and Nature*, 第二版 (New York: Dover, 1958), pp. 43-44。

㉟ Harold Rosenberg, *De-Aestheticization*, 载 *The New Art*, p. 180。

㊱ Clement Greenberg, *The New Sculpture*, 载 *Art and Culture* (Boston: Beacon, 1961), p. 139。

第三部分

艺术再思考

第十章　形象、词语与思想中的死亡①

艺术与死亡

在本章开始之前，我首先应当向读者表示歉意。因为，我所选择的话题有些残酷，尤其是，根据伊阿华大学一位宗教学和医药学教授的调查，死亡已经取代了性，成为最新的禁忌话题。② 不过，在探索这个借以阐明有关艺术和哲学普遍观察的主题时，我所受到的启发来自于死亡作为主题在艺术家之间的特别流行，而对于其他许多人来说，解决死亡问题也是当务之急。今天，这种临终似乎不如过去真实，其中的主要差别在于，我们的大众文化从根本上掩盖了个体死亡的意义。我们不是在末世论宗教思想的迷津中失去了个体死亡的性质，也不是在人种低劣或者种族优越与荣耀的迷雾中模糊了死亡的唯一性，我们发明了百万死亡（megadeath，为了渲染核武恐怖而构拟的杀伤力计算单位。——译者）这样的概念，这是堪与大众社会相称的终结方式。军事战略家们的理论说服已经加入到我们的电视和电影工业的暴力中，对非个体性的、机械的死亡方式表现出浓厚的兴趣，把这样的死亡转变成为全民的娱乐。

对于所有这些现象，艺术都持否定的态度，不过，艺术毕竟是以一种不太清晰的方式来否定的。本章的主题是探讨艺术如何对死亡的事实作出回应，并且把我们从中所受到的启发应用于更加普遍的任务，即阐释那些非常重要但却难以捉摸的艺术活动。

死亡是像人类经验一样古老的主题，是宗教信仰与典礼仪式、哲学追问、道德判断和艺术描写的中心。我们参与对死亡的观察，我们探讨死亡的意义和重要性，我们尊敬或者谴责某些面对死亡的行为。我们都已经出生，但是，我们之中谁也没有预料到或者意识到自己的出生。然而，在一个人一生所有的重要遭遇中，只有出生和死亡是一样的不可避免。我们可以形成也可以不形成亲密的或者任其自然的人际关系，我们可以要也可以不要孩子，我们可以经历也可以不经历生理生命周期的正常阶段。但是，对于死亡，我们没有选择的余地。我们都得死，我们早已经清楚地知道这一点，这是我们每个人对于未来的意识的一部分。③

艺术怎样表现死亡？如何对我们人类个体的共同天数作出回应？不过，我们所关心的不只是艺术中的死亡主题。我们的兴趣也包括艺术所言说出来的现实和艺术表达的特性。艺术家怎样面对死亡这个主题？关于这个主题，艺术家的作品对于我们来说具有什么意义？跟科学家不同的是，艺术家和哲学家对于改变和延迟死亡事实都无能为力。不过，在对二者在这种特别情境中的作为进行了一番审视之后，我们也许能够更好地理解，艺术怎样在人类事务中发挥更加普遍的作用。

我想在此提出建议，我们最好在开始之前对讨论作一些规定，以便在讨论某些个案时，我们能够以之指导自己。那就是，艺术以它们自己的个性方式与死亡事件发生关联，这种方式与人类追求中的其他行为十分不同。艺术既不哀悼死亡，作为一种审美活动，它也不纪念死亡。艺术既不企图控制死亡，也不像我们企图理解空气动力学或者疾病原因一样，企图去理解死亡。与所有这些相反，在艺术中，我们发现自己面对死亡事件。我并不是说，艺术是一次死亡的排演，因为，排演永远不可能成为真实的事件。我的意思是，正是通过艺术，我们才真正遭遇了死亡的事实，参与到死亡的人性现实中，了解到死亡经验中的许多情景、形式以及细微差别。

因此，伊壁鸠鲁那些雄辩的洞见也仅仅是部分真实的：

> 你要习惯于相信，对于我们来说，死亡什么也不是，因为，善与恶都意味着感觉能力，而死亡却是对所有感觉能力的剥夺。因此，对于我们来说，死亡什么也不是，这样正确地理解死亡，不是通过给生命增加无限的时间，而是通过夺去对不

朽的向往，将会使我们在有生之年变得更加愉快。在停止活着之中，并没有任何值得恐惧的东西，对于那些透彻地理解了这一点的人来说，活着也就无所畏惧。因此，只有愚蠢的人才会说，他害怕死亡。不是死亡到来的时候会带给他痛苦，而是对死亡的预期会带给他痛苦。当死亡成为现实时，决不会引起任何烦恼，只有在预期死亡的时候，才会引起毫无理由的痛苦。因此，对于我们来说，死亡这个最可怕的魔鬼什么也不是。你看，当我们在的时候，死亡没有到来，而当死亡到来的时候，我们已经不在了。死亡既不是去活着，也不是去死，因为，活着的时候，它不在，而死了的时候，它也不再存在。④

这段论述虽然写于二千二百多年之前，却是关于这个话题最清楚和最深刻的论述。不过，尽管我们确确实实无需畏惧死亡，然而，伊壁鸠鲁忽略了我们能够意识到死亡这个事实。我们不是通过事实上的死亡，而是通过艺术中的死亡，感知到对死亡的意识。我猜想，由于艺术教会我们看什么，以及怎样去看，而我们也以被教会的方式去看，我们更多地通过艺术而不是通过眼睛，才认识到我们的世界是什么样子，因此，我们也是通过艺术而不是通过自己的死亡，才认识到死亡是什么。实际上，我甚至要说，在艺术中，死亡通常被渲染得比那实际到来的死亡更加真实。艺术给单色的世界增加色彩，也使我们肤浅的意识增加深度。关于死亡，艺术给予我们在现实中很少获得的东西，艺术所给予的是一个情景，在这个情境中，我们可以意识到死亡，这个情景不会被痛苦所驱散，不会被药物所麻醉，也不会被陡然的暴力终止所中断。

我不知道，除了去审视在各种不同情况之下的死亡的差异，还能有其他什么方法可以完成这篇论文。发生在艺术中的死亡数不胜数，当然，也各种各样，因为，艺术中的死亡是从似乎无尽的人类情景和体验的范围中获得线索的，其表现自然也千差万别。然而，这一假设使我们能够成功地对不同艺术中的死亡作区别对待，因而显得很有几分道理。虽然我们不能提供总结性的证据，不过，我想我们还是能够提供一些有助于阐明死亡的东西的。

171

那么，让我们先看看视觉艺术和诗歌中的几个案例，然后，再继续观察哲学与死亡相遭遇的几个著名实例，以便作一个颇为特殊而富有启发性的对比。

视觉艺术中的死亡

在我们开始探索视觉艺术中的死亡时，有两件事情让人感到惊讶。第一件事情是，绘画和雕塑中的死亡主题似乎有自己的历史。在中世纪和文艺复兴时期，宗教艺术达到了顶峰，艺术在很大程度上有赖于来自教会的支持，艺术的主题也与教会的恩赐有关，于是，视觉艺术没完没了地反复描绘耶稣殉道的各种事件。以后，宗教作为艺术家的灵感源泉逐步淡出，继起的文艺复兴中的人文主义传统又逐步使艺术家远离宗教作品中的死亡主题，大多数都去描写与战争有关的主题，从丢勒，经过戈雅和德拉克洛伊格斯，再到毕加索，都是如此。在最近一个半世纪的艺术中，绘画和雕塑对死亡的描写相对之少令人吃惊。⑤绘画和雕塑的这种功能似乎在很大程度上被摄影给取代了，例如马修·布拉迪的内战照片和更近来的罗伯特·卡巴的作品。

在观察死亡的艺术形象时，我们所注意到的第二件事情是，这个名词术语本身是不充分的。死亡不是一个对象，而是一组错综复杂的事件，追求高度戏剧化的顺序，从发展，到高潮，再到结局。艺术处理所有这些阶段，向我们揭示每一个个案的不同处理方式。现在，我们就来思考一下这些方面几个最著名的例子。

我们很少能够看到对于垂死过程或者真正的死亡瞬间的视觉处理。前一种类型有几件雕塑作品，例如古希腊雕塑《垂死的高卢人》⑥和米开朗基罗的《垂死的奴隶》。⑦这两件作品都向我们呈现了构成雕塑的物质团块不可否认的坚固性。雕塑作品不是反映，而是身体化。石头的非生命性可能与即将到来的身体的非生命性有关，但是，这并不重要，重要的是雕塑家通过这种途径创造了一个情景，在这个情景中，时间的流逝变慢了，似乎要停住了，身体的萎靡表现出它的重量，而且越来越沉重，而独立的内向形象则证实了，它所参加的是一场孤独的遭遇战。在作品中有一种静止和封闭的感觉，这种感觉弥漫开来，而我们也以一种相似的内省式静默面对这样的作品。

直接表现死亡事件也不是这个主题最流行的特征。戈雅的《1803 年 5 月 3 日执行》，⑧毕加索的《古尔尼卡》，⑨以及卡巴的摄影作品《死亡时刻》，⑩这些对死亡事件的著名描写，都与我们刚才所思考的艺术有某种区别。它们都捕捉到了暴力的终结对于生命的即时影响。这里没有寂静，有的只是以滚滚惊雷把我们吞没的视觉形象。站在这些作品面前，谁还能够进行非功利的静观？伴随着暴力死亡的尖叫和狂乱的姿势而来的是，时间的本质发生了令人惊讶的变化，瞬间变成了永恒。这不同于莱辛所说的"孕育的时刻"，那是与过去和未来一起成长。这是纯粹艺术（指视觉艺术，包括雕塑和绘画。——译者）赠与我们不朽的时刻的一种方式，在死亡的瞬间，时间停止了，生命犹如一盘新闻胶片，在高潮画面到来的时候，放映机卡带了。

不过，让我们更仔细地看看死者这出戏剧艺术，而不是死亡这出戏剧艺术。尽管死亡是一个事件，死者却不再是一连串事件中的演员，而变成了无生命的物，不过，对于其他人来说，这个物还保留着人的意义。艺术如何捕捉这些东西？在纯粹艺术中，有两种传统的宗教场面——耶稣受难和圣母怜子——最有效地达到了死亡的真实。

在前一种宗教场面中，最使人惊骇的例子莫过于葛吕内瓦尔德的《耶稣受难像》。⑪在这里，我们所面对的形象比耶稣本人要大一些，因此，绘画所表现出来的死亡也比生活现实中的死亡更加可恶。这不是灵魂出窍的死亡，而是最恐怖的死亡，也许反映了葛吕内瓦尔德对于那场曾经迅速传遍整个欧洲的受难这一不幸牺牲的直接熟识。泛着绿色的肌肤上布满了伤痕；没有修饰过的粗糙面容被恰当地配上了用刺突的荆棘所编成的头冠；撕碎了的衣带；皮包骨的身体上极不平整的肌肉和血管线条表明了那显然是人体；最令人惊骇的是，那些弯曲的爪子般的手指似乎要被钉穿双手的钉子给钉开了，而用来钉住双脚的钉子则好像在把那些极不情愿的瘦骨嶙峋的部位钉合到一起——所有这些都表现出一种可怖的情景，无法被围绕在耶稣周围的许多凡夫俗子的形象所减轻。

这是一种极度贬黜的死亡。在以后的战争恐怖图片中，再也没有哪一幅能够达到这幅画的真实度。不过，其中还有一些至关重要的东西。在观看《耶稣受难像》时，我们不再是站在理想化的殉道者面前的谦卑的膜拜者。我们加入到了围绕在耶稣周围的人群中，因为，耶稣就重重地挂在我们的水平视线上，他身体的重量压弯了十字架的横梁。顺着使徒约翰手指的方向，是另一个凝视的角度，揭示了一些更加可怕的东西，那是安排在旁边的那些悲痛的人物所看不到的。和那些描绘突然死亡的肖像一样，在这里，时间也停止了。不过，在这里，时间不是突然中断，而是随着血迹流淌，在所经过的地方留下一道道永世难忘的悲痛。随着时间的衰退，几乎不再存在什么运动，我们被宣判为罪人，拖着沉重的步履，在那个阴森森的世界里踟蹰着。

出现在米开朗基罗《圣母怜子像》中的死亡则呈现出很不相同的情景。[12]和葛吕内瓦尔德一样，米开朗基罗所要呈现的也是人的死亡，不过，他不是通过血淋淋的写实，而是通过温柔的肉体性来把死亡人性化。这种死亡不是惊骇的，而是温暖的，是拥入怀中。人们会觉得惊奇，跟垂死不一样，死者往往不是孤零零的，他的周围总有一些亲密与同情的人。在这里，这一点特别真实，因为，耶稣由最初把他生育下来的圣母玛丽亚接受和收回了。这些形象有一些温柔的动作，充满着对已经死去的耶稣的怜爱。耶稣的形骸有重量，这不是石头的重量（因为，我们已经忘记了雕塑材料事实上的物质性），也不是非人尸体的重量。它是一个人的形象，仍然保留着活生生的生命躯体的柔软和温暖。不过，在雕塑中，运动是向下的，因为耶稣在坠向大地。在这里，我们仍然不是扮演着保持距离的观看者。耶稣身体的前面部分向我们的身体敞开着，而在我们的右边有一个同伴，他比人群中的其他人更加完整，也更加普通，他的眼睛凝视着我们的方向，脸上挂着满怀期望的表情，他朝我们走过来，把我们拉进人群中去，似乎在要求我们去帮帮他。这是一种我们能够体贴地拥抱的死亡。

因此，视觉艺术以完全不同的方式，然而也是以我们能够认出并且产生反应的方式，让我们遭遇到了死亡的出场。这样看来，死亡真的不过是人类的终结所呈现出来的一些形式而已。

诗歌中的死亡

当我们转向诗歌时，我们发现，在诗歌中，许多重要的东西与视觉艺术中所看到的既有相似之处，也有不同之处。绘画和雕塑固然存在着广泛的阐释困难，诗歌堪称有过之而无不及。诗歌是一种丰富的多维艺术，随着那只把持笔杆的手而改变。规定诗歌的功能，或者把诗歌的功能普遍化，都会导致自相矛盾。因为，诗歌可以分为许多类型。有时候，诗歌具有叙述性和说教性；有时候，诗歌又具有抒情性和启发性；有时候，诗歌以丰富的比喻使人眼花缭乱；有时候，诗歌又通过干脆的选择和简单纯粹的声明深入人的灵魂。

视觉的形象能够给予我们确定性，在这一点上，词语的形象不可同日而语。当诗歌不能向我们呈现死亡的立体出场时，它所能够做的就是通过时间、空间和记忆的漫游来激起那种体验。在思考目前这个主题时，诗歌的这个特征是特别有价值的，因为，死亡作为一个事件，是由一连串重要的瞬间连绵而成的，而诗歌尤其能够跨越这个过程。因此，当画家和雕塑家受到限制，无法描绘出死亡的过程时，诗人却可以自由地驰骋，探索这一连续事件的各个阶段，比较不同瞬间的细微差别，发掘出每一处令人惊异的关联。

诗歌正是这样做的。与纯粹艺术相反，死亡同爱一样是诗歌中最流行的主题之一。无须感到奇怪，两个主题都非常流行。因为，就像每一份爱都是新的现实，都是在过去条件下的新鲜发现一样，每一次死亡也是如此，诗人的感觉力对两者都感到同样的惊异。结果，我们读到了各种各样的诗歌。有的诗歌描写死亡，有的诗歌否定死亡；有的诗歌讲述着对死亡的预期，有的诗歌却诉说着死后之事；有的诗歌哀悼死亡，有的诗歌却恰恰相反，欢呼死亡。从身体再现的束缚中解放出来以后，诗歌的想象无拘无束，能够以各种各样的方式表现死亡，我想，那将会使绘画感到不安。

实在是难以抉择。我们还是跳过那些哀挽的圣歌吧，例如瓦尔德·惠特曼的《当紫丁香在庭院凋零》和阿兰·金斯伯格的《祈祷》，跳过那些有说教意味的诗歌吧，例如叶芝的《死亡》，也跳过那些华丽动人的纪念诗作，例如阿伦·泰德的《联盟之死的颂歌》。我一直迷醉于另外两首诗，这两首诗彼此十分不同，可是，也许是由于性格的原因，也许是由于环境的原因，每首诗的作者都奇怪地为死亡感到困惑，而且，碰巧两位作者又都英年早逝。

威尔弗雷德·欧文《宿命的青春颂歌》是一首严肃的颂诗，字里行间创造出了对死亡的刺耳礼赞。它的标题就预定了全诗的基调。"青春"是一个充满了生命气息的词语，温软而轻盈，就像其所指一样，并不是尖锐的形式。但是，修饰"青春"的却是"宿命"，这样就完全改变了标题的性质。生命所具有的轻快而明亮的气息荡然无存，留下的只有低缓而悠远的宿命哀叹，"青春"一词因而更加让人回肠荡气。诗歌的第一节就体现了标题所预定的基调：

> What passing-bells for these who die as cattle?
> Only the monstrous anger of the guns.
> Only the stuttering rifles' rapid rattle
> Can patter out their hasty orisons.

这就是临终时刻的钟声，钟声的响起象征着死亡；重炮发出低沉的轰隆声，那是一个怪物愤怒的咆哮；机关枪声快速而干涩，时断时续；脱落的弹壳掠过头顶，发出呜呜声；诗中后来又庄严地吹响了悼念的号角，轻拍着家园的土地。在这里，没有平常葬礼中那些虚伪的礼数，没有心不在焉的唱诗班，也没有置身局外的旁观者。战场上的怒号不是装模作样，也不是不甚了了的单纯与天真。

这样，欧文就给我们提供了直接而强烈的形象，但是，他不是在寂静中提供这些形象。言说的词语自身就是敲响的灵钟："anger of the guns"是缓慢而沉闷的炸雷；在由"ss"、"rs"以及"ths"

等音素流畅而轻快的气息联结起来的一连串"ts"和"ps"中，"stuttering rifles' rapid rattle/Can patter out their hasty orisons"把它们短促而尖锐的重复体现出来了；"shrill, demented choirs of wailing shells"和"sad shires"缓慢形成的声音则捕捉到了炮弹在飞行弧线中所发出的声音和最后吹响的号角所奏起的绵绵不断的安灵曲。

　　第二节和第三节以同样的力度继续呈现出一连串的视觉形象，表现出那些身体即将安息于大地之前的情景。在棺架的旁边，那个本来应该点上蜡烛的地方，看到的却是男孩们噙满泪水的双眼在晶莹地闪烁。棺盖上没有覆盖雪白柔软的天鹅绒，只看到了悲伤的姑娘们瘫软的一脸煞白。没有鲜花的娇嫩与柔弱，只有那些沉思于悼念中的人们神色凝虑。没有死亡所居的灵室渐渐暗淡，只有尘埃飞扬的阴影愈来愈浓。

　　就这样，欧文通过词语、声音和想象创造了一场清醒而又悲伤的葬礼。他不是在描写什么，也不是在谈论什么。他通过诗歌的材料所创造的是一个真实的情境。我们就在那儿聆听着灵钟，伫立在灵棺之旁；我们正在经历宿命的青春出场。这时候，语言在我们的周围形成一个悲惨的世界，我们遭遇这样一种死亡，无路可逃。

　　欧文的诗歌允许我们进行这样的考察。通过引用一些特别的事物，他的语言表现了对死亡出场的经验。戴兰·托马斯的诗歌则是另外一番情形。他的诗歌借助强烈的罗曼蒂克式激情和狂野生动的想象，充满了对死亡的意识。托马斯用他狂暴的诗句组成了一场声势浩大的响亮抗议，他那些拒绝的喊叫声从一首诗响彻到另一首诗。在他强有力的直白中，这些诗歌激起了一种比欧文诗歌更加直接的出场感。不过，对那些绝对的直白，我们很难加以谈论。这些诗句不要求解说，它们要求被唱出来，以便使那些形象飞起来，形成一些奇妙的关联，创造出一种怪异的气氛。

　　我们暂且停下来，以他的《拒绝为伦敦大火中一个孩子的死亡致哀》这首诗为例进行分析。这首诗的字面意思非常地简单：直到黑暗来临，对于这个小孩的死亡，诗人都拒绝呜咽一声，或者流下一滴眼泪。他不愿意由于哲理化甚或诗意化而玷污死亡的神圣。诗中所有的只是这次死亡的终点，只是最后的曲终人散，所有的一切都以泰晤士河畔的一片墓地作为结束。

这首诗再普通不过了，出奇地缺乏诗意的表达，似乎很难让我们驻留其中。然而，托马斯那些悲歌的节奏、运动和声音却更加突出。在组成这首诗的四个句子中，第一句奔泻而来，当他稍作停顿时，全诗已经过半。在诗歌的前进过程中，我们所面对的是黑暗的力量，是那与弥漫的阴霾一道慢慢地吞噬着薄暮的寂静的力量，是转向事物简单的深刻，所有这些都通过声音和视觉的想象表达出来。接下来，诗人更加直白地声明，死亡的周围升腾起素朴而又明亮的光晕，它得到寂静的致敬，并且被大地最后的宁静被接受。即使是以一种直白的方式写作的，这首诗的韵律和节奏设计还是为这些想象提供了不太正式的音乐（全诗四节，每节两组，每组三行，分别有四个、三个和四个音步，第一组中的各行和第二组中对应的各行同步）。只有在最后一行，意义和韵律才进行了简单的修辞："一次死亡之后，再也没有下次"（After the first death, there is no other）。

不过，赋予戴兰·托马斯诗歌以强烈感染力的不是他诗句中那些可以分析的元素，而是他那些奔泻而来的想象。托马斯以无与伦比的才华，激起了对诗歌出场的特别惊疑。在很多情况下，语言被用来把人们从环绕着他们的世界中分离开来，使人们与世界保持距离，并且给予人们一些手段，好让他们去处理那个世界。然而，在托马斯的这些诗句中，语言却无法与世界分离开来，词语成了现实的真正组成部分，而在实际的经验中，每一次意识都是唯一的，其本质就是对于词语所指事物的诗意参与。

和威尔弗雷德·欧文一样，戴兰·托马斯也向我们展现了诗人的世界，那个曾经属于我们的寻常世界突然变得如此陌生，在那里，对象、思想、感觉、想象和情感之间整齐的边界还没有被凝结并且加固，在那个世界里，我们生活于惊异之中，而不是生活于倦怠之中，我们生活在未曾预知的探险之中，而不是生活在熟稔的例行公事之中。我们通过自己的呼吸使诗人的词语活起来，创造出一个从未见过却早已知晓的世界。

178

作为思想的死亡

那么，这就是形象和词语中的死亡。在这里，就像在所有艺术中一样，当我们融入艺术所创造的真实情境时，一个人的确切身份，他那有着清晰边界的自我感觉变得茫然了，然后消失了。因为，在经验具有强烈感染力的艺术时，边界的特征变得模糊不清，我们因而获得了情境中的某个自然身份，而不是获得与外部环境的联系。因此，在这些艺术中，死亡不是再现或者讨论的主题，而是对人类基本经验的生动参与。活着的时候，我们经验作为人的死亡事件一部分的前因与后果，以及意识与感觉的特性，这时候，正如诗人查尔斯·奥尔森所写道的："现在，大地就是天空。"

如果换成别人可能会就此打住，因为，我们已经把艺术中的死亡的情况摸清楚了。不过，如果我们再对那些常常混迹于艺术之中的哲学活动的不同性质进行一番思索的话，我们对艺术中的死亡的认识也许会变得更加清晰和强烈。由于艺术和哲学都是基本的活动，揭示了我们的意识和信仰的根基和来源。这两种活动尽管相似，但是，在功能方面却存在重要的差异，我们最后要寻找的就是这种差异。

和诗人一样，哲学家对死亡也不觉得陌生。不仅哲学兴趣导致对死亡的意义的思考，死亡的阴影也经常笼罩在那些对此感兴趣的哲学家头上。⑬哲学也有自己的殉难者，从苏格拉底，到布鲁诺，再往后，严酷社会责难的威胁经常盘旋在原创性的哲学思想家头上。一种重要的死亡文献就这样成长了，我们的时代发现，这个问题一直以来都受到哲学的关注。尽管这样，我还是想回到这种讨论中的最早事例，那是和苏格拉底的死亡有关的。

在某种意义上说，这种情况是最难加以思考的，因为，我们必须转向的主要来源是柏拉图，而柏拉图对艺术家怀着十分矛盾的心情。不过，他的对话录仍然是艺术和哲学之间纪念碑式的桥梁，无论是对于艺术，还是对于哲学，都提出了许多令人信服的论点。尽管哲学思想也采取艺术形式这样的戏剧化出场方式，但是，哲学家们的处理方式以及他们所指向的目的都非常不同。这种相异之处可以帮助我们看到艺术家和哲学家成就的差别。

毫无疑问，柏拉图最戏剧化的一篇作品是《辩护篇》。这篇对话所争论的是苏格拉底的官司、辩护和判决，他以十分清楚和直接的方式提出了死亡问题。据说，苏格拉底在雅典议会发表了一通演讲，他在演讲中表现出令人印象深刻的雄辩才能，但是，在当时的条件下，竟然几乎不可能凭着能言善辩而动摇雅典的群众。苏格拉底争论说，死亡并不可怕。在战争中，希腊的英雄们藐视危险与死亡，除了军队的责任和耻辱这两个选择之外，危险与死亡都没有意义。在最通常的情况下，死亡会泄露一个人的无知：

> 因为，惧怕死亡……就是认为你很英明，而实际上，你并不英明；因为，惧怕死亡就是认为，你知道你所不知道的事情。没有人知道，死亡到底是不是自己所能够得到的最大的保佑，但是，他们惧怕死亡，以为死亡是最大的灾祸，好像他们非常清楚似的。显然，这是令人生厌的无知，竟然认为自己知道本来不知道的事情？⑭

苏格拉底继续应用这个推论进行辩解，他争论说，凡是有人声称自己比别人英明，他都撒了谎，其实，他已经认识到，对于死后会发生什么事情，他所知道的并非足够多，因此，他并不认为他知道。然而，还有其他的问题，比如，不遵守本来应该遵守的宣言，他其实知道那样不好。在面对这样的宣言时，处于极端情境中的人应该采取什么行动，我们都心知肚明。这是苏格拉底在后面的所有辩护中所阐明的主题。他坚持说，逃避死亡并不是什么难事，难的是逃避邪恶，⑮并且，我们有理由指望死亡是一件大好事。

他说，死亡居二者之一：要么，死人什么也不是，根本没有任何意识；要么，就像人们所说的那样，死亡就是灵魂出窍，从一个地方飞升到另外的地方去了。如果死人没有意识，而且死亡就像睡眠，而在睡眠中，什么也没有看到，甚至连梦都没有，那么，死亡就是很奇妙的保佑。苏格拉底认为，如果一个人"将要选择一个睡得如此之沉，连梦都没有的夜晚，把那个晚上和他一生中所有的晚上和白天相比的话，也就是说，在思考了一生中究竟度过了多少比那个晚上更加甜蜜的白天和夜晚以后，他认为，任何人——不要说普通人，就是波斯国王本人——都会发现，在其他的日日夜夜中，实在没有几个能和那天晚上相提并论的。如果死亡就像这样的话，他把死亡称作保佑，因为，即使来世也不如那个晚上。但是，如果死亡是从这个世界到了另外一个世界的话，如果他们所说的都是真的，所有的死人都在那个世界里，那么，还有什么比这更好的事情呢……?"⑯

柏拉图对死亡最著名的评论无疑是《费厄多篇》，在这篇对话中，苏格拉底在喝下致命的毒药之前和朋友们进行了最后一次讨论。与这样一个时机相适应，这篇会话所谈论的是关于生命、死亡和不朽的问题。这是一篇复杂的对话，带来了许多阐释和学理的问题。不过，这些问题和我们这里的讨论并没有太大关系，因为，苏格拉底所提出的主要是一些争论的意见和关于不朽的神话，与他在《辩护篇》中对死亡的态度没有多少变化。

有两个要点值得一提。首先，是苏格拉底有关死亡真的一点儿也不陌生的观点。他指出，那些真正热爱智慧的哲学家一直在尝试着去死，因此，死亡是能够降临到他们头上的最不可怕的事情。因为，对智慧的爱引导他们远离那个被贪得无厌的欲望所折磨着的肉体生命，走向精神的强大与自治。因此，死亡把他们从肉体的束缚中解放出来，也解放了精神。因此，哲学家在死亡中发现了纯粹的智慧。他们不仅不惧怕死亡，恰恰相反，死亡应该是他们盼望已久的事情。⑰

苏格拉底体面的临终就是他对死亡的虔诚深信的雄辩证词。这种临终说出了理解死亡的终极意义，说出了引导人们走向死亡的价值。实际上，苏格拉底湮没了斯多葛学派的《传道书》，后者后来曾经说，"智者如何死去？——就像愚夫一样。"⑱智者也得死，这和愚夫相同，但是，他们死亡的方式不同。

我还有第二点要指出，这才是有助于我们得出结论的。当朋友们最后一次来到苏格拉底的单人囚室时，有人提醒他们，苏格拉底正在写诗。可是，在入监之前，苏格拉底从来没有写过诗。苏格拉底解释道，过去，他每隔一段时间就重复做一个梦，那个梦让他写诗，于是，他就写诗了。他曾经想，这可能意味着他应该写作哲学，因为，哲学才是写作的最高形式，而他毕生都在做这件事。不过，为了从良心上对得起那个梦的命令，现在，他还是转而写诗。即将到来的是一件非同寻常的事情，而苏格拉底却还在花费时间写诗赞美阿波罗，把伊索寓言改写成为韵文（他认为，既然是诗人，就必须善于虚构！）。⑲

艺术与思想

苏格拉底很久以前所认识到的差异，正是我们在这里所关心的。哲学活动所针对的是对于人类情境的理解，苏格拉底的死一直都是哲学活动最好的榜样，是理智的活动，展示了一些理由和论点，建立起了一种作为理性说服之结果的信仰。即使是柏拉图在戏剧性地表现苏格拉底的死亡时，在其主角的演讲内容和理性力量面前，他也必须逃避。在这些对话中，除了走近《费厄多篇》，人们不会遭遇死亡；人们思考死亡的本质和平静面对死亡的意义。苏格拉底用自己的智慧打消了朋友们的乞求、恐惧和眼泪。他多么清楚地表明，那些东西会蒙蔽哲学的作用，破坏理性的自由训练。

不过，这与艺术活动中的方式是很不一样的。在艺术中，理性之人的距离和麻木沉思不见了，取而代之的是死亡的真实出场。在《途中》里，乔治·艾略特这位人类观察大师，对死亡出场这一转变进行了深刻的阐述。当把毕生精力都奉献给了学术的卡瑟波恩向他的医生里迪盖特作最后的咨询时，这种转变在这两个词（指艾略特作品的标题 Middlemarch，是由 middle 和 march 合成的，把人生比作路途之中的一段，国内常译作《米德尔马契》，此处译作《途中》。——译者）的最严格的意义下发生了：

> 现在，这个人第一次发现自己盯着死亡的眼睛——他正在穿越那个十分罕见的时刻，穿越那个我们觉得再平常不过的真

相，这和我们所谓的知道不相同，就像地球上的水的样子和我们在神志昏迷时所看到的那些不能用来冷却发烫的舌头的水的样子不相同一样。当那句再平常不过的"我们都必须死"突然之间变成强烈的意识："我必须死——就在此刻"，然后，死亡一把抓住了我们，他的利爪如此残忍。……[20]

这些关于死亡的词语和形象不是肤浅的，也不可替换。它们是轮子，把我们运送到不能以其他方式进入的地方，正如伊·伊·卡明斯所吟唱的那样，"这地方我从来没有旅行过，没有这样欢喜地体验过，你的眼睛看到了它们的沉寂"。[21]在把我们带向那个陌生而奇异的世界的出场时，艺术不会驱逐哲学，或者与哲学竞争。就像人类情境的其他方面一样，艺术为哲学提供反思的主题。在这里，我们正是被这样一种反思所吸引。不过，反思终究是派生的事情，正是在艺术中，我们才为哲学思想这面镜子发现丰富的第一手资料。

本章的目的已经巧妙地圈定，因此，我们的结论就像这些讨论所限定的范围一样宽泛。然而，做出总结归纳的欲望还是无法抗拒。好了，就让我把以下的提议当作总结吧。尽管这些艺术中的情况不足为据，不过，对少数几种艺术所进行的这些分析表明了，这些事情也可以发生在另外的情形中。在对这些基本相似的方法进行了必要的细节修正之后，我们也可以对其他艺术进行探索，并且拓展开去，对艺术和人类生活中更加宏大的主题进行探索。因为，我们在这里所追踪的思想暗地里悄悄声明了作为一个整体的艺术活动的性质和功能。[22]就像任何宽泛的声明一样，它所代表的仅仅是它实际基地的宽度和对争论的支持。我们也在其间看到了，那早已宣判我们必死的死亡，如何在艺术中达到了不朽。

注 释

① 首次发表于 *Ventures in Research*，D. Frank 编（Long Island University，Fall 1973），pp. 66-91，并且获准重印。

② 据报道，University of Iowa 宗教学教授与医药学副教授 David Begum 博士曾经在一次面向部长们的发言中说："过去，我们的社会曾经习惯于公开地谈论死亡，而谈论性却令人生厌。现在，人们可以公开地谈论性，而谈论死亡则令人生厌。"结果就是，当一个垂死的人想要谈论他的死及其对家人的忍受之时，他很难找到一个愿意倾听的人。*New York Times*, 28 March 1971。

③ Erik Erikson 把死亡当作生命最后阶段的问题来对待。他说："一个人完全接受死亡的必然性，和完全而毫无保留地承当他自己在生命中的全部目标有关"，而"平静地沉思死亡的必然性，是自信心的作用之一，这种自信心体现在一个人的生活之中，体现在他对目标的选择之中，体现在他对这一切的认识能力之中。"比较 *Childhood and Society* (New York：Norton，1950)，以及 *Identity and the Life Cycle* (New York：International University Press, 1959)。

④ Epicurus, *Letter to Menoeceus*, 载 *The Stoic and Epicurean Philosophers*, Whitney J. Oates 编 (New York：Random House, 1957), pp. 30-33。

⑤ 一个重要的例外是 Anselm Kiefer 的绘画。

⑥ Capitoline Museum, Rome。大约公元前 240—200 年，罗马复制。

⑦ 为 Julius II 的墓葬而作。1513—1515, Louvre, Paris。

⑧ (1814), Prado, Madrid。

⑨ (1937), Museo Nacional Centro de Arte Reina Sofia, Madrid。

⑩ Robert Capa, 1936。据说，这张照片现在已经被搬上舞台。

⑪ Matthias Grünewald (c. 1470—1528), *The Crucifixion* (*Panel of Isenheim Altarpiece*), Unterlinden Museum, Colmar。由于必须压缩尺寸，复制品不可避免地丧失了一些感染力。

⑫ Galleria dell' Academia, Florence。

⑬ Martin Heidegger 可能是近来使对死亡的沉思成为主要焦点的最著名的哲学家。他认为，重要的不是死亡事实本身，而是我们的"向死而生"，那就是，我们走向死亡时的生活方式。参看他的 *Being and Time* (New York：Harper & Row, 1962)。

⑭ *Apology*, 28。载 *Great Dialogues of Plato*, W. H. D. Rouse 译（New York：New American Library, 1956），p. 435。

⑮ 同上，38E。Rouse, p. 444。

⑯ 同上，40D-41A。Rouse, p. 445。

⑰ *Phaedo*, 67-68。Rouse, pp. 470-471。

⑱ *Ecclesiastes*, ii, 16。

⑲ *Phaedo*, 61A-B。Rouse, pp. 463-464。

⑳ George Eliot, *Middlemarch*（New York：New American Library, 1946），p. 413。"觉得"与"知道"这两个词是我标志为黑体字的。

㉑ e. e. cummings, *poems* 1923—1954（New York：Harcourt, Brace, 1954），p. 263。

㉒ 对于本章在几种特别的艺术中试图探索的思想，我曾经以更加简明的方式在其他著作中进行过阐述，例如 *The Aesthetic Field, A Phenomenology of Aesthetic Experience*（Springfield, IL：C. C. Thomas, 1970），以及 *Art and Engagement*（Philadelphia：Temple, 1991）。本书的其他章节则从某些不同的侧面探讨了这些思想。

第十一章　布朗库斯与雕塑空间现象学[①]

雕塑艺术的魅力在于模糊性。作为艺术，雕塑似乎立于日常世界之外，占据一个特别的地方。按照惯例，基座要在我们站立的地面基础上抬高，雕塑对象立于我们面前，一动不动，高不可及，不像一个具有普通用途的对象，而像一具尘世的偶像。当我们走近雕塑时，我们习惯于采取敬仰的态度，保持着对一个神圣的对象所应有的恭敬的距离。

然而，艺术有一种不可思议的能力，能够架通被巨大的鸿沟所隔开的两者之间的桥梁，因而潜入我们的感觉力之中，占有并且改变它们，长期以来，这都是距离与差异的美学所面临的挑战。一具静观的雕塑并不会让我们保持宁静，因为，它所辐射出来的魅力既温暖了我们，也扰乱了我们。艺术的经验要求参与，有了我们的参与之后，艺术便变得容易进入了。

现在，不仅我们经验艺术的方式有赖于艺术对象所表现出来的特征，连艺术对象也成了我们与对象发生联系的方式的结果。而且，这还不只是我们被带向对象的心理态度的问题。当我们参与到与对象的某种审美交流的时候，我们的经验同样也是自己所采取的身体态度的结果。因此，欣赏的历史所涉及到的不只是理解和反思的成长，还必须包括对我们在这个世界的生活方式、感知方式和活动方式的变化的认识。因而，风格的历史与趣味的历史不可分离，两者都与文化史有着密切的联系。

在这方面，布朗库斯的作品提供了引人入胜的例证。布朗库斯把自己的雕塑布置在用鲜花装饰成的奇妙与异域风情相融合的时空中，他表现出反潮流的倾向，重新回归雕塑艺术的古典、纯粹和永恒状态，从中获得自己的灵感。其他雕塑家都在寻找各自的力量源泉，例如世界的立体重构（利普齐兹），结构装配（贾博），雕塑体积的穿透（摩尔），把一些形象变形为不可名状的怪物（贾克梅蒂），自然被超越为纯粹的抽象（阿尔普），以及扩展到暗示的或者实际的运动（卡尔德尔），布朗库斯却在继续雕琢着他那些简单的形式，例如头像、鸟类、鱼类、公鸡、海龟与海豹等。

不过，布朗库斯的作品并没有处于历史之外，不仅没有处于他那个时代的历史之外，也没有处于我们这个时代的历史之外。他所作的观察与众不同，因此，我们是在用现在的眼睛看过去的他。通过视觉把对象激活，同样通过视觉对对象产生反应，这种静观的艺术已经被改变成为一种参与的艺术。那么，布朗库斯那些极其因循守旧的作品是怎样走进我们的世界的？② 要揭开这一切是怎样发生的，不是某个人的艺术的事情，而是所有艺术的事情。

体积

有人可能会觉得奇怪，在思考布朗库斯那些具有优雅体积的雕塑时，为什么要选择空间作为主题。布朗库斯的雕塑是精粹艺术。他不像立体主义者那样根据物理世界的几何学，也不像建筑学家那样根据工业世界的技术学，而根据世界的生物学对体积进行反复的琢磨，把体积压缩到核心形式。布朗库斯的雕塑外形酷似自然，酷似那些围绕在我们周围的生命对象的原貌，当它们在他作品表面的简洁弯曲面中浮现出来时，他那些作品的表面也酷似那些鲜活的体积的表面。和阿尔普不同的是，布朗库斯不会在肌体的抽象中作结；他的作品几乎全部与他的灵感所源自的那些形式保持着视觉方面的相似性。

这似乎表明，思考布朗库斯的雕塑，主要的范畴应该是体积。毫无疑问，除了一些木雕作品之外，他的大多数作品都追求体积的完美。布朗库斯把他的形式削减到仅仅必要的程度，把所有突出的地方都磨光，直到它们被重新吸收入核心板块中。不过，具有奇怪的讽刺意味的是，在达到纯粹的必要性时，布朗库斯同时也达到了纯粹的理想状态。他那些作品的体积站立着，就像纯粹的生命对象，与各种自然对象酷似，并且把自己聚焦成为完美的形式。这种艺术堪称柏拉图所谓理念的物质范例。

不过，在这些生灵之内隐藏着一种惊奇，因为，布朗库斯的体积尽管是封闭的，却奇怪地向空间开放着。③当他那些理想化的形式成为这个世界的空间的焦点之时，它们的行为却与柏拉图的形式相反。这些雕塑并非作为经验王国里的对象之源站立在那里，它们既不提供标准，也不成为模特。与之相反，这些雕塑就是我们这个世界里的对象，提供布朗库斯的雕塑本身所源自的那些形式的特性。那是一种诱导的艺术，能够诱导对象以及对象所占据的空间，把它们提炼成为风格化了的形式的体积。此外，因为雕塑非同寻常地切近实物，那些形式从来都不是轻飘飘的。事实上，尽管所采取的方式与我们赖以进行欣赏的再现没有多少联系，雕塑体积的触觉感还是给人留下了一种意义，即物质究竟是什么。

不过，体积却不仅仅是质量的外延。体积激活空间，使周围的空间充满了活力。也许，我们可以把它描述为能量化的空间，因为，体积既不是自我包含的，也不是完成的。就像一个陶罐的外形是内部体积的外形一样，雕塑对象的表面也是内部体积的投射和外部边界。因此，雕塑不是皮肤或者容器，而是富有力量的线条的边界，有时候，这种力量是从艺术家所采用的材料的特性中产生出来的，而在另外的时候，又是从艺术家正在塑造也受到其指引的形式的特性中产生出来的。贾博的建筑展现了雕塑内部那些富有力量的线条，清楚地揭示了所有雕塑艺术所暗示的究竟是什么。实际上，在某种意义上说，雕塑与建筑相似，都根据内部的压力来塑造外部的表面，可以说，两者都仿效了塑造人的头部和脸部的动态力量。人的头部有轮廓线，某些部分是凸起的，这样就使得内部的功能具有了外在的形式。

此外，在体积作为内部力量的边界的同时，雕塑的体积也处于周围空间的中心。也可以说，体积是空间的心脏，是空间的核心。体积散发出能量，每件作品都以自己特别的方式散发出能量。无论是鸟、鱼、公鸡，还是海龟，布朗库斯的雕塑都创造出了他所取材的对象在空间的生动形态。每件作品都保持着一种不稳定的平衡，一种显现为紧张线条的微妙均衡。例如，他所雕塑的鱼在水平方向上单向延伸。它们被安排在边沿，向他指示给它们的方向压迫过去。不过，这些鱼非常地扁平，也显示出垂直的线条，从周围看来，它们都完全悬浮在空中，就像它们在水中的原型一样。当然，在布朗库斯的一系列鸟雕作品中，从早期的《马亚斯特拉》中那种骄傲的笔直，到《空中的鸟》中扩展成为飞跃，这种垂直性都得到了最充分的表现。

不过，在布朗库斯那些圆形的作品中，也存在着一种不那么引人注意而十分微妙含蓄的旋转张力。他的《小鸟》属于中间状态的例子，在圆形的底座上，表现出一种不太充分的垂直悬浮。许多头像，实际上是大多数头像，都位于脆弱的凸圆表面上，例如《新生儿》和《沉睡的缪斯》，这种不平衡性赋予作品一种不稳定的感觉。然而，这不是布朗库斯那些既没有脖子也没有花圈的自我包含的水平头像的失常状态。同样脆弱的平衡也出现在向上的头像中，例如在《金发黑女郎》中，作品就是在圆柱基座的最边沿的下巴处实现平衡的。即使当布朗库斯给头像加上上半身的支撑时，也没有带来什么改变。《未名公主》就没有因为增加上半身的支撑而显得更加稳定。甚至当基座变成平面时，就像在《南茜·昆那德肖像》中那样，或者在《波加尼小姐》中那样，体积被削弱为一个支座，仍然很少增加作品的稳定性。

那么，这样使用体积，与空间有什么关系呢？体积与空间的连续性是怎样建立起来的呢？这些雕塑的体积通过激活空间而发挥作用。作品蓄势待发，处于脆弱的平衡之中，放射出有力的线条，似乎就要运动起来了。《空中的鸟》处于垂直的飞行中，"放大以后，将会飞满天空"。④鱼儿漂浮在清澈透明的水中，公鸡伸长了脖子，正在用尽全身的力气打鸣儿，《海龟》（1941—1943）则拖着笨拙而臃肿的身体，努力地向上也向外探伸。他的许多木雕作品尽管和基座紧密地连接在一起，却也在和周围的空间交换力量。例如《败家子》，它几乎就像《亚当》一样，似乎被他背上巨大的重量压迫下去了。再如十分壮观的《无边的柱形》，尽管尺寸巨大无比，却达到了令人难忘的轻盈，它们撑起了天空，也渴望着飞向天空。实际上，布朗库斯的基座从地面粗糙的物质中浮现出来了。这些基座往往是大刀阔斧地砍成的木头或者石头堆儿。基座的形式表明，它们受到了罗马尼亚民间艺术的影响。它们好像是由农民的手打磨出来的，经过仔细的抛光，形式十分完美。在《无边的柱形》中，顶部甚至还有半个平坦的模块，好像撑起了所有形式中最完美的形式，即天堂。⑤

运动

这些体积都是静止的，却散发出多么奇异的力量！在实现雕塑体积的可能性时，布朗库斯不仅赠与我们理想化的形状，他还赠与我们理想化的体积，这些体积就是作品的空间潜能的缩影。因此，布朗库斯的体积放射出能量。尽管总是静止的，它们却往往能够创造出运动的感知特性。例如，在《海龟》中，布朗库斯并非只是抓住海龟形状的要素，他捕捉到了海龟伸出脖子和前探鳍肢这个最富个性色彩的姿势特征。这种抽象而含蓄的运动不是戏剧性的直接动作，那样的动作是与前承后继的动作互相协同的，就像莱辛所描述的那样。⑥这是一种形象化的动作，把海龟的典型姿势即它那平衡的瞬间特征化了。不过，就在同时，运动似乎也向外放射出来，这是一种潜在的运动，可以说，就像我们曾经看到过的一只弯腰弓背的猫准备跃上一张桌子时一样。实际上，在后期的海龟雕塑中，正如布朗库斯自己所说的那样，它正要竭尽全力"飞走"。⑦潜在的运动这种特性是雕塑空间的一个元素。通过准备运动，通过指向外部和朝向周围环境，这些雕塑把空间带进了它们的视界之内。不过，艺术并不是孤立的。艺术在感知的空间里发挥作用，通过被观看而创造了运动。观看者的运动也会唤起雕塑的运动。当我们在《空中的鸟》的周围走过时，作品表面的闪烁也沿着我们所走过的非对称曲线不均匀地移动着，使作品产生轻盈、灵动与飞行的虹彩。

但是，也许只有对《无边的柱形》的经验，才最能够让人感知到这些运动的不可抗拒性。这件作品达到了雕塑艺术的顶峰,实际上,也达到了所有艺术的顶峰。要向别人描述这件作品,仅仅描述是不够的,描述不能唤醒作品,还必须讲述出对作品的经验。这是一个容易让人误以为简单的柱形,由15对半同样的对称梯形结节组成,这些结节未加修饰,每对大约6英尺高,4英尺宽,用镀有铜层的铸铁造成,整具雕塑将近100英尺高。不过,这个柱形的实质在于它如何运动,而不在于结构的细节。当人们走近的时候,柱形危险地向后倾斜;而当人们退后时,柱形却又向前倾倒过来,好像就要向下砸到观众了。由于它如此巨大,这件雕塑的质量具有一种胁迫的力量,但是,它同时又表现出令人惊讶的轻盈与优雅。那些梯板和边沿本来是垂直相继的,当人们围着这个柱形走过时,却好像变得弯转而扭曲了,打在不同梯板上的灯光明明暗暗,使其他梯板笼罩在阴影中。那是无数个柱形连接在一起,每一个到下一个之间都有着令人惊异的区别。这个无边的柱形在运动,在我们的眼前跳跃着。它是富有生命活力的几何学。

环绕的空间

雕塑不只是位于空间中心的体积,也不只是空间之内的运动,同时,它也确定空间的边界。雕塑创造出环绕着它的空间,通过与那些进入这个空间的对象发生动态的交互关系,雕塑才激活自己的环境。布朗库斯的《给盲人的雕塑》和《世界的开端》的大理石板都要求被触摸,在某种程度上来说,这种感知要求是所有雕塑都具有的。不过,触摸这些作品不仅仅是感觉一下而已。通过感觉的接触,触摸者得以和作品的表面相连接,和艺术对象相连续,变成了对象的一部分,这种特征在环境雕塑中得到了充分的体现。实际上,这些呈椭圆形弯曲的表面和人体组织器官的表面具有相似性,布朗库斯的那些头像清楚地表现了这些特征,都极力表现出相同的触觉感染力。这些雕塑和中国的玉玩非常地相似,玉玩本来就是用来玩弄于掌间的,其魅力几乎完全由触觉引起。借助直接或者想象的接触,通过和我们身体的物质性结合,雕塑把自己的体积扩张到

191

了自身之外。

此外，雕塑还采取另一种方式进入周围的空间。雕塑通过自身的质量在物质性方面与我们相对；我们对雕塑的物质性产生反应，这种反应采取实实在在的方式，而不是唤起或者想象的方式，那样的方式主要出现在对绘画的欣赏之中。雕塑对象直接站立在我们的世界，永远一动不动地站立在那里。有时候，雕塑被抬高到一个显眼的位置，那可能是为了把它移到视线水平之上，以便观众能够看到它，比如一些比较小的对象，或者比实际尺寸小一些的作品就是这样；也可能是为了让它支配感知者，比如英雄人物的形象就是这样。基座并不会像通常所认为的那样拉开雕塑与人的距离，反倒会使人进入雕塑，使人与雕塑之间可能发生的关系接近于我们在亲身接触中所遭遇到的关系。

如何使雕塑进入到周围的空间，布朗库斯也有他自己的一套手法。其中，最使人吃惊的莫过于他对反射光的使用。就像纹理和触觉感能够使体积得到延伸一样，闪闪发光的表面也能够使空间得到扩张。布朗库斯经过深思熟虑，他把自己的石雕和铜塑作品打磨得十分光滑，极富光泽，闪烁的微光使作品的出场在周围扩散开来。"由于它是如此光洁铮亮，自我封闭的形式核心便向空间开放了，照亮了作品，使得作品以及在各个方向环绕着作品的世界都具有了镜像的性质。"[8]这些作品都经过仔细的抛光，布朗库斯坚持认为，这是他的材料所必须要求的形式。[9]这种抛光具有非常好的效果，正如盖斯特所说的那样："它使固体的形式变得通透了"。[10]因此，经过抛光之后，固体对象打开了内部的空间，好像它是透明的，与此同时，抛光也使作品产生反射，打开了周围的空间。通过对光的使用，这些雕塑创造出了自身的空间环境。

布朗库斯还采用另一种手段，那就是把平坦的刨面和经过精心设计的曲凸表面奇怪地结合起来。这些平面的表层显得很不合常规，直到人们发现，它正是通过这种不合常规的特征而发挥作用的。在《鸟》和《海豹》等头像作品中，这样的平面被用来反射光线，当人们经过它们面前的时候，会使它们变得明亮而空灵，那些动感的闪烁好像是它们的质量的一部分，也是这些生物自身的一部分。布朗库斯的头像作品《新生儿》以十分惊人的独创性应用了这种特征。在作品中，婴儿张开的嘴被塑造成了平坦的刨面，当人们经过的时候，它猛然之间把光线反射出来，创造出一种非同寻常的效果，好像婴儿的一声尖叫。在这里，雕塑和观看者共同协作，创造出完整的经验。

最后，布朗库斯有时候还别出心裁地设计雕塑环境。大多数体量较小的鱼雕都矗立于经过仔细抛光的圆盘上，这些抛光的圆盘就像水面一样地反射着雕塑。用蓝绿色大理石雕成的大鱼则巧妙地用一个池子围起来，微风吹过的时候，水面会泛起一波波的涟漪。而《马亚斯特拉》系列作品之一的一张早期照片也显示出，它是经过垫高了的，那只鸟儿就像栖于高枝一样，位于大约 10 英尺的高度，它居高临下，微微地泛着光泽，俯瞰着它所在的花园。[11]但是，布朗库斯令人印象最为深刻的作品还是《拯救的庙宇》，这是一组装置雕塑设计，原来计划建于印度，但是，一直没有建成。在这里，建筑、绘画和雕塑结合成一个完整的封闭结构，它以一只《金色的鸟》为中心。在一年中最神圣的那一天，正午的阳光将会穿过设计在屋顶的缝隙，照亮这只鸟。在这里，雕塑将真正地使它所居住的空间圣洁化。就像所有艺术中所有成功的作品一样，雕塑将使空间变得庄严而神圣。

作为一种空间艺术，雕塑超越了自身的物理边界。它越过分离的边界，创造出自己的环境。此外，这样的装置也要求我们自己主动地出场，因为，没有我们的参与，雕塑空间就会萎缩为体积，而艺术作品也就沦落为一个物体。我们已经看到，布朗库斯的雕塑以极富个性特色的方式塑造了作品的空间。其他雕塑家同样如此，各以自己独特的方式，把空间形式化。实际上，对任何艺术进行研究，最终都将揭示出对象和感知者之间必要的互动，因此，对审美感知和欣赏行为进行任何解释，都必须以它们在审美场的统一为基础。[12]在有关风景画和肖像画的研究中，我也对此作过描述。我们转向了二维的艺术。在建筑设计和城市规划中，我们还必须拓展到第三个维度。艺术现象学具有自己的优势，那就是不怀任何先人之见，通过使那些一直在场的东西变得清晰可感，向我们展示了我们一直在经验着却对其知之甚少的艺术。

注　释

① 本章曾经提交 1976 年 4 月 9 日于 Fordham University 举办的纪念 Brancusi 诞生一百周年学术研讨会，尚未发表过。

② 这里不打算一视同仁地对 Brancusi 的所有作品进行综合性的研究。在这里，我也不打算对他的木雕作品及其基座的空间进行阐释。这些作品代表了某种不同的空间力量，需要进行单独的分析。

③ Carola Giedion-Welcker, *Constantin Brancusi* (New York：Braziller, 1959)，p. 25, No. 8。

④ Brancusi，引用于 Sidney Geist, *Brancusi：A Study of the Sculpture* (New York：Grossman, 1968)，p. 172。

⑤ 《无边的柱形》的这些特性恰如其分地反映了它作为对那些来自于 Tirgu Jiu 在第一次世界大战中倒下的英雄们的纪念的角色。有时候也称作 *Column of Endless Remembrance*，这件作品与 Brancusi 故乡 Transylvania 的墓碑柱形以及该国另外一些雕塑惊人地相似。比较 Edith Balas, *The Sculpture of Brancusi in the Light of His Rumanian Heritage*，载 *Art Journal*, XXXV/2 (Winter 1975—1976)，pp. 94-106。

⑥ G. E. Lessing, *Laocoön：an essay on the limits of painting and poetry* [1766] (Baltimore：Johns Hopkins University Press, 1984)，第十六章。

⑦ 引用于 Giedion-Welcker, p. 30。

⑧ Giedion-Welcker, p. 25。

⑨ 'High polish is a necessity which relatively absolute forms demand of certain materials'。C. Brancusi, 见 *This Quarter*, 1925。引用于 Giedion-Welcker, p. 219。也比较 p. 25, No. 8。

⑩ Sidney Geist, *Constantin Brancusi, 1876—1957, A Retrospective Exhibition* (New York：The Solomon R. Guggenheim Foundation,

1969），p. 21。

⑪ Geist（1969），p. 50。

⑫ 这一主张由 A. Berleant 进行了发展和简洁的理论陈述，见 *The Aesthetic Field，A Phenomenology of Aesthetic Experience* （Springfield，IL：C. C. Thomas，1970），第二版（Cybereditions ［www. cybereditions. com］2001）。

第十二章　言语的出场：文学表演美学①

语言与文学

在我们综览关于各种艺术的著作时，有一点会引起我们的注意，那就是，关于文学艺术的论述要比关于其他任何艺术的论述多得多。这一点固然引人注目，但是，却并没有让人们觉得吃惊，因为，人们会认为，由于评论家和艺术家都采用同样的媒介，文学艺术自然具有自己的优势。斯特拉文斯基曾经认为，对一支音乐的最好评论是另外一支音乐，文学似乎是这一洞见的唯一受惠者。音乐很少去评论什么，而语言却似乎总是在评头论足，这样就解决了美学中的一个主要困难——讨论的主题和关于主题的讨论之间巨大的差异。

然而，这并没有给文学评论带来特别的优势，反倒暗地里妨碍了文学评论。与表面现象恰恰相反，文学艺术是最难以进行阐释的。这在很大程度上是由于文学艺术鼓励大量使用模糊语言，这种语言介于文学语言和关于文学的语言之间。许多人错误地以为，词语用于明确地表达和交流思想的习惯认知用法就是它们唯一的用法，很难想象它们还能发挥别的作用。因此，当我们走进文学时，语言媒介成了一个陷阱，在那里，我们把自己的审美灵魂出卖给了从未出现在那里的知识。

事物的丰富性也跟这个问题有关。例如，人们往往轻率地忽略语言和言语之间的差别，还有一种不幸的倾向，就是把文学艺术分成在表演中实现的文学艺术和独立于表演之外的文学艺术。此外，

196

这两类文学艺术中潜在的困难在于语言的分析功能与感知功能之间的根本差异。我将对其中的每个方面都进行简要的探讨，然后，我将尝试着勾勒出那可能使我们转入正途的口语词语现象学。

对于很多人来说，语言是文化的主要产物。语言中凝聚着文明的成果，凝聚着科学与学术、传统智慧的洞见和箴言，也凝聚着那种传统的大量艺术表达。语言是使社会秩序永恒化的强大力量，因为，语言使那些被社会接受为正统思想和正统行为的形式凝固下来了。通过书面语言来清晰地把握一个概念，要比在口语形式中去琢磨一个概念有效得多。语言固化于口头客套或者书面文件中，是对象化的，是我们必须面对和适应的外在实体。那些属于初步摸索的半定型概念能够以清晰的语言形态稳定下来，显然是大有益处的。正如社会历史学家、人类学家和哲学家那样，在探索文化的精神时，我们主要转向语言。

不过，那些带来优势的源头却正好容易转变为错误的根源。因为，在把语言对象化的时候，我们成了文化标本师，吹散了语言的生命气息，并且用一把把的学究碎屑填充进去。通过比较口语词语和书面语词语，我们可以清楚地揭示这一点。我们曾经以为，口语传统只是文化进程的早期阶段，其后才是更加稳定和更加持久的记录语言阶段。出于历史分析的需要，这是通常的顺序，也是很方便的顺序，但是，这种顺序会掩饰一个失误，因为，它似乎意味着，口语发展的趋势是成为书面语言，而书面语言则是口语发展的产物。

与之相反，不把书面语言的词语当作衡量口语词语的标准，才更加符合实际的情况。由于书面语言的词语是书写出来的，那些词语没有生命。为了使之鲜活起来，就必须直接地经验书面语言的词语。例如，言说出来的隐喻和默读出来的隐喻之间是有差异的。言说给了隐喻一种特别的活力，把生命的气息呼入词语。因此，言说是一种把语言加以人化的占有行为。

当然，为什么语言学家认为语言和言语不同，是有一些清楚的理由的。在言语中，普遍存在着语调之类的韵律元素，体态之类的运动感觉元素，以及与表达的声音相伴随的副语言元素，这些元素都是文本语言很少提供的，也是文本语言很难准确地暗示的。在这里，书面的文本语言所没有提供的那些副语言元素、运动感觉元素甚至比语言元素更加重要。②

言语区别于语言还有另外的理由，这些理由不那么明显，却更加微妙地出场。言语对我们的注意提出了要求，我们不能无动于衷。从本质上说，言语是现象学家所说的意愿的对象，是意识的对象和意识所指向的对象。言语对我们表现出如此特别而强有力的吸引力。例如，在演讲时，我们会面临某种挑战。在演讲中，由于涉及到实际的听众在现场出现，我们难免出现思路的突然转移、不太自然的过渡、没有说服力的推论、一连串的闲言碎语以及一些模糊的思想，而在写作的时候，这些东西都可以安全地避免。在言语中，有些词语前言不搭后语，缺乏新颖感，因此是没有感染力的，这样的词语只是从嘴唇之间坠落到一种毫无生气的窘境之中。这实际上标志着语言与语言的文学模式之间的基本差别。语言是文学赖以形成的惰性材料。此外，文学不仅具有书面词语的属性，而且具有言语的本质属性。因此，我们可以说，通过言说而把语言激活，文学就诞生了。③

在人们默读文学的时候，也伴随着活跃的唤醒，尽管不那么生动。我认为，文学是被言说出来，还是被默念出来，这两者存在本质上的相似之处。把一篇作品传达给听众这样的当众表演也好，无声的阅读这样的私下表演也好，无论哪种情况都要求我们具有某些技巧。默读者必须具备听觉的想象力，只有在想象中，文学才能言说。尤其是诗歌，它能够创造出一种悬浮于丰富的声音、想象、召唤和韵律运动之上的特别的搏动生命活力，由此获得特别的文学感染力。

文学表演的反面并不是沉默隐秘的无声阅读，而是**不能大声地朗读的语言**，这样的语言一旦大声朗读出来，就会显得装腔作势，令人厌烦，很不贴切，让人觉得不可理喻。与文学表演形成真正对照的，并不在于究竟是口头传达还是默读，而在于当众朗读的文学提供生命的气息，而发声的语言则像缓慢的送葬钟声。不能进行表演的语言主要是指在科学与科普著作中出现的行话。这些行话是由陈词滥调和公式客套所组成的，是教养的体现。在这里，语言仅仅为了让人阅读而不是让人言说（大家可以想象一下，在专业会议上宣读学术论文是怎样的情形）。这和计算机的打印输出非常相似，完全是对语言的计算机化。我一点儿也不蔑视这些方面的发展，因为，它们具有自己特别的优势，但是，我认为，我们绝对不能把技术语言和具有文学表演性质的语言的技术化混为一谈。

因此，无论是言说还是默读，文学表演总是具有言语的特征，永远不是书面语言，我们由此认识到，凡是不能表演的语言都不是文学。事实上，言说出来的词语并不是真正的文学；从根本上来说，只有大声朗读才能对文学进行真正有意义的测试。

作为表演的文学

如果文学艺术是言语的艺术，那么，文学美学就必须探索每种文学艺术向我们言说的特殊方式。无疑，文学作为言说的艺术这种观念并不会给我们提供完整的文学审美。不过，这种观念还是确定了出现在每种文学模式的个性方式中的一个重要特征，这个特征往往被人们忽略了。通过追索这个特征，我们不仅能够纠正自己的疏忽，而且能够阐明我们的论题。在诗歌中去追索这个特征才最容易。在某种意义上说，诗歌无处不在。杜夫海纳写道："诗歌不是诗人的特权。诗人是受到灵感激发的任何人，是好像受到无法抗拒的强制力的影响而言说的任何人，是连他自己都为自己所说的东西感到震惊的任何人。"[4]诗歌语言集中体现了词语充满活力的出场。诗歌所提供的不是意义，而是词语的经验。同样地，诗歌不给我们提供符号，以便我们理解，而给我们提供形象，以便我们去感知。隐喻是诗歌的灵魂，它把符号的角色放到一边，而获得了自己独立的生命，因为，生动的形象借助于词语赫然立于我们面前。看看戴兰·托马斯给安妮·琼斯的颂词如何向我们展示"她脸上的一拳化为彻骨的疼痛一圈"，[5]以及华莱士·斯蒂文斯的"鸽子的小声嘷叫"[6]如何以它们细细的声音令我们惊颤。事实上，大多数抒情诗都充满了隐喻。不过，我们最好追随巴赫拉德，把隐喻看作不真实的形象，缺乏"在言说出的幻想中所形成的形象"⑦的直接性，在经验中，隐喻被转变为形象，对这种转变的揭示宣告了隐喻的死亡。

因此，词语形象的生动性在诗歌言语的动作和声音中找到了支持。没有了口语词语持续的浅吟低唱，大多数诗歌的节奏和韵律都将消失。诗歌的韵律有赖于音节的声音，诗歌分行是为了划分气息群，而不是为了划分意群，因为，诗行与思想的形态往往并不一致。不过，最清楚的要算押韵，因为，押韵脱离了声音就无法存在，无论是真实的声音也好，还是想象中的声音也好。对押韵的安排完全依赖记忆中的声音，句中韵和句首韵都利用连续的声音控制运动的速率。

当然，词语的声音本身也经常把听觉形象具体化。在莎士比亚《暴风雨》这首诗的诗句中，我们可以听到波涛的嘶嘶声和澎湃声：

> Full fathom five thy father lies,

以及

> Nothing of him that doth fade,
> But doth suffer a sea-change
> Into something rich and strange.

对于那些曾经听过戴兰·托马斯对死亡的抗议声的人们来说，在阅读下面的诗句时，不可能听不到他的呐喊：

> Do not go gentle into that good night.
> Rage, rage against the dying of the light. ⑧

通过声音，口语词语获得了真实的物质性出场。由于视觉器官是一种保持距离的感官，已经被习惯性地赋予静观的品格，因而被看作理智的主要感官。而另一方面，声音则在我们的周围轰鸣，使听觉成为一种接触式的感觉，赋予口语词语以物质对象的身份。因此，通过多侧面的出场，口语词语呈现出一个完整而等量的现实。

在面对诗歌语言的时候，我们很难绕过瓦莱里的结论："诗歌的表演才是诗歌。"⑨因为，诗歌是有生命的语言，正是在这一点上，词语才变得真实。只有这样，我们才能回答，为什么不能分析出诗歌的全部意义，为什么是诗歌对我们提出要求，而不是我们对诗歌提出要求，为什么诗歌的形象绝对具有打动我们的力量。诗歌语言把我们从抽象语言和对象性语言中解放出来，把有生命的词语呈现在我们面前。

在承认口头的文学表演和静默的文学表演具有本质上的同一性时，我们有必要表明，戏剧艺术是言语的艺术。无疑，戏剧不只是语言。无论是在想象中像戏剧那样现实化，还是实际上在剧院演出，我们都面临着一个显现于我们面前的情境，在这个情境中，我们通过自己真切的出场而遭遇到他人，同时，情境也把我们包罗进去。对于埃内斯克来说，"戏剧不仅仅是词语而已：戏剧是活着的传说，每一次表演都重新开始，它也是人们看到的正在上演的传说。"⑩

因此，戏剧不只是词语，而是行动，戏剧中的词语不是口头的符号，而是它们自身行为的形式。戏剧以某种方式集中体现了人的话语，这时候，语言不是作为一种人工媒介在发挥作用，而是作为行动所产生的现实在发挥作用。戏剧也向我们展示了过程中的词语，因为，词语在人们之间交流。词语不是简单地表达已知的意义；它们创造自己的对象。⑪品特曾经有过惊人的发现。他看到了词语最狡黠的方面，根据他的观察，词语不仅有话要说，而且还有所作为：它们是武器。词语不仅是器具，它们甚至还具有破坏性。就像库尔特·戈尔斯坦所说的那样："一旦人们用语言来建立起他和自己或者同伴的实际关系时，语言……就是一种展现，揭示出那些把我们和世界以及同伴们联结起来的亲密关系和心理联系。"⑫因此，戏剧表现出自己的社会性角色，使人回想起主要在宗教圣地和舞台上延续至现代的原始礼仪。也许，正是在戏剧中，今天的人们才把过去属于宗教的各个特殊领域的词语、身体和灵魂联系起来。

　　小说的情况有点儿不同，其特点是采取虚构的形式。一部小说既不会被拿到舞台上去演讲，也不会据以表演出来。如果谁说要把一部小说表演出来，人们会觉得很奇怪，不过，这只是因为我们已经习惯于把表演限制在激活一个对象的特殊模式之内，即通过动作在公开场合当众表演出来。就像我们已经认识到的那样，这是把日常意义的流俗之见变成美学原理的结果。作为文学，被经验的词语也可以无声地言说。在小说中，我们也能够轻易地发现表演的因素，这一点就如在诗歌和戏剧中一样真实。

　　当我们从这个角度去看待小说时，我们一直在经验着的某些东西就变得很清楚了。那就是，每部小说都是叙述，顾名思义，每部小说都必须有一个叙述者。读小说其实就是听人讲故事。就像分析戏剧的结构一样，我们可以分析出小说的情节，但是，我们穿行于一连串意识和事件之中，而小说的情节正是从这些东西中抽象出来的。情节是现实中的东西，不是我们所阅读的东西，而是我们被告知的东西。此外，小说和叙事性散文的其他模式很不相同，因为，在读小说时，我们根本就不会期望看到事实的真相。和我们在论文、课本以及《时代》上所读到的非个人性信息陈述不同的是，小说是由叙述者所叙述的故事。这个故事和真实的王国没有关系，它是唤起人的意识、行动和事件的世界。因此，小说中的对话是与我们有关的言语，而小说家往往最擅长于捕捉日常会话中的声音和节律。他们同样能很好地捕捉思想，即捕捉到思想的词语。这不是交际，交际只是信息从某个人传递到另外的人。这是叙述，在这里，讲故事的人编织了一张网，使他的听众纠缠在人的思想或者行动的丝丝缕缕之中，使读者产生去看去听的念头，好像是作者要求他们那样做似的，以便使他们走进一个不同的世界，接受一种新的精神。这不是言语的交流，而是言语的共享。其中的某些言语共享又遁入哲学对话之中，在这里，思想不仅被谈论，而且，随着对话的展开，思想在辩证的运动中形成，被逐渐阐述出来，被进入，被经历。因此，作为吟诵的气息，作为言说的体态，作为叙述的声音，诗歌、戏剧和小说，各以自己独特的方式，使词语作为有生命的动态力量卷入表演之中。

文学表演涉及什么

从对语言、文学作品和文学艺术所作的这些讨论中，冒出了与我们的论点有关的基本问题，现在，我们必须直接面对这个问题了。如果文学作品是言语的一种模式，而言语就是文学作品的激活，即我们所谓的表演，那么，我们就必须更加确切地界定，这种表演涉及什么，不涉及什么。我发现，在早先有关语言和文学作品的评论中，语言被看作文学作品得以形成的一种材料，不过，这种材料经常被认为是书面词语的模式，这时候，语言具有客观性和非个人性，这使得语言有资格去传达事实，执行分析，经常担负具有认知意义的工具功能。而我们对诗歌、戏剧和小说中的表演所作的探索，已经揭示了文学作品中的语言如何发生了转变，远离了通常的认知功能。由于我们已经不习惯以认知以外的模式来看待语言，要把语言从这些内涵中清楚地分离出来就会显得很奇怪，也很困难。然而，这是文学美学所必须经受的巨大考验，它成功的唯一希望就在于认识到反审美压力所构成的障碍，并且加以克服。

让我们运用对比的方法来进行进一步的阐述，即对两种有着巨大差异的语言使用——分析的语言和感知的语言——进行比较。分析的用法是习惯用法，得到日常意义和共同实践的证实。这时候，语言是我们把短暂的经验之流稳定下来的途径，在把这种经验之流固定化以后，我们就能够通过管理我们的词语而管理我们的世界。分析的用法尽管司空见惯，而且十分便利，可是，如果应用到包含文学经验的情况下，它无疑会蒙蔽我们，使我们忽略了语言在文学艺术中是以完全不同的方式在发挥作用。在文学作品中，词语远离了文学分析的解剖台，丢下了它们作为手段的角色，完全成为自身。在文学经验中，我们必须像哈特·克雷恩对诗歌所作的论述那样，"浸泡于词语之中"。

言语推动对于语言的这种沉浸，当我们说话的时候，语言在感知的王国里活动，这时候，词语和形象不可分离。正因为如此，文学语言很少是抽象的，而总是不厌其烦地对某个对象的图景、情境和事件的细节进行详细的描述。哲学家可能为了公正而写作论文，对判决的原则和成规进行法理探索，而作家则在特殊情况下的直接现实中去思考人类公正的意义，因为，这才是使他感动的，哪怕这个现实被推到不可能之处。哈姆雷特对他母亲和叔父所犯罪行感到的困扰具有深入人心的力量，即使到了 20 世纪，仍然有人把哈姆雷特看作一个在和他亡父的幽灵谈话的临床病人。在陀斯妥耶夫斯基的《罪与罚》、马拉姆的《修配工》和阿兰·帕顿的《哭泣吧，亲爱的祖国》等小说中，我们可以发现，正义以不同的方式得到了伸张，充满了感人的力量。即使是柏拉图，也以诗人的笔触在《理想国》这个特殊情境中建立了一种如何解释正义的模式。

因此，在文学经验中，我们不是理解一个隐喻，而是感知一个形象。[13] 在语言的感知中，文学揭示了形象的独特运作模式。"得到"一句双关语是一回事儿，通过有关的说明而理解一句双关语则是另一回事儿；抓住正在表演的戏剧或者小说中的目光、体态或者某些瞬间的变化是一回事儿，把涉及各种关系的大致情节归纳出来则是另一回事儿。也许，最明显的文学感知例证莫过于在东方诗歌中所出现的情形，例如俳句，哪怕是对于十分寻常的事物，这种艺术都仅仅为它们自身的缘故而提供最生动的感知形象，茶道和插花也是这样，这两种艺术也各以自己的方式，在再平常不过的活动中营造出一种膜拜的氛围。很多人在期望诗歌能够告诉自己一点儿什么，期望它能够总结出某个观点，或者表现某种思想。以认知的模式来要求艺术，这是对艺术的误解。

不过，正是这种模式泄密了文学语言的分析用法。当我们不太注意文学经验，而更加注重对文献材料进行处理，并且把它们概念化时，就是在采用语言的分析用法。这时候，我们所关心的是意义的问题，注意作品如何安排素材，努力地搜寻那些拨开迷雾的符号。这时候，我们也提出了一些误入歧途的文学理论，诸如表现、交往、再现等等，这些理论充当调停者的角色，对疏离了听众的语言施予援助。诗歌既不重现它所吟诵的经验，也不向读者传达诗人的感知，这些都是语言的非审美功能。正是由于非审美功能的影响，一些把认知模式当作文学感知替代物的代理理论才得以产生。[14] 寻求文学"理解"或者通过阐释小说而"揭示其秘密"其实是一回事。无疑，对文学的学术关切具有合理性，但是，这种学术关切不在乎审美地理解文学。当我们强调诸如语法、拼写和表达之类的语言技巧，把这些东西从文学的沃土中连根拔出时，文学审美就被搞混了。当我们把文学的口头传达看作对诗歌或者小说的"意义"进行"解释"的一种方式时，[15] 或者把它看作一种文学研究时，[16] 这种情况也会发生。口头传达应该是文学表演的一种形式，而不是文本理解的一种形式。实际上，"传达"可能是一个自相矛盾的术语，因为，我们在使用这个术语时，往往意味着分析，而不是表演。这个词语所表示的，似乎是感知模式和分析模式混杂在一起的模式，而那正是文学审美必须加以区分的。

口语词语现象学

最后，让我们从对文学表演的批评性与分析性讨论转向更为积极的探索，或许，我们可以称之为口语词语现象学。口头文学表演的理论历史向我们表明，它所涉及的范围正在逐步拓宽。口头表演最初只是与雄辩有关，与训练具有口语表达技能的演说家有关，后来才逐步地发展，参与到文学传达的事情中去。口头阅读成了文学研究的手段，支撑着对新批评文学所进行的内在探索。更近一段时期以来，口头表演开始采取戏剧化的态度，这时候，说话人、情境和行为结合起来，形成更加紧张而富有感染力的力量。[17]

理论上的这种继承性令人欢欣鼓舞，因为，它向我们表明，与文学表演有关的边界如何不断地进行扩张。不过，这种扩张还远远不够。距离的因素仍然存在，与此相应，我们需要一套把说话人、词语及其意义综合起来的机制，以便把说话人和听众融合到一起。尽管这仍然是把诗歌看作可以提供给听众的打包产品这种理论的产物，平心而论，这种结果必须算作某种成功了。

不过，这种观点也会使人产生某些误解，因为，它似乎在某种意义上表明，从雄辩、学术和戏剧中形成了口头表演（或者，口头表演形成了雄辩、学术和戏剧）。在各种情况下，理论都是同一副面孔，对口语词语特别的吸引力充耳不闻。如果文学表演在经验中有自己的合法性，我们就必须通过文学自身的运动特征来寻求这种合法性。那么，这些特征可能是什么呢？

"难道不是诗人把语言置于危险之中？"巴赫拉德问道。[18]像其他媒介的艺术家一样，创作的作家也对人类经验未曾认识的领域进行探索，我们曾经在无意识中不知不觉地穿越那些领域。语言的诗人穿过想象的空间，把日常的东西抛在身后。"我们应该从歌唱开始"，瓦莱里告诉我们，[19]因为，当词语歌唱的时候，它们就开始飞翔，好像云雀一样，而诗人们冒险又果敢地使用它们。于是，在诗歌中所发生的事情就必然令人惊讶与震撼，哪怕这些事情我们已经知道。如果诗歌不生动，那么，它不仅仅是苍白的，它根本就不是诗歌。诗人和学者都使用同样的词语，诗人逗留在词语浸染的一面，对于学者来说，他的目的是清晰性，而不是生动性，是确定性，而不是启发性。[20]

言说的行为有助于我们沉浸到词语中去。"当我言说的时候，我是自己在言说；我和我的词语合而为一。……言说使我和我所言说的东西保持一定的距离。但是，在我的意识和我的言语之间，根本没有距离：我和我所使用的语言合成一体了。"[21]距离在我和作为符号之集合的语言之间捣乱，不过，当这些符号被读出来或者言说出来时，它们就被激活了。它们是语言的特别模式，被称作言语，在言语中不能有距离。当我发音的时候，我去适应我说出的词语。形成这些词语的是我的意图、我的声音和我的指引。使用中的语言总是使用者的一部分。只有当语言未被使用的时候，当语言是我们所不能理解的东西时，当语言的意义悬而未决或者语言的陈述是不可理喻的思想时，当语言是陈词滥调，我们已经停止加以思考而仅仅机械反应式地发音的时候，我们和语言之间才存在距离。当文学的想象被抓住时，距离马上就消失了。词语与我的意识融为一体，言语与言说者融为一体，思想与思想者融为一体。

因此，言说的行为更像歌唱，而不像口头朗读或者词语的背诵。就像歌曲一样，言语要求身体的出场，而不仅仅是声音的出场，身体化的言语成了身体和精神的天然整体。当然，大声朗读不一定是审美的，倒经常是重复而僵死的，我们发现，这一点正在不断得到证实。伶牙俐齿也不是审美的，因为，在这个时候，口才已经让思想落在后面了。然而，真正的言语富有生命的创造力。词语实现了身体化与物质化，极大地远离了抽象的王国，充满了具体的生命振动。就像人们所说的那样，它成为说出来的形象，在这里，声音唤起了视觉，它们一起形成一个想象的世界，超越了我们周围的日常世界，可以被人看，却看不见。因此，语言可能是人与世界的分裂者，也可能是人与世界的统一者。言语的出场是一种咒语，因为，这种出场唤起了一个想象的王国，在这里，人与直接的经验和谐一致。文学对象等待着生命的气息呼吸进去。但是，可以这么说，它在某种情况下是否会发生，更多地取决于言说的方式。

注　释

① 改编自 *The Verbal Presence：An Aesthetics of Literary Performance*，载 *The Journal of Aesthetics and Art Criticism*，XXXI，3（Spring 1973），pp. 339-346，并且获准重印。

② 我必须感谢 Katharine T. Loesch 教授，她帮助我更精确和清楚地把言语和语言区别开来了。

③ 在这里，我并不是说所有的言语都是文学，而只是说文学是言语的一种模式。显然还有其他的模式。文学与其他言语模式的区别是什么，这正是对文学表演进行的分析所应该揭示的。对这个问题，我将在第十三章进行探讨。

④ M. Dufrenne，*Language and Metaphysics*，载 N. Lawrence 与 D. O'Connor 编，*Readings in Existential Phenomenology*（Englewood Cliffs，N. J.：Prentice Hall，1967），p. 225。也比较 p. 213 关于语言与言语的讨论。

⑤ Dylan Thomas，*The Collected Poems*（New York：New Directions，1957），p. 96。

⑥ Wallace Stevens, *Opus Posthumous* (New York: A. A. Knopf, 1957), p. 97。

⑦ Gaston Bachelard, *The Poetics of Space* (New York: Orion, 1964), p. 77。

⑧ Thomas, p. 128。

⑨ Paul Valéry, *The Course in Poetics: First Lesson*, 载 B. Ghiselin 编, *The Creative Process* (New York: Mentor, 1952), p. 99。

⑩ Eugene Ionesco, *Discovering the Theatre*, 载 *Theatre in the Twentieth Century*, R. W. Corrigan (New York: Grove, 1963), pp. 87-88。

⑪ 比较 M. Merleau-Ponty, *The Phenomenology of Perception* (New York: Humanities Press, 1962), p. 178: 'Speech, in the speaker, does not translate ready-made thought, but accomplishes it'。

⑫ 引用于 Merleau-Ponty, p. 196。

⑬ Bachelard, 第三章, pp. 74 ff. , 76-77。

⑭ 比较 A. Berleant, *The Aesthetic Field* (Springfield, IL: C. C. Thomas, 1970), 第二章, *Surrogate Theories of Art*。

⑮ Don Geiger 解释了感知和分析之间的模糊联系，他写道： "Perhaps, rather than referring to Oral Interpretation, we would more accurately think of it as Primary Interpretation of literature, for it is based on a faith that the words in which they are written can explain much of what poems and stories are and mean … Oral Interpretation is but an aspect of literary study. There is no question of its being an alternative or a challenge to any other legitimate approach to literary understanding." *The sound, Sense, and Performance of Literature* (New York: Scott, Foresman, 1963), p. 10。

⑯ "Oral Interpretation, the oral study of literature, is a discipline which endeavors to bring together the activities of speaking the poem and of speaking *about* the poem, in the belief that together these activities answer the challenge of *reading* the poem." R. Beloof 等, *The Oral Study of Literature*, 并且编入 Thomas O. Sloan 所撰写的导论 (New York: Random House, 1966), p. 3。

⑰ 同上，p. 48。

⑱ Bachelard，p. 220。

⑲ Paul Valéry, *The Art of Poetry*（New York：Vintage，1961），p. 162。

⑳ 比较 Bachelard，p. 146。

㉑ Dufrenne，p. 215。

第十三章　文学表演中的直觉冲动[①]

表演——艺术中的关键因素

艺术的理论化固然可以主张，我们要追求向更大的必然性和真理性的逻辑进步，在所有的认知活动中，我们都希望能够做到这一点；然而，在实际的事实中，艺术的理论化所反思的，更可能是对文化艺术生活中的发展进行评估的需要，是面对已经发生改变的艺术应用和艺术经验调整理论理解的需要。这不是什么缺陷，因为，在包括科学在内的所有探索中，我们都能够分辨出基本的社会历史成分。在美学中尤其如此，在目的的不确定性和对学科身份所感到的不安的共同影响下，美学的理论化更加困难，甚至不只是更加困难，而往往走向了让艺术目的和艺术工作觉得陌生的道路。

因此，对审美理论的基本传统进行再思考，不仅是富有启发性的，而且是富有暴露性的。在从今天的经验立场对艺术所进行的探索中，我们被迫再度审视那些耳熟能详的观点。它们涉及艺术的意义和范围，涉及审美态度或者审美欣赏，涉及创作活动，涉及到艺术与社会生活的其他维度以及人类经验的其他模式之间的关系，尤其是，涉及表演在艺术中的地位以及表演对于我们的欣赏经验的意义，这才是我们在这里所关心的。

在审美理论中，处理表演的最常见方式是忽略它。人们认为，在审美中，表演是次要的，他们也很少讨论表演的问题。迄今为止，对表演的兴趣主要在于表演会带来诸如传达之类的问题。一说到传达的问题，对表演的理论兴趣则主要集中于表演与作品意义之间的关系。当然，意义之类问题几乎总是会转变为理解之类的认知问题，远离了表演实际上所表现出来的展现与感知特征。

　　与传统美学蓄意取消表演相反，我倒是想建议，表演是一个必要的审美元素。无论是在表演似乎已经销声匿迹的那些艺术中，例如在绘画、雕塑、建筑和小说中，或者在表演处于边缘地位的艺术中，例如在诗歌中，还是在那些依赖表演者来进行展示的艺术中，例如在音乐、舞蹈、戏剧和电影中，表演都同样重要。而且，表演的意义并非仅仅在于激活一部乐谱或者手稿；在艺术的真正生命中，表演是一个至关重要的因素。这只是一个宽泛的断言，我在其他地方也曾经试图加以阐述。②在这里，我想要说的主要还不是对这个论点的支持，而是一些更加集中也更加切实的事情，即表演到底怎样发挥作用，也就是说，谈谈真实的表演动态。不过，我们必须提供一些有根有据的具体实例，泛泛而论于事无补。

文学中的表演

　　实际上，要给表演指派中心角色是具有历史基础的。西方最早建立的艺术理论就把艺术看作对生活的模仿、拷贝、反映、再现以及象征，艺术总是以某种形式扮演世界的镜像的角色。在第七章中，我们已经看到，作为模仿理论的根源，摹仿这个概念不可以理解为简单的模仿，只有理解为身体化，才是最准确的。我们说过，近来的哲学主张，摹仿这个术语负载着艺术创造生命形式和经验特性的意义，而不仅仅是拷贝一个苍白而非实在的形象。③因此，摹仿不是关于现象的理论，而是关于现实的理论。此外，也许只有直觉这个概念，才最能够捕捉到艺术的身体化的意义，因为，摹仿这个词语最初的广义用法就是"像一个摹仿的演员那样行动"，直觉这个词语也许能够最好地传达出身体化经验的特性。④但是，关于这个问题，只有到了本篇讨论的最后，我们才可能更好地加以思考。现在，既然我们所关心的是文学表演，那么，我们就转到词语的问题上来。

　　也许，自从我们具有自我意识以来，对任何话题的讨论都没有对语言的讨论那样多。经过反反复复的争论之后，有人提出了语言中的一些区分，并且得到大家的认同，尽管语言理论的方向正好相反。其中最基本的区分也许是词语作为征象（sign）与作为符号（symbol）的区别。人们认为，征象与所象征（signify）的事物之间保持着某些直接的并且往往是物理的联系，例如，车道上的汽车声由远而近就是某人到来的征象。而在另一方面，符号和所指之间却没有直接的联系；二者之间的纽带往往存在于可归于它们的意义之中，例如，语言中的普通名词和逻辑与数学符号就是这样的。⑤我之所以说可归于，是因为，书面语言的发展是符号世界不断精密化的主要推动力。因此，征象暗示（indicate）事物，由于事物总是个体性的，所以，征象体现了细节之间的关系。与之相反，符号则表示（represent）事物，而且，符号在表示事物的时候，有赖于我们从世界纷繁复杂的信息中抽象出普遍特征的能力，有赖于我们对这些特征进行概括和分类的能力。因此，征象连接着事实上的物理世界，而符号则使我们参与到人类的意义世界中。语言的两种功能——征象功能和符号功能——倾向于分道扬镳，征象往往被放逐为语言的起源，被人们严重地忽略了，而作为我们为认知而进行的强迫性追问的体现（symbol!），符号却获得了霸权，宣称自己具有普遍性。（symbol 除了有"符号"这个义项外，还有"（宗教）信条"的意思。作者使用（symbol!）的意思是，既然 symbol 是信条，在与 sign 的较量中，symbol 当然能够取得霸权。——译者）

不过，口头征象不仅继续存在，而且，作为文学语言的主要特征，口头征象还具有重要的地位，虽然符号遮蔽了这一地位，但是，还没有篡夺这一地位。这远远不是指拟声词的使用，拟声词只是摹拟所指的声音，也不是指伴随着诗歌的形象和思想活动而前进的押韵的韵脚和节奏。在文学中，征象走得更远，它作为言语出现，反过来，言语又是征象清晰发音的体现。不过，为了阐明这一思想，我们有必要对文学中的言语的性质进行更加仔细的审视。

文学中的言语

到现在为止，已经弄清楚的是，语言或者作为符号出现，或者作为征象出现；或者作为分裂者出现，把人与那个给予他们以反对和控制力量的世界分裂开来，或者作为统一者出现，把人与那个给予他们参与的亲密力量的世界统一起来。作为符号的活动，语言通过意义这种派生秩序来解释处于事件秩序中的事物。语言把结构和秩序赋予从物理现实的客观性中分离出来的意识。语言把从具体的行为和事物中抽象出来的信息传达给我们。

当语言仍然保留自己作为征象的身份时，世界就不是在从存在的真实到意义的真实的转换这种意义上与我们相联系；这时候，世界由于我们的理解而被共享。语言作为征象发挥作用的主要途径存在于言语中，因为，通过把语言现实化，言语清楚地说出了语言的意义。通过参加到世界中，言语成其所是，而不再只是一种唤起，实际上，也不只是符咒。言语是咒语，而作为歌唱，言语实现了对象的出场。

但是，既然我们在这里所关心的是口语词语的文学模式，那么，文学中的言语又如何区分于非文学的言语？首先，我们必须认识到，言语不仅仅是口头的表达，也属于言说者的行为；因为，言语是口头和体态的，是奉献，是断言，是怀疑，是告知，是任命，是执行一系列同样明显的行动。因此，所有的言语都是广义的表演，而不仅仅是口头上的清晰发音。

不过，就像言语是语言的一种模式一样，文学也是言语的一种模式，可以这么说，文学通过所有征象所具有的与世界的真正连续性，才实现原始言语的现实性。作为征象，文学这种言语模式与经验的实质相连接，当文学单独出场时，能够构成它所言说的真正现实。⑥

因此，文学中的言语永远是征象，永远不是符号，它参与到与之相关的世界中。不过，文学中的言语如何实现这种参与？在这里，我们面临着一个重大的问题，如果想要完整地回答这个问题，我们就必须考察大量不同的代表性实例，而这篇提纲挈领式的论文却不可能完成这项任务。不过，为了着手进行这样的研究，我们首先必须确定，语言作为征象，究竟通过哪些因素在文学中运作，而为了揭示这些因素，我们就必须进入文学言语的现象学。在指出这些现象是什么的同时，我们将开始逐步深入地追问有关文学表演的三个方面：气息、运动和直觉。

文学表演中的气息和运动

正如查尔斯·奥尔森所说，如果"言说是诗歌的'全部'，是诗歌能量的秘密"，那是因为"气息允许语言的所有言说力量回到其中"。[⑦]通过气息，词语得以形成，被表演出来，转变为身体的物质，得到整个感觉中的肌肉组织的支持。例如，"is"和"am"这两个词语都来自于相同的梵语词根 as，呼吸一下，这样，通过呼吸词语，词语便存在（is）了，我们呼活了词语（因此，词语呼吸）。于是，通过言说的气息，词语获得了行为特征。通过被言说，词语显现了它们自己的存在（being）。

因此，为了参加到自己的世界中，言语必须以某种方式存在（be）。根据语源学的考证，"be"来源于古印欧语的 *bheu*，即生长。"be"意味着运动，是生长中的变化的主要形式。因此，某物要存在（be），它就必须生长。而一个词语要生长，它就必须运动，因为，运动是变化借以表达自身的主要形式。所以，我们就来思考一下，词语在文学中怎样运动。

我们都很清楚，词语的声音自身能够传达出运动。平滑流畅的词语容易流出，轻盈灵巧的词语运动灵活，而粗糙生硬的词语则运动迟缓，老是吞吞吐吐。阿列尔吟诵的诗句"Full fathom five thy father lies"，就像波浪的咆哮一样，不慌不忙，款款而来，要捕捉到这一连串的声音非常容易。再如：

> Nothing of him that doth fade,
> But doth suffer a sea-change
> Into something rich and strange. [⑧]

与此形成鲜明对照的是，一个演员在扮演哈姆雷特时，他的台词一泻而下，"说出台词……口齿要伶俐"。[⑨]

运动的冲力不仅能够包容在声音中；运动也通过多种其他途径传达出来。例如，诗歌的格律原来并不是韵律的设计，而是运动的节奏模式，这种节奏模式创造出表演的进行速度。因此，济慈的思索缓慢而忧郁：

> When I have fears that I may cease to be
> Before my pen has glean'd my teeming brain,

略作停顿，然后

> -then on the shore
> Of the wide world I stand alone, and think,
> Till love and fame to nothingness do sink.

下面几行诗的运动速度就大不相同了：

> Ever let the Fancy roam
> Pleasure never is at home.
> [At a touch sweet pleasure melteth
> Like to bubbles when rain pelteth.] ⑩

跟格律一样，韵脚和押韵也表达出运动。在诗歌中，韵脚的数量拉开呼吸的跨度，而诗人能够利用这一点把他的思想体现出来，波普就曾经利用从六步格压缩而成的五步格诗歌来非难斯宾塞：

> Then, at the last and only couplet fraught
> With some unmeaning thing they call a thought
> A needless Alexandrine ends the song
> That, like a wounded snake, drags its slow length along. ⑪

同样，押韵所设计的不是图案（视觉、空间的隐喻），而是时间的悬停，表示对平衡和完满的预期，由此表示出对消退和休止的预期。如果押韵的对句先后相继，运动就不那么具有压迫性，往往像一路嬉戏。而如果远距离地押韵，那些大跨度的韵脚就会让人喘不过气来，例如弗朗西斯·汤普森《天堂的追猎者》的第一章：

> I fled Him, down the nights and down the days;
>   I fled Him, down the arches of the years;
> I fled Him, down the labyrinthine ways
>   Of my own mind; and in the mist of tears
> I hid from Him, and under running laughter.
>   Up visaed hopes I sped;
>   And shot, precipitated,
>   Adown Titanic glooms of chasmed fears,
> From those strong Feet that followed, followed after
> But with unhurrying chase,
> And unperturbed pace,
> Deliberate speed, majestic instancy,
>   They beat—and a Voice beat
>   ' All things betray thee, who betrayest Me'.

这里，在前九行中，韵程采取了交错押韵的模式，而接下来的诗行则更加紧凑而短促，仿佛那个猎手机警的步调。结尾处的联句更加简洁，标志着运动的终点，就像莎士比亚的戏剧用联句闭幕一样，最后的押韵联句完成了这首十四行诗。⑫

自由诗不受这些规则的引导，所以，必须以不同的方式运动，完全依赖短语平衡、语法和标点提示、形象思维的全篇顺序等因素来表示行进的速度、起点和终点。惠特曼就是这样吟唱挽歌的：

> Out of the cradle endlessly rocking,
> Out of the mocking-bird's throat, the musical shuttle,
> Out of the Ninth-month midnight,

Over the sterile sands and the fields beyond where the child
leaving his bed wander'd alone, bareheaded, barefoot ...

引导运动的这些手段中的最后一种——把诗句连缀起来的理解顺序——被僵化为所谓的诗体形式，这是另一种误入歧途的空间隐喻。诗歌中的形式（散文中的形式同样如此）是我们领会文学经验的顺序。那是一种想象的现实，它是以我们已经描述的方式，通过时间的流逝而塑造出来的。因此，民谣、十四行诗、诗歌和史诗都是诗歌活动反复途经的路线，它们建立了各种各样的运动模式，通过这些模式，我们摹仿诗人的吟诵。

同自由诗一样，在散文中，口头手段也创造了运动。短语的承接、语法的引导和形象的涌现都会创造出同样的运动能量。我们看看莫比·迪克那段生动的描写，渔船继续航行，砖炉中大火熊熊，炼锅中鲸油滚滚。在他那些奇异非凡的句子中，这些因素都在发挥作用：

As they narrated to each other their unholy adventures, their tales of terror told in words of mirth; as their uncivilized laughter forked upwards out of them, like the flames from the furnace; as to and fro, in their front, the harpooneers wildly gesticulated with their huge pronged forks and dippers; as the wind howled on, and the sea leaped, and the ship groaned and dived, and yet steadfastly shot her red hell further and further into the blackness of the sea and the night, and scornfully champed the white bone in her mouth, and viciously spat round her on all sides; then the rushing Pequod, freighted with savages, and laden with fire, and burning a corpse, and plunging into that blackness of darkness, seemed the material counterpart of her monomaniac commander's soul. ⑬

因此，文学言语通过多种方式表现为运动的气息。我们不能再把文学作品看作可以在表演中进行编排的东西。作品是行动，是等待我们进入和追踪的动态过程。文学的形式不是数字模块,而是时间性的运动,诗歌的素材不是物质,而是我们依此进行呼吸的行动。我不把文学作品看作结构性的容器,这是一个空间隐喻。取而代之的是,我提出风这个形象。在表演中,运动的气息变成了风,有时像轻拂的微风,有时却像粗暴的狂风。表演者就像水手,他必须十分敏锐,对风向、风力、风的古怪难测或者风的有规律吹拂以及风所制造的声音的波形,他都必须不断地产生反应。

表演中的直觉

最后,我们来讨论直觉这个概念,因为,只有在直觉中,我们才能够确定运动冲击的感知觉察模式。表演的顺序不仅是听众或者读者的反应顺序,也是冲击的顺序,是一连串的形象冲击的顺序,是一连串的冲击自身的顺序。因此,表演就是把创造出动能的一连串冲击传达出来。回到生长中的存在之源,我们可以说,表演中的直觉是对处于意识前沿并且不断地改变和不断地展开的生活瞬间的认识。诚然,人们对此一直存有疑虑,因为,认知的要求在不断地压制诗歌的冲动。这导致哲学家不安地看待诗人,要么认为他们是骗子,要么认为他们确有神通。[14]柏拉图深谙词语的本体论,他慷慨地把苏格拉底称作神性的诗人。在我们的时代,哲学家们不再具有如此雅量。他们坚持把存在同语言割裂开来,硬说诗人的硬币是赝品,要拿符号这种更便于买卖的通货来交换。然而,诗人却异常清楚:

> 神灵保护我免于人们以为的那些思想
> 唯有在心灵中,

叶芝这样写道。[15]

诗歌的征象具有物质性,这种物质性的存在有赖于诗歌的清晰言说。为什么诗歌的表演不仅仅是已完成作品的汇报,原因就在这里。作为对运动的气息的经验,表演是诗歌过程赖以达到完满的行动。在这里，诗歌类似于音乐的动态运动。在音乐中，音调与和声前后相继，形成有力量的线索，我们直觉地产生反应，沿着这条线索朝前运动。对音乐的意识就是逗留在声音之中，这些声音已经被听到，并且得到共鸣，也以自己的内在冲力向前压迫，直至结束。像音乐一样，诗歌也是这个道理。正如瓦莱里所观察到的那样，"一首诗就是一段话语，要求维持现在的声音和正在到来的声音以及必然到来的声音之间的持续联系。这种声音必得如此，它好像是被规定了的，它唤起一种情感状态，而文本自身则是这种情感状态的唯一字面表达形式。离开了声音和非得这样的声音，一首诗就成了胡言乱语。"[16]

从这个意义上来说，文学写作与文学表演没有什么区别，这一点颇为有趣，但是，却并不令人吃惊。[17]诗人们和小说家们一直在以各种方式告诉我们，创作的过程中存在着直觉的冲击，他们绝对受到了那种冲击的指引，而不是其他东西的影响。[18]亨利·米勒和大家一样直言不讳："我想要我的词语流动起来，就像世界那样地流动，在无数的维度、轴心、范围、气候和条件下蜿蜒运动。"[19]不过，我们再来听听，另一位更早的作家是如何描述创作冲动的自治力量的：

对于那些具有创作天赋的作家来说，有些东西是他永远无法驾驭的——那些东西时常奇怪地按照自己的意愿行事。作家可以制定规则，设计原理，它可能常年处于规则和原理的征服之下。然而，突然有一天，在事先没有任何反抗迹象的时候，它不再同意"给你耙地，或者偏离了你的犁沟"。这时候，它"嘲笑城市里的人流，根本不顾驾驶员的鸣笛声"。这时候，它坚决拒绝再用海沙去搓麻绳。它使动塑刀，砍削塑像，你可能得到一个冥王普路托，也可能得到一个主神朱庇特；你可能得到一个复仇女神底西福涅，也可能得到一个灵魂化身的普赛克；你可能得到一个美人鱼，也可能得到一个圣母玛丽亚；因为，命运女神或者灵感在指引你。无论作品是邪恶的，还是荣耀的，也无论作品是恐怖的，还是可爱的，你除了默默地接受，别无多少选择。对于你——名义上的艺术家——来说，你在其中的职责不过是被动地记下它的口授，你既不能自说自话，也不能提出质疑——这不是你在祈祷的时候所应该说的，它不会屈服于你的意志，不会为了你而改变。如果结果讨人喜欢的话，世界就会赞美你，其实，你并非那么值得赞美；如果结果令人嫌恶的话，那个同样的世界就会责骂你，其实，你几乎不该受到责骂。[20]

夏洛特·勃朗特的这番话说明，创作过程和表演中的说出是一个大致的统一体。这样的写作是动态的，而不是简单地做加法。对于一篇小说的条理和形式来说，朗读是最有必要进行的测试。简·奥斯汀和伯纳德·马拉姆是非常不同的作家，但是，在把他们的作品形诸口头表演时，如果删除其中的某个短语、句子甚至连词，都同样必然地造成阻滞，实际上，是扰乱文本后续内容的流出。冲击不间断地推进；任何切割都将中止冲击的运动，破坏冲击的连续性。在文学中，创作和表演的这种统一与绘画和雕塑之类其他艺术中的情况没有什么两样，在后者中，表演与欣赏活动同化了。实际上，相同的冲动存在于所有的创作经验中，这种冲动和审美场中的表演、欣赏以及创造结合在一起。生长的基本活动，即通过动态时间的连续性来衍生出将来的行动，是生活自身的标志。在把这种直觉的冲动表现出来时，文学是经验的最佳体现（身体化）。在最直接地追踪这种直觉冲动时，文学是它最纯粹的条件。

注 释

① 本文改编自 1975 年 12 月 29 日于 Houston 举行的 61st Annual Meeting of the Speech Communication Association 上宣读的论文，尚未发表过。

② 比较 *The Aesthetic Field* (Springfield, IL: Thomas, 1970), pp. 65-73 以及其它各处；也参看第十二章《言语的出场：文学表演美学》。

③ 比较 G. Sorböm, *Mimesis and Art* (Upsala: Svenska Bokförlaget, 1966)。

④ 我在第七章《艺术直觉或者皮格马利翁再世》中对此有过论述。

⑤ 比较 E. Cassirer, *Essay on Man* (New Haven: Yale University Press, 1944), p. 31ff., 以及 S. Langer, *Philosophy in a New Key* (Cambridge, MA: Harvard University Press, 1942), 第二章。在 *Foundations of the Theory of Signs*, 载 *International Encyclopedia of Unified Science* (Chicago: University of Chicago Press, 1955), p. 102, Charles W. Morris 把"征象"(sign) 看成最具有包容性的术语, 不过, 他勾勒了"图标"(icon) 与"符号"(symbol) 的类似特征, 图标是个性化的征象, 本身展示了所表示的对象的属性, 而符号不是这样。

⑥ 比较 M. Merleau-Ponty 在 *The Prose of the World* (Evanston, IL: Northwestern University Press, 1973) 中有关语言和言语的论述, *The Phenomenology of Perception* (New York: Humanities Press, 1962), 以及 *On the Phenomenology of Language*, 载 *Signs*, Pt. II (Evanston, IL: Northwestern University Press, 1964)。

⑦ Charles Olson, *Projective Verse*, 载 *Human Universe and Other Essays* (New York: Grove Press, 1967), p. 56。

⑧ Shakespeare, *The Tempest*, I, ii。

⑨ *Hamlet*, III, ii。

⑩ John Keats, "When I have fears that I may cease to be …", 以及 "Fancy"。

⑪ Alexander Pope, *An Essay on Criticism*, pp. 354-357。Dr. Riva Berleant-Schiller 给我提供了这个例证。

⑫ 韵律在语法和形象的协助下形成运动, 与此相似而同样令人惊讶的例证是 Dylan Thomas 的诗歌, *A Refusal to Mourn the Death, by Fire, of a Child in London*。参看本书第十章。

⑬ Herman Melville, *Moby Dick or, The Whale* (New York: Norton, 1976), Ch. XCVI, *The Try Works*。

⑭ Plato, *Ion*, 载 *The Dialogues of Plato*, 第一卷, B. Jowett 译 (New

York: Random House, 1937), 542B。

⑮ William Butler Yeats, 为 *The King of the Great Clock Tower* 而作的序言, 载 B. Ghiselin 编, *The Creative Process* (New York: Mentor Books, 1952), p. 108。

⑯ Paul Valéry, *The Course in Poetics: First Lesson*, 同上, pp. 98-99。原文为意大利语。

⑰ 比较 Valéry, 同上, pp. 104-105。

⑱ 比较 A. E. Houseman, 同上, p. 91, Amy Lowell, pp. 110, 112; P. Valéry, p. 105; Henry Miller, pp. 180-181。

⑲ 同上, p. 181。

⑳ Currer Bell (Charlotte Brontë 的别名) 给新版 *Wuthering Heights* (1850) 所写的 *Editor's Preface*, 载 Emily Brontë, *Wuthering Heights* (Garden City: Nelson Doubleday, n. d.), pp. xviii-xix。

第十四章　音乐表演现象学①

理解音乐表演的重要性

音乐是一门复杂的艺术，具有很多种传统、形式、类型和风格，在乐器和发声方面表现出极大的丰富性，具有多种用途和场合，这使得我们难以把音乐看成一种单一的艺术形式。不过，所有音乐都拥有一些共同的普遍特征，例如，都是运动中的发声和静默前后相继，都有一定的模式和长度。当然，发声和静默都必须是有计划地制造出来的，通常由人来完成，但是，现在越来越多地通过其他途径，尤其是通过电子器材来完成。最后，音乐具有自己的语境，那就是音乐被制造出来和被听到的场合。也许真的存在一种普遍的音乐艺术，有了那样的共同基础，许多不同的音乐才能聚集到一起。

不过，在这里，我们首先关注的并不是艺术的本体论。到底存在一种还是多种音乐艺术？这主要是艺术哲学家所思考的问题，而不是艺术实践者的问题。然而，这个问题也引起了广泛的兴趣，因为，审美理论和音乐实践并非存在于完全不同的世界里。当理论正确地源于实践，努力从认知的角度理解音乐活动，弄清楚音乐究竟想要干什么的时候，实践自身往往会受到理论的影响，即使这种影响不太直接而有点儿隐晦。这种影响不仅发生在一些显而易见的情况下，音阶形式、音调、和声结构或者组织原理，诸如此类的理论分析都会影响作曲实践。同时，这种影响也发生在我们聆听和欣赏音乐的方式中。虽然电子技术已经开始宣称自己具有制作音乐的功能，但是，对于真正的音乐家来说，在某种程度上，音乐的制作方式通常是不能与欣赏方式分离开来的。在这里，我们的讨论也将表明，理论分析确实有可能影响后来的实践。

在音乐表演中，声音的制造似乎并不处于音乐艺术的核心地位，这也许是因为，声音的制造似乎只是音乐的偶然条件，而不是音乐的本质特征。不过，这只是表面现象。为了使音乐能够出现，我们必须制造声音，或者蓄意地对声音进行塑造。尽管这种制造可能通过器械或者电子方法来完成，例如，演奏钢琴或者电子合成器能够产生音乐，然而，表演却总是要求人作为代理。即使是在某些例外的情况下，人也必须作为催化剂，在一定程度上介入其中，并且融入到创作行为中。然而，表演其实还要复杂些，因为，我们往往忽略了听众在这个过程中的作用。不仅耳朵为我们的听觉感知提供物理介质，我们的注意和知识也会深深地影响我们，决定我们听什么，决定我们怎样去听。听众对音乐场合的贡献除了注意以外，还有惊讶、鼓掌、跟唱和欢呼等氛围，这些因素同样会影响音乐家和听众。因此，表演在音乐中具有核心地位，在某种意义上说，表演是音乐得以发生的必要前提。对表演的实践进行探索，将有助于我们透彻地理解作为一个整体的音乐艺术，这个整体既包括音乐创作，也包括音乐欣赏。

对表演的更好理解不仅能够加强我们对音乐的理论理解，而且，还能够揭示出人类经验的某些最普遍的特征和条件。因为，表演唤起了对影响经验的最基本的条件即时间与空间、身体、感觉以及个人和社会经验的感知。此外，日常经验的转换对表演者和听众都会产生同样的影响。我们将会看到，这种影响是否可能以及如何可能。无论情况怎样，本章将从人这个表演者的角度入手，对音乐艺术的不同领域进行表演现象学分析。由于音乐是一种协作的艺术，对音乐表演过程中的某个元素进行深入的分析，将有助于我们理解其他元素。在这里，我们选取一个相对说来不太复杂而比较直接的例子，即由钢琴家独奏的西方古典音乐表演。对这样一个场合所进行的现象学描述，即使不能充当对于所有音乐的解释，至少也可以作为范例，启发我们重新对其他音乐进行解释。

看到的钢琴表演

钢琴表演是我们大家都很熟悉的音乐类型，要对其中究竟发生了什么进行客观的描述也就不怎么困难了。钢琴表演采取高度仪式化的形式。一个人走上舞台，在钢琴前面坐下，面对乐器调整好自己的姿势，然后开始弹奏精心演练过的音乐作品。这种形式不仅延伸到演奏的风格——也就是说，某部作品的特别表演方式——而且延伸到运动、姿势、休止、欢呼、鞠躬、退场以及回到舞台上再次鞠躬或者应观众的要求加演，延伸到构成表演仪式的戏剧性方面的所有外部行为。

这段话描述了从观众的角度所看到的情景，是相对非个人化的，非介人性的，符合我们把钢琴表演与事实或者科学知识联系在一起的客观性标准。这段话没有提及个人的经验，既没有提及表演者的经验，也没有提及听众的经验；没有提及音质、意识、情感或者其他诸如此类难以明了的东西。如果只是在描述的层次上去理解事件，那么，我们不需要亲自出场，因为，通过询问那些亲临现场的人，或者，通过观看摄像机之类录像设备的纪录，我们就可以获得有关某次表演的此类信息。为了达到这种客观性方法的要求，我们能够想象得到的任何经验因素都被取消了资格，都被作为主观性的东西给消除了。在这里，是所有东西都得到了说明，抑或有些东西错失了？

这样的描述充其量也只是片面的说明。从整体上来说，这个过程及其所屈就的客观性描述没有激情，会误导人们。他们把表演看成一种预先确定的行为序列的刻板仪式。更糟糕的是，在一个人可能经验到的实际情境方面，他们误导了预期的表演者。在这段说明中，表演扮演着对象的角色，带有胁迫性，以极端的非个人化与客观性，高高在上，远离了人的参与。表演者是这种僵化的对象的一部分，他居留于异邦他乡，毫不夸张地说，他已经离开了演出现场。他觉得已经不像自己，他没有认出自己；实际上，他迷失了自己。②

但是，如果我们放弃观看者的视角，而从内部去探索表演的经验，情况又将会怎样呢？对此，我们将进行现象学的描述，这种描述可以从表演者的角度，也可以从听众的角度来进行。虽然我们主要从前者的角度进行探索，不过，我们将会看到，两者已经开始以一些饶有趣味的方式融合到一起了。

表演的经验

早在《形而上学导论》中，亨利·柏格森就有一篇重要的论文分析了音乐的结构和感知，以及知识和直觉之间所存在的根本差异。他声称，知识通过概念方式把握事物，把事物凝固在某个地方，并且把事物对象化，以便事物能够由理智加以阐明，并且被大家所理解。他承认，这是一种行之有效的方法，在科学中运用起来效果尤其明显。与此相反的是，直觉却走进世界流动不居的状态之中，通过对事物运转情况的亲密熟识，从内部去把握事物。知识通过保持距离而发挥作用，而直觉则进入并且加入到对象，柏格森认为，这提供了一种形而上学的理解。他通过诸多形式追索这种洞见，因为，这种洞见具有广泛的应用价值，在哲学中更是大有用武之地。

尽管柏格森和创立了现象学的埃德蒙·胡塞尔之间并没有什么联系（除了两人都出生于 1859 年这个奇妙的巧合之外），柏格森有关直觉的说明却与现象学家胡塞尔试图进行描述性分析的那种感知具有惊人的相似性。而且，他的话还表明，在感知式参与的直接性中发生了某种知道。那正是我们在这里要进行探索的一种遭遇，我们希望在表演的经验中发现某种知识，这种知识仍然居留于与那个把它吞没掉的场合的实际接触中。

表演者必须从内部来通达音乐。尽管听众确实可能因为疏忽、白日梦以及完全不相干而逃离情境的压迫性力量，可是，对于一位正在进行表演的演员来说，要采取这样一种作壁上观的态度则比较困难。当然，完全放任自己于机械习惯或者麻醉式的无关状态，这也并非绝对不可能。不过，这样的事件并不普遍，这样的演奏可能是机械式的毫无生气的反应。在大多数情况下，表演的情境会把音乐家带入一个非同寻常的罕见情景中。这个情景具有极富感染力的直接性和自由感，至少在某种程度上远离了那些经常阻断我们的意识的流俗式文化和哲学假设，揭示了经验的基本特征。那么，这种感知情景究竟是什么样子呢？

关于如其所是地从内部抓住的表演经验，最令人惊讶的事情是，表演经验所构成的感知王国竟然是从经验的日常状态转化而来的。当一个人走向钢琴时，时空连续统得到了巨大的拓展。这时候，一个人好像走进了广袤无垠的空间，而这个空间又是流动不居的，是时间性的。这个空间不是中性、客观而空洞的媒介，那样的空间是科学所定义的没有维度的范围，可以通过坐标对其中的对象进行精确的定位。感知的空间与感知者密切相关。这样的空间是有生命的，而不是客观的；是个性化的，而不是整齐均匀的。这样的空间不仅被作为空间来经验，而且，也同样被作为运动和时间来经验。这样的空间可能表现出胁迫性，也可能不表现出胁迫性，这要根据个人的经验、预期和心理状态而定，这些东西都会影响个人的感知维度。不同于物理学把空间定义为空洞，表演的空间是密实的，流质的，几乎可以触摸到的。表演的空间不仅是音乐活动发生的地点，也成了音乐活动的参与者。

在日本，人们用岩石代表某种怪物去充满一个区域，表演者在音乐空间中的地位和这种岩石非常地相似。这样的岩石并不与环绕在自己周围的空间互相对立，反倒获得了那个空间的性质，并且加强了那种性质。与此相似的是，表演者也是空间的焦点，他把能量赋予周围的空间。而且，音乐家还把能量赋予表演的空间。钢琴家走向钢琴的方式指明了这个空间，给予这个空间以实践性的也即动态的指示。因此，这时候的媒介不纯粹是空间，而是由空间、时间、运动和经验现实的基本要素等相互交错形成的连续统。这时候的媒介成了单场表演性创世行为的前提。

这种动态的时空媒介以表演者为中心，弥漫到包括听众在内的整个大厅。不过，这种媒介仍然不是均匀而同质的。通过声学术语，我们能够理解这种媒介的一个方面，当钢琴家开始演奏的时候，整个大厅就成了一个巨大的共鸣器，这个场合就像环绕着一具雕塑的空间或者一座建筑物所封闭的体积一样。这加强了表演的动态时空媒介和声音所创造出来的听觉空间之间的奇妙联系，因为，音乐的多维空间还有其他一些方面。声音本身具有空间属性，包括宽与窄、密与稀、实与虚。我们可以说音乐声音的音量，这是一个空间隐喻（在英语中，"音量"和"容积"、"体积"是一个词，都是 volume，所以，作者说音量是一个空间隐喻。——译者），表示声音从细微到宏大的等级：嗡嗡的经过句的音量大于休止句的音量。真正的空间音量感出现在随着时间前行的音乐五线谱的形状和范围中；在经过句的谱线中，这种空间音量感通过厚薄、浓淡和宽窄表现出来；就乐器的材料来说，通过硬度和丰满度表现出来；如果根据音乐的音域作垂直分类的话，就有全音域、开放、宽广和狭窄之分。有的作曲家偏好这些音质，而其他的作曲家则可能偏好那些音质。尽管强调声音的音质方面是印象主义音乐的标志，但是，在其他音乐风格中，我们也能够发现这种现象。不同时期的作曲家以他们自己独特的方式运用声音媒介，例如莫扎特音乐的透明感，贝多芬音乐的密实感以及有时候和声的厚重感，肖邦音乐的诗意共鸣，巴托克音乐的震撼感。当然，钢琴自身也是一种媒介，其独特的材料也会影响音乐的音质，在发声的时候，坚硬度、强烈的敲击、迅速的衰减与各种个性因素都会融合在一起，同时表现出来。有时候，乐器像花腔女高音那么轻盈，有时候，却又像俄罗斯男低音那么沉重。当然，用不同生产商制造的钢琴所演奏出来的音乐具有不同的音色，同一生产商制造的各架钢琴之间也是如此。当音乐开始之时，表演中的声音在表演的空间变得切实可感，通过那些演奏的手指塑造出来，就像一个陶瓦匠在塑造他的粘土似的。因此，声音把钢琴家和听众联结成为表演的媒介，把身体及其出场与空间、时间和运动全都融入到流动的连续统之中。

表演现象学

因此，我们发现自己处于多维的连续统之中，在这里，时间显现为空间性的，空间的激活却是时间性的，而声音的运动则是听觉时空的发生器。如果某些分析把这种情境碎片化为空间、时间和运动，那可能是出于后勤或者管理的目的（原文"sever logistical or managerial purposes"是一句诙谐的双关语，意思是"为了便于进行逻辑分析"，"logistical"有两个义项： "逻辑的"与"后勤的"。——译者），但是，如果把这样的分析作为理解表演经验的途径，那就会误导我们。从钢琴家的角度来看，在敏锐的表演感知中，这些因素都结合在一起，并且得到了强化。

因此，音乐声与时间、空间和运动的经验紧密地联系在一起。在钢琴家开始演奏之前，现场的鸦雀无声类似于一片广阔的空白，在此空白中，表演者能够轻易地感觉到，自己就像巨大深渊中的一个小小的影子。这种经验类似于画家面对一幅空白画布，或者作家面对一张空白稿纸。于是，无声的寂静自身呈现出空间性的一面，就像钢琴家开始演奏时的音乐一样。对于表演者来说，经验就是由他所塑造出来的听觉空间，是乐谱所指示的静默与发声。在演奏开始之前，时空显然是不确定的，在表演的进行过程中，音乐声出现之前的空洞逐步要求被精确化与物质化。表演者再次扮演着创世者的角色，从无形式的空白中创造出一个确定的世界。

我们还可以从另一个角度发现，创世这个隐喻是很贴切的，因为，对音乐的部分感知经验就是那个时空的神圣感。就像在大教堂的仪式开始之前一样，令人肃然起敬的安静作为表演开始的预告，激起一种面对强大力量时的顺从感、柔弱感和谦卑感。当然，宗教的经验各种各样，但是，在情绪最强烈和达到高潮的时候，同样会感到惊奇，我们具有确认时空连续性的能力，具有超越那个独立自我的狭窄边界的能力。许多东西引诱我们去冒犯表演情境中的尊者，例如社会秩序被打破，那些东西对专注于表演的钢琴家也具有客观的影响。那些恶魔般的诱惑对表演者和观众都会产生影响。不过，当这些东西被克服了之后，当我们意识到某种神圣的力量以后，奇迹发生了，一种奇妙的感觉出现了，因为，钢琴家把声音带向存在，而且通过演奏行为把它们塑造出来了。借用另一个宗教隐喻，在表演的时候，从现场冒出来的声音创造了一次真正的"显灵"。这时候，音乐不也成了神圣的东西吗？

深深的尊敬感甚至敬畏感灌注到情绪中，命令我们居留于对音乐媒介的迷醉之中，抗拒一切外来的侵扰。与这种尊敬感不可分离的是惊奇感，即对我们正在参加的这一不可思议的事件感到惊奇，对这种从不确定的寂静空洞中把声音带向存在并且通过演奏行为加以塑造的活动感到惊奇。在这里，我们还可以借用另一个神学术语，即"奇迹"，这个词语富有修辞色彩，但却不是漫不经心的浮夸。可以说，由于这种源于虚无的创世行为具有奇迹般的神秘性，如果表演者对正在发生的事情保持着清晰和敏感的意识，那么，对这种创世行为的惊奇就永远不会完全消失。

然而，这番说明并非意味着音乐表演仅仅是"心灵"的体操。远远不止于此。手、臂、耳以及整个身体都要经过长年累月的训练，钢琴技巧的提高包含着艰辛的身体付出。在 20 世纪早期，著名钢琴演奏家约瑟夫·霍夫曼曾经以英尺磅（foot-pounds）为单位进行过计算，他发现，钢琴演奏所消耗的能量等于那些以更明显的形式所进行的体育锻炼。肉体的付出只是钢琴家在音乐中的感知参与的一个方面；实际上，感知参与的主要方面还是表演的焦虑。加速的心跳、颤动的手指、不停的排汗与抖动的双膝：表现出表演焦虑症状的身体部位名单简直长得让人心疼。同时，当聚集于焦虑的能量被重新分配时，肉体的表演经验又令人振奋。钢琴家经验到四肢出奇地轻松，身体充满了热切、无拘无束而又很集中的能量，手指则变得绝妙地柔顺。整个身体变成了一台强有力而又灵敏的乐器，事实上，是成了乐器的一部分，由于钢琴本来是用木头、钢铁、毛毡和皮革制成的，人的身体不可能成为乐器，但是，钢琴家达到了和钢琴这一复杂机械装置的合一，两者构成了一台表演乐器。在小提琴家或者其他的弦乐演奏家的表演中，我们可以比较容易地看到这种合一，也许，在管乐表演中，这种合一更加清楚，因为，这时候，是由呼吸和身体直接地制造出了声音，人的形式包裹了乐器。对于钢琴家来说，钢琴这种乐器更富有戏剧性，钢琴表演具有内在的戏剧风格，这些因素也许能够补偿身体的距离。

肉体介入音乐的核心是感觉意识的增强。这在表演者的强烈经验中处于中心地位。听觉变得更加聪敏了，触觉变得更加敏锐和精细了。所有的肉体感知都增强了。这种感知的高涨进入了一个动态的流程。在理想的状态下，这个流程和音乐展开的过程大体上互相平行，两者之间只存在一些细微的差异。跟其他一些明显的表演艺术中的情形一样，这种类同化使得音乐和演奏者融合到一起：

　　噢，身体翩翩起舞，噢，明眸顾盼生辉，
　　谁能告诉我，什么是舞蹈，什么是舞者？③

　　音乐场中的每个因素都会对表演产生影响。例如，观众对钢琴家的出场产生反应，钢琴家感觉到听众的欢迎程度，而当表演最具有感染力时，则有一根强有力的纽带把他们联系在一起。把音乐家、乐器与观众融合起来的这种双向互动和物理空间一同发展。钢琴家在不同的音乐厅表演是不一样的，因为，音乐厅的大小和回声状况以及音乐厅的设计和舞台装置都会影响演出的亲密性、巧妙性和感染力。同时，观众也会对背景产生反应。声音显然在其中扮演着最重要的角色，因为，在某个特别的地方出现死点，或者出现消抑的声音，都将不可避免地削弱表演的感染力。哪怕朦胧的光线也会对表演产生影响，因为，在音乐的感知中，嗅觉、味觉、听觉和视觉互相依赖，亲密地结合在一起。音乐不仅是一种听觉艺术，和其他艺术一样，音乐是联觉的。此外，在现场和能够产生反应的观众席，听众容易被一个醒目的空间包围起来。

　　在最完美的状态下，整个情境都会被融入到音乐的进程中：演奏家、乐器、声音、观众与大厅，全都融合为一个复杂的整体。在某种意义上说，表演者不是一个，而是许多个，因为，激发这一场合的任何人——钢琴家、观众甚至作曲家——都会对这个事件产生一定的影响。就连历史也介入其中，因为，知识、经验和从前的表演也会对钢琴家和观众产生影响，在作曲家的感知经验中，这些因素加入到作品的创作源泉中。因此，尽管着重点有些不同，音乐表演现象学同时也是音乐欣赏和音乐创作的现象学。

　　除此以外，表演还带有某种典礼的性质：音乐表演同时也是一次音乐典礼。有剧院，有仪式，人们有目的地走进神圣的空间。在最成功的时候，音乐事件具有丰富的内涵，即把生活融入到音乐的形式特征之中，并且通过物体的震动呈现出生活出场的动态现实。

对哲学的启迪

关于柏格森所确立的那种直觉与形而上学的知道，对音乐表演的这一番描述性说明告诉了我们什么？显然，认为改变时间、空间和运动——人类现实结构的基本组成部分——形式的经验具有重要的形而上学意义，这大概不会有错。那么，这里所涉及的究竟是康德所说的关于现实的秩序，还是仅仅关于人类经验的秩序，我们能不能像海德格尔所竭力阐述的那样，在某种程度上，通过这样的经验走向存在自身，关于这些问题，我们在这里仍然只是提及一下而已。不过，至少可以说，我们参与表演之中，就像柏格森所认为的那样，经验把关于事物的直觉知识身体化了。既没有论点也没有论据，音乐的经验仅凭自身担负着自己的信任。这也许和音乐以及其他艺术所具有的感染力有关，它们能够对我们产生深沉而持久的影响。尽管音乐本身是自足的，然而，它仍然是以一种奇异而晦涩的语言在对我们言说。

这种阐释对哲学具有深远的启发意义。如果我们对音乐表演经验所作的描述真的很准确的话，那么，这种描述就带来了一个非常重大的问题，即如何解释审美经验。在康德理论的指引下，我们曾经试图把审美经验纳入到一个庞大而又一致的框架之中，这个框架不仅包括审美，而且还包括科学与道德。在这些尝试中，客观性和普遍性的要求一直非常重要，而本来属于个性化与私人化的审美经验仍然被认为受到了这些相同戒律的束缚。对于康德来说，审美经验所采取的是主观判断的形式，仅仅能够寄望于所有人的普遍同意。④不过，不论这个目标能不能在其他领域里得到实现，也不论在伦理学和科学中，这样的目标事实上是不是可以想象的，以及在何种程度上是可以想象的，在音乐艺术的情形下，这样的目标肯定是得不到支持的，在其他艺术中也是如此。在重建时间、空间和运动时，某些不断变化的普遍条件可能经常出现，这些条件如何改变，发生何种程度的改变，则取决于特别的前提，例如表演者个人、大厅、观众，以及跟某个特别的场合有关的许多环境因素。

尽管这样，一直以来，音乐都具有广泛的吸引力，具有强大的感染力，音乐所暗示的意义令人惊讶。正如前面的描述所主张的那样，即使音乐没有顺从那种把它看作"普遍语言"的社会同化者的传统，作为深刻经验的场合，音乐也从来都没有丧失一丝一毫的感染力。实际上，最后的这些评论认为，与认知优先完全相反，音乐事实上可以充当对道德和科学领域中的其他传统哲学假设进行再思考的范例。⑤

注　释

① 改编自 *Philosophy of Music Education Review*，7，No. 2（Fall 1999），pp. 73-79，并且获准重印。Mikel Dufrenne 向我们展示了，在如何认识感觉感知的广泛范围，同时也认识审美经验的本来能力方面，现象学具有极大的能力。正因为受到他的启发，本文才去探索音乐表演。

② 在这种条件下，如果表演者变得惊恐不安，也没有什么值得奇怪的。这可能是表演焦虑的核心因素。因为，不仅表演是对象化的；在非个人化的仪式中，就连表演者本人也成了一个对象。他或者她是观众注意的对象，心理力量的所有辐射都聚集到这个最无助的点。而作为鉴赏洞察力注意的焦点，对象化的表演者他或者她的不充分性则完全暴露出来了。没有什么情景能比这更加具有胁迫性了。

　　然而，本文所要讨论的无关乎个人经验，那样范围太过宽泛。本文也与表演心理学无关，尽管我们所要进行的分析也牵涉到心理学。在这里，我的兴趣主要是现象学的。

③ William Butler Yeats, *Among School Children*，载 *The Collected Poems of W. B. Yeats*（London: Macmillan, 1958），p. 245。

④ Immanuel Kant, *Critique of Judgment*，H. Bernard 译（New York:

Hafner, 1951）, p. 8。

⑤ 我曾经就本章内容和 Robert Cantrick, Anne Chamberlain, Nancy Ellen Ogle, Riva Berleant-schiller 以及 Albert Stwertka 进行过多次讨论，感谢他们给我提出了许多宝贵的意见与建议。

索　引